LES FORCES

DE

L'INDUSTRIE

LES FORCES

DE

L'INDUSTRIE

PROGRÈS DE LA PUISSANCE HUMAINE

PAR

LOUIS BOURDEAU

FORCES HUMAINES. ARMES. OUTILS. —
FORCES ANIMALES. — COURS D'EAU. — VENTS.
— EXPLOSIFS. — VAPEUR. — MACHINES. —
CHALEUR. — LUMIÈRE. — ÉLECTRICITÉ.

PARIS

ANCIENNE LIBRAIRIE GERMER BAILLIÈRE ET Cie
FÉLIX ALCAN, ÉDITEUR
108, Boulevard Saint-Germain, 108

1884

LES FORCES DE L'INDUSTRIE

INTRODUCTION

« *Ex viribus vivimus.* »
GALIEN.

C'est la force qui mène le monde. Tout cède à son impulsion souveraine. Par elle, l'inertie de la matière est contrainte à une continuelle activité. Les diverses sortes de phénomènes qui constituent l'ordre du monde sont l'effet des forces qui s'exercent dans son sein. La gravitation, la chaleur, la lumière, l'électricité, l'affinité, la vie, introduisent dans les élémens des choses une agitation créatrice, les déplacent, les modifient, les organisent et, pénétrant la masse entière, y déterminent des transformations sans fin. L'univers est un atelier de puissances toujours en action. Rien ne se produit que par leur

initiative et ne se soutient que par leur concours. Si
leur œuvre était un seul moment suspendue, tout
s'abîmerait aussitôt dans le néant.

Au milieu de ces forces qui travaillent sans relâche,
les êtres appelés à vivre ne peuvent subsister que par
d'incessans efforts. Hippocrate définit la vie une puissance laborieuse, en état de tension constante (ἐνορμῶν).
L'être vivant doit lutter sans trêve, résister et conquérir. Il faut qu'il se procure les satisfactions nécessaires, empêche ce qui lui serait préjudiciable et tire
parti de ce qui est susceptible de lui servir. Ses fa-
cultés, ses jouissances, sa durée sont en rapport
avec les moyens d'influence dont il dispose et sa
vitalité se mesure sur sa latitude d'action.

A raison du nombre et de l'étendue de ses besoins,
l'homme, plus qu'aucun autre animal, était obligé
d'agir ; mais ce pouvoir de diriger dans le sens de ses
intérêts une multitude de phénomènes, il ne le possédait pas à l'origine. Sa faiblesse et son imbécillité
natives le réduisaient à une impuissance presque
absolue. Toute compétition semblait impossible entre
ses ressources dérisoires d'action et les forces irrésistibles que le monde déchaînait autour de lui, le plus
souvent contre lui. Voyez-le dans sa nudité première
et son affligeante débilité : tout le blesse ou le menace;
tout lui est obstacle ou péril. Sans armes pour attaquer
et se défendre, il ne pourrait pas lutter à chances égales
contre les grands animaux dont la plupart l'emportent par la taille, la vigueur et les moyens d'agression. Plus insurmontables encore, les forces brutes

l'accablent avec une violence qu'il est incapable de vaincre ou d'éviter. La pesanteur le cloue au sol, rend sa marche pénible, s'oppose à tout déplacement lointain ou rapide et lui fait de son propre corps un fardeau. La moindre barrière l'arrête, la plus faible impulsion l'entraîne, la moins lourde masse l'écrase, le plus léger choc le brise. Non moins hostiles, les agens physiques semblent conjurés contre son bien-être. La chaleur le brûle et l'étouffe, le froid le transit et le gèle, le soleil l'éblouit, les ténèbres l'aveuglent, la foudre l'épouvante....

Ainsi enlacé par le jeu de ces forces, l'homme s'agitait en vain sous leur despotisme comme un esclave enchaîné sous le fouet de son maître. Passif et désarmé, il était le plus misérable et le plus tourmenté des êtres parce qu'il se trouvait aux prises avec des exigences et des difficultés également in-finies. Pressé de besoins qu'il ne savait comment satisfaire, accablé de maux dont il ignorait le re-mède, il n'avait pour protéger son existence précaire qu'un pouvoir d'action des plus restreints et la dou-teuse assistance du hasard. A toutes les forces dont la tyrannie pesait sur lui, à tous les agens qui se disputaient le droit de le faire souffrir, il ne pou-vait opposer qu'une courte fuite et une résistance bien vite lassée. Dans ce duel acharné entre sa fai-blesse et toutes les puissances de la nature, il de-vait combattre des adversaires à la fois innom-brables et infatigables, aborder de front tous les obstacles, traverser tous les dangers, se résigner à d'incessantes défaites et acheter par d'effroyables efforts, au prix d'angoisses sans nom, une vie pleine de privations et de douleur.

Telle fut, dans sa rigueur terrible, la condition initiale de l'homme. Cependant cet être, si disgracié en apparence, avait reçu par privilège, comme gage de grandeur future, la raison, la plus puissante des forces, parce qu'elle est capable de ranger toutes les autres sous ses lois. Ce roseau, le plus faible qui soit au monde, était un roseau pensant. Or, l'être qui pense doit devenir tôt ou tard le maître des choses qui ne pensent pas. La clairvoyance, en effet, peut plus que la violence parce qu'elle connaît son but, dispose un plan, concerte des moyens d'action, profite des occurrences favorables, applique au mieux ses efforts et marche sans dévier à ses fins. Irrésistibles dans leur déchaînement, les forces de la nature sont aveugles dans leurs tendances et ne font qu'agir, tandis que nous raisonnons. Dès lors, si peu que nous ayons prise sur elles, nous pouvons les diriger, les plier à notre avantage et finalement les dominer. L'homme observe, réfléchit, combine. Il cherche des biais et trouve des artifices. Empruntant à ses ennemis la force qui lui manque, il recrute parmi eux des auxiliaires, oppose avec art la nature à la nature et tourne contre elle les agens qu'elle tournait contre lui. Il arrive ainsi à la mettre dans son parti et, bientôt après, sous sa dépendance. Du moment où il est parvenu à la défaire et à l'asservir en détail, il intervient toujours plus activement dans la production des phénomènes, les gouverne à son profit et tire de cette ingérence des résultats d'une merveilleuse fécondité.

Nous allons esquisser l'histoire des accroissemens de puissance obtenus dans le cours des âges, en nous bornant à considérer les forces sur lesquelles une sorte de main-mise a pu s'opérer et qui comportent des applications générales, savoir : les forces mouvantes et les forces physiques.

LIVRE PREMIER

FORCES MOTRICES

La force qui détermine les déplacemens des corps est la plus simple dans sa cause et la plus utile par ses effets. En usurper la direction constituait pour l'homme un besoin urgent et une entreprise relativement aisée. La disposition du mouvement devait lui procurer toute facilité pour accomplir des travaux sans nombre, parcourir le monde et en exploiter les ressources, écarter ou rapprocher des masses, les faire réagir les unes contre les autres et, par ce moyen, s'assujettir ou susciter des forces nouvelles. Sans le secours d'agens moteurs, rien n'aurait été possible. Aussi, à toutes les époques de son histoire, le genre humain s'est-il efforcé d'étendre son pouvoir dynamique, et les gains successivement réalisés par lui donnent le mieux la mesure de sa grandeur aux divers stades de la civilisation.

Il convient de distinguer quatre sortes de forces motrices dont la mise en œuvre caractérise des phases de progrès :

1° Les forces humaines, seules disponibles durant l'état de nature et l'état sauvage ;

2° Les forces animales, soumises et disciplinées pendant la phase pastorale ;

3° Les moteurs naturels, c'est-à dire les cours d'eau et les vents, utilisés dès les temps anciens ;

4° Enfin les moteurs artificiels, représentés par les explosifs et la vapeur, d'acquisition plus récente.

Faisons un rapide exposé de leurs principaux développemens.

CHAPITRE PREMIER

FORCES HUMAINES

Comme tous les animaux, l'homme, dans sa condition originelle, avait pour unique moyen d'action le pouvoir de contracter ses muscles sous l'empire de la volonté. La disposition de ses membres lui assurait une latitude de mouvemens suffisante pour subvenir aux besoins les plus pressans. Il pouvait se transporter à de petites distances, chercher des alimens, se dérober au danger et agir sur un certain nombre de corps. Mais deux bras chétifs étaient un levier bien humble pour soulever et faire mouvoir tout un monde. Néanmoins, il avait par là prise sur les choses. Avec cette part infime de puissance que n'avait pu lui refuser la nature, il a su l'attaquer, la vaincre et la dominer.

Si limitée que soit notre vigueur musculaire, la civilisation en a tiré des effets d'une importance croissante. Elle l'a d'abord développée par l'exercice dans la série des générations. L'organisme humain se fortifie par l'effort et, plus la race a travaillé, plus elle est devenue robuste. Une activité continue lui procure des forces acquises, la résistance à la fatigue. Les peuples réduits aux ressources de la quête, tels que les Australiens, les Hottentots, les Fuégiens, etc., sont d'une extrême débilité. Ceux qui vivent de chasse gagnent à la fois en puissance et en courage. Ils se montrent marcheurs infatigables, guerriers intrépides. Plus tard, les occupations de la vie agricole ajoutent encore à la vigueur de l'espèce qui, pareille au géant de la fable, semble prendre des forces en touchant la terre. Mais c'est surtout le labeur industriel qui a donné aux populations ouvrières une capacité d'efforts, une énergie incomparable et, pour ainsi dire, des muscles d'acier. Evaluée au dynamomètre, la force physique des races humaines est en rapport avec leur état de civilisation (1).

Toutefois, cet effet d'invigoration obtenu sous la triple influence de l'exercice, du régime et de l'hérédité, ne peut guère dépasser des bornes assez restreintes et, tant que les forces individuelles restent isolées, leur impuissance persiste. On apprit à y remédier en les unissant dans des tâches collectives. Ce qu'un seul n'aurait pu faire, plusieurs réussirent sans peine à l'accomplir. Une coopération intelligente fut le premier artifice des sauvages, disposés à se grouper par un instinct analogue à celui que le sentiment de leur faiblesse inspire à toutes les espèces sociables. Agissant de concert et combinant leurs efforts, ils purent vaincre des animaux redoutables, déplacer des masses pesantes et surmonter des résistances qui les auraient arrêtés

(1) Péron a constaté les résultats numériques suivans : — « Force des mains, exprimée en kilogrammes : Terre de Diémen, 50, 6 ; Timor, 58,7 ; Français, 69,2 ; Anglais, 71,4 ; — force des reins exprimée en myriagrammes : Nouvelle-Hollande, 14,80 ; Timor, 16,2 ; Français, 21,1 ; Anglais, 24,8 ». (*Voyage de découvertes aux terres Australes*, 1808). En prenant les extrêmes, on voit que la force est augmentée de moitié dans la première évaluation et presque du double dans la seconde. L'écart serait plus sensible encore s'il s'agissait d'efforts soutenus.

séparément. Cette association de forces humaines s'est étendue dans le cours des âges, par suite de la spécialité des fonctions et de la division du travail. A ce point de vue, l'ensemble du progrès économique se résout en une organisation toujours plus complexe de l'activité générale. La diversité des occupations et l'échange des services établissent entre les hommes, d'un bout à l'autre du monde, une collaboration effective d'où résulte un accroissement indéfini de production.

Mais c'est surtout du mode d'emploi de notre puissance musculaire que provient la fécondité de nos travaux, car, si la nature limitait nos forces, l'intelligence n'en limitait pas les applications, et l'art d'en tirer parti comportait des progrès sans terme. Pendant toute la phase animale, l'homme, réduit à ses organes, ne dépassait pas, en pouvoir d'action, les singes anthropoïdes. Dès qu'il fut capable d'un peu de raisonnement, il dut, avant toute chose, s'ingénier à découvrir des moyens d'agression et de travail. Quelques inventions rudimentaires, faites en vue de rendre ses efforts plus efficaces, marquent le point de départ de la civilisation. Grâce à ce secours, l'organisme humain, naturellement si dénué, devenant apte à une multitude de fonctions, put entreprendre les tâches les plus variées et exceller dans celles même qui lui paraissaient interdites.

Les combinaisons imaginées pour appliquer les forces humaines se répartissent en deux classes, les armes et les outils, qui correspondent aux deux exigences principales de la vie, la sécurité et le bien-être.

§ I. — DES ARMES

Le premier besoin que l'homme ait ressenti dans le monde a été celui de détruire. Ses relations les plus fréquentes étaient en effet avec les animaux et avec ses semblables; mais il ne trouvait guère parmi eux que des ennemis. Pour le sauvage, obligé sans cesse d'attaquer ou de se défendre, le mot de Job est d'une implacable vérité : « La vie est un combat » (1), combat sans trève ni merci qui fait dépendre d'une suite de succès partiels la subsistance et le salut de chaque jour. Il faut tuer pour se procurer des proies, tuer pour ne pas être tué. C'est la nécessité même qui crie comme dans Shakspeare : « Tue! Tue! Tue! Tue! Tue! Tue! » (2).

Cependant la nature qui, semble-t-il, ne destinait pas l'homme à répandre le sang et à vivre de carnage, l'avait laissé fort démuni de ressources soit offensives, soit défensives. Entre la plupart des animaux et lui, la lutte était inégale, car il ne pouvait opposer que des armes impuissantes à des adversaires presque toujours terriblement armés. Il n'avait comme eux ni dents aiguës ou tranchantes, ni griffes, ni cornes, ni bec affilé ou serres crochues. Il ne pouvait que frapper à coups de poing ou à coups de pied, mordre avec les dents et déchirer avec les ongles, incapable, le plus souvent, de faire de mortelles blessures, et vulnérable, au contraire, de tous les côtés. Dès ses premières

(1) *Job*, ch. VII, v. 1.
(2) *Le roi Lear*, act. IV, sc. VI.

rencontres avec les grands animaux, il dut sentir
cruellement le désavantage de sa faiblesse et s'efforça
d'y remédier par des artifices qui réussirent à mettre
dans ses mains les armes dont la nature avait négligé
de le pourvoir. La confection d'engins meurtriers
constitue la plus ancienne industrie que les hommes
aient pratiquée. Il n'y a point de sauvages qui l'ignorent.
Les voyageurs en mentionnent qui n'ont encore appris
à se faire ni vêtements, ni habitations ; mais il n'en
ont point rencontrés qui fussent dépourvus d'armes de
guerre ou de chasse. Brutes par tout le reste, les plus
dénués de civilisation se montrent hommes en cela :
ils savent tuer avec art.

Lucrèce, décrivant les armes de l'humanité primitive, caractérise avec précision trois époques :

> Arma antiqua manus, ungues dentesque fuerunt,
> Et lapides, et item sylvarum fragmina rami,
> Posterius ferri vis est, ærisque reperta (1).

L'emploi des armes purement naturelles a rempli
tout le premier âge et persisté dans les suivans, car ce
sont les seules qui soient toujours disponibles. Les
plus anciens combats que l'homme ait livrés durent
se faire à coups de poing et l'on en voit journellement
de pareils. Le pugilat joue un grand rôle dans les querelles d'enfants, les gourmades populaires et toutes les
rixes qui, éclatant à l'improviste et prenant l'homme au
dépourvu, le ramènent à sa condition native.

On transforma de bonne heure les diverses formes
de la lutte corps à corps en exercices raisonnés. Les
hypogées de Beni-Hassan montrent quels étaient

(1) *De rerum natura*, lib. V, v. 1282-4.

ceux des athlètes chez les Egyptiens (1). Dans les jeux que décrit Homère (2), le combat à coups de poing figure au premier rang. La tradition s'en retrouve dans la πυγμαχία des Grecs et le *pugilatus* des Romains. Elle s'est perpétuée jusqu'à nous dans les exercices des gymnastes et surtout dans l'art de la « boxe » (*self-defence* des Anglais). A Rome, un corps spécial de troupes, les *accensi*, combattaient à coups de poing et à coups de pierres (3). On les voit représentés sur la colonne Trajane. D'après Ammien Marcelin, les femmes mêmes des Gaulois étaient des champions redoutables et, dans les querelles où figuraient leurs maris, elles appliquaient des coups de pied et des coups de poing « avec la raideur d'une catapulte » (4).

L'insuffisance de ces ressources dut faire, dès l'origine, chercher des armes de plus d'effet. Un artifice instinctif permit d'asséner de plus rudes coups à l'aide d'une pierre ou d'un bâton, et l'aptitude de la main à saisir les corps qu'elle peut étreindre rendit familier l'emploi de ces armes élémentaires partout où elles étaient à portée. Le bâton, dont quelques grands singes savent déjà se pourvoir, fut sans doute la première arme usitée. Se prêtant aux services les plus divers, apte à soutenir la marche, à faciliter le saut, à écarter les obstacles, à gauler des fruits et à supporter des fardeaux, cet inappréciable engin, levier propre à tout faire, constituait en outre un instrument de combat,

(1) Voy. René Ménard, *Vie privée des anciens*, t. III, fig. 377 à 384.

(2) *Iliade*, ch. XXIII et *Odyssée*, ch. VII.

(3) « Pugnis et lapidibus depugnabant » (Varron, ap. Non. v. *Decuriones*).

(4) *De rerum gestarum*, lib. XV, ch. 12.

d'un grand secours à l'occasion et dont on ne se séparait guère (1). Certains peuples sauvages, tels que les Africains mentionnés par Pline (2), n'ont pas eu d'autre arme de guerre. Tacite constate l'usage du bâton chez les Suèves (3), et la constitution de Charlemagne, reproduite par la loi des Lombards, le donnait pour arme à ceux entre lesquels elle autorisait le duel.

Comme le bâton avait assuré la victoire aux premiers qui s'en servirent, l'ascendant qu'il procurait le fit transformer en insigne de triomphe et d'autorité. C'est là l'origine incontestable du *sceptre* (4) des rois qui a conservé cette signification chez les Nouveaux-Zélandais. L'emploi symbolique des sceptres est immémorial et universel. Horus, l'Apollon égyptien, est représenté avec un fléau à la main. Dans l'écriture chinoise, le caractère employé pour exprimer l'idée de gouvernement a pour signe radical l'image d'un bâton (5). Homère, qui ne mentionne ni trônes, ni couronnes, parle de sceptres et en fait l'emblème du pouvoir. Ceux des rois de l'*Iliade* sont décrits comme « des bâtons qui ne doivent plus reverdir », et les chefs qui les ont en main, les ramenant parfois à leur destination primitive, s'en servent en guise d'argument pour réfuter leurs contradicteurs, ainsi qu'on le voit par l'épisode d'Ulysse et de Thersite (6). En Russie, depuis Iwan le Terrible, qui tua son fils à coups de bâton, jusqu'à une époque

(1) David, se présentant pour combattre Goliath, ne veut pour armes qu'une fronde et un bâton, « le bâton qu'il avait toujours à la main ». *Rois*, I, chap. XVII, v. 40.
(2) *Hist. nat.* VII, 57.
(3) *Germanie*, § 45.
(4) De σκῆπτρον, bâton.
(5) Ampère, *la Science et les Lettres en Orient*, p. 74.
(6) *Iliade*, ch. II.

voisine de nous, le *knout* a été le principal moyen de gouvernement.

Les honneurs rendus au bâton comme arme de guerre expliquent l'usage des bâtons de commandement, attribut des grades militaires les plus élevés. Ces insignes remontent aux âges préhistoriques et sont communs dans les stations de l'époque magdalénienne. Le musée de Saint-Germain en possède 29, plus ou moins ornés, analogues à ceux dont les Esquimaux se servent de nos jours (1). On peut y rattacher, par une ressemblance manifeste, la verge de Moïse, le bâton d'ivoire des consuls romains, le *bâton* des maréchaux de France et même, par dérivation, le *caducée* de Mercure (rappelant le bâton de délégation remis autrefois aux hérauts et ambassadeurs pour les accréditer), le bâton des augures (*lituus*), la *crosse* des évêques qui en reproduit la forme, le *bâton de justice* des rois de France, la *canne* des tambours-maîtres, la *masse* des appariteurs, la *verge* des huissiers, celle des bedeaux (2), etc. Les avocats eux-mêmes, bien qu'il soit dans l'esprit de leur profession de donner moins de coups de bâton que de coups de langue, n'ont pas laissé d'adopter ce symbole de puissance, et le bâton de la confrérie de Saint-Nicolas, que portait le chef de l'ordre dans les cérémonies de la Sainte-Chapelle, lui avait fait décerner le titre de *bâtonnier*, conservé dans l'institution du barreau.

Ainsi cette arme a eu ses jours de gloire et de splendeur. Réduite maintenant à des fonctions plus vulgaires, elle constitue sous ses divers types de bâton, de canne, de trique, de gourdin, etc., un moyen de défense

____

(1) De Mortillet, *le Préhistorique*, p. 421.
(2) Du bas-latin *bedellus*, *pedellus*, de *pedum*, bâton.

dont ne manque guère de se munir tout homme qui se
croit exposé à de fâcheuses rencontres. — Les cannes
ornées, objet de parure ou de maintien, étaient en
usage dès la plus haute antiquité. Nos collections en
possèdent d'égyptiennes sur lesquelles se lit le nom du
propriétaire ou l'inscription naïve : « Bon bâton pour
la vieillesse. » On a trouvé, dans les ruines des palais
de l'Assyrie, des poignées d'ivoire qui ont dû être
fixées à des bâtons que, dans les bas-reliefs, portent
presque toujours les personnages des hautes classes.
Hérodote est très explicite à cet égard : « Les Babylo-
« niens, dit-il, ont chacun à la main une canne tra-
« vaillée, au haut de laquelle est une pomme, ou une
« rose, ou un lis, ou un aigle, ou toute autre figure,
« car il ne leur est pas permis de porter une canne sans
« cet ornement caractéristique » (1).

Le bâton, choisi dur, pesant et noueux, devint
massue, et son usage a persisté dans le *casse-tête* d'une
foule de peuples sauvages. C'est avec cette arme primitive qu'Hercule et Thésée avaient accompli leurs
fabuleux exploits. Homère et Hérodote décrivent des
masses à pointes aiguës (2). Dans les bas-reliefs de la
colonne Trajane, les Daces sont armés de massues de
bois. Au moyen âge, on reprit l'emploi de cette arme,
seule capable de défaire des combattans cuirassés de
fer. Saint Louis avait une garde de *massiers* (3), et les
Maillotins qui s'insurgèrent à Paris en 1381, tirèrent leur
nom des *maillets* de fer ou de plomb dont ils étaient
armés. Dans les récits des chroniqueurs, des masses ou
fléaux d'armes figurent parfois entre les mains d'hommes.

(1) *Histoires*, liv. I, ch. 195.
(2) *Iliade*, ch. VII, v. 141 ; et *Histoires*, liv. VII, ch. 63.
(3) Guillaume de Nangis, an. 1236.

d'église qui, judaïques observateurs des lois canoniques, pouvaient combattre de la sorte sans « répandre le sang » et assommer les gens en toute sécurité de conscience. A la bataille de Bouvines, l'évêque de Beauvais, Philippe de Dreux, s'engagea dans la mêlée, muni de cette arme orthodoxe, et se signala par sa valeur sans encourir aucun reproche d'irrégularité (1). Nous n'avons pas entièrement renoncé à l'usage des massues, et il est facile de les reconnaître dans nos *cannes plombées*, dans la *makila* des Basques, les *assommoirs* des policemen, etc.

Aux armes contondantes que nous venons d'indiquer et dont l'effet se bornait à produire des contusions, succédèrent des armes piquantes ou tranchantes qui, atteignant les organes intérieurs, faisaient de plus dangereuses blessures. C'est encore le bâton qui, effilé en pointe, servit de type aux armes propres à transpercer. Leur forme élémentaire fut l'*épieu*. Parmi les troupes que Darius oppose à Alexandre, Quinte-Curce fait figurer 40,000 « Derbicès armés de piques et de bâtons durcis au feu » (2). Dans la chanson de Roland, les combattants s'attaquent d'ordinaire à coups d'épieu. Cette arme fut usitée à la chasse aux fauves jusqu'au xvie siècle.

On sut rendre de bonne heure la pique plus pénétrante en y fixant une corne aiguë, un fragment d'os ou toute autre pointe acérée. Plus tard, la substitution du métal au bois entraîna la transformation de l'épieu en *épée*. L'âge du bronze nous en a transmis de nom-

(1) Guillaume le Breton, *Vita Philippi-Augusti,* et Montaigne, *Essais,* liv. I, ch. 41.
(2) *Histoire d'Alexandre,* liv. III, ch. 2.

breux spécimens. Tous les peuples civilisés ont fait usage d'épées à la guerre. Ce fut longtemps la pièce essentielle de l'équipement militaire. Jusqu'à la révolution française, la noblesse conserva l'habitude de porter l'épée, et cet ornement aristocratique s'est maintenu, malgré son non-sens, dans plusieurs costumes civils. De nos jours, les simples particuliers ne portent d'épées que dissimulées dans des cannes, artifice ancien mentionné par divers auteurs (1).

Il est à croire que l'invention des *lances* et *piques* suivit de près celle des épieux et des épées, car tous les combattans n'avaient pas l'héroïsme des Spartiates qui disaient préférer les armes courtes afin de pouvoir aborder l'ennemi de plus près. La plupart, au contraire, préféraient l'atteindre de loin, et la prudence fit imaginer des piques d'une longueur démesurée. Celles des Macédoniens n'avaient pas moins de 21 pieds et faisaient la force de leurs terribles phalanges. Lorsque les Suisses, au xvᵉ siècle, rétablirent l'ordre compact de bataille, leurs piques mesuraient 18 pieds de long. Dans le principe, la lance, comme l'indique le radical sanscrit de ce mot (2), n'était qu'une simple tige d'arbre amincie et effilée. Ensuite, on y adapta une pointe de métal. La lance est restée l'arme favorite d'une foule de nations barbares et, naguère encore, nos *lanciers* en étaient armés.

Les pierres, qui d'abord n'avaient servi qu'à donner au bras de la pesanteur et à faire de plus graves contu-

_____

(1) Plutarque, *Tib. Gracchus*, 10; Suétone, *Claude*, 15; Isidore, *Origines*, XVIII, 9, 4.

(2) Au sanscrit *lankâ*, rameau, se rattachent le grec λόγχη, le latin *lancea*, l'irlandais *lang*, etc. (Pictet, *Origines indo-européennes*, t. II, p. 209).

sions, furent rendues plus meurtrières quand, après y
avoir déterminé, par cassure ou frottement, des tranchans ou des pointes, on les employa comme armes
propres à couper ou à percer. L'expérience fit reconnaître les avantages du silex et d'autres pierres dures
qu'on exploita, pour les façonner de la sorte, partout
où le sol en pouvait fournir. Des fragmens de silex
soumis à une taille grossière, mais intentionnelle, sont
le plus ancien témoignage que l'on ait de l'existence de
l'homme. Dans cet *âge de la pierre*, dont le début
remonte aux plus lointaines origines de notre espèce,
et qui dure encore pour les populations dépourvues
d'industrie métallurgique, les archéologues distin-
guent deux époques : — l'une où les armes étaient
obtenues soit par éclatement au feu, soit par percussion, martellement ou pression, — et l'autre où elles
recevaient plus de fini au moyen du polissage. La
première a rempli l'immense durée de la période
quaternaire ; la seconde correspond à la phase actuelle
du globe.

Bien que, depuis le temps, antérieur à l'ère historique, où les métaux sont devenus d'usage commun,
les nations civilisées aient abandonné cette fabrication
rudimentaire, on en retrouve la trace dans les langues
et les coutumes religieuses. Ainsi le radical *aç*, d'où
dérivent, dans la famille des peuples aryens, une multitude de termes indiquant ce qui est aigu, acéré, tranchant (1), a aussi le sens de *pierre* et rappelle un âge
où les armes en étaient faites. Longtemps après l'emploi vulgaire du bronze et du fer, la tradition perpétua
l'usage des instrumens de silex dans les cérémonies

(1) Sanscrit *açri*, grec ἀκή, latin *acus*, etc. (Pictet, *Origines
indo-europ.*, t. I, p. 129).

du culte. « Faites-vous, dit le livre de Josué, *des couteaux de pierre* (1) pour circoncire les enfants d'Israël. » En Egypte, c'est avec une « pierre d'Ethiopie » que le paraschiste devait ouvrir le flanc des morts pour les embaumer (2). Chez les Arabes du temps d'Hérodote, la consécration du serment consistait à faire « avec une pierre aiguë et tranchante » une incision aux mains des contractans (3). A Rome, on se servait de couteaux de pierre pour découper la chair des victimes et un sénatus-consulte, cité par Tite-Live, ordonnait aux féciaux envoyés en Afrique au camp de Scipion, pour sanctionner un traité, d'emporter avec eux « les cailloux sacrés » (4). D'après leurs rites barbares, les prêtres de Cybèle se mutilaient avec un tranchant de pierre... Dans le nord de l'Europe, l'usage des armes de silex s'est prolongé jusque vers le milieu du moyen âge. Il existait encore en Angleterre il y a huit siècles, car Guillaume de Poitiers raconte qu'à la bataille d'Hastings les Anglo-Saxons lançèrent sur les Normands « des pierres appliquées à des morceaux de bois ». Au Mexique, après la conquête espagnole, les barbiers se servaient de rasoirs d'obsidienne et, de nos jours même, dans certaines contrées de l'Amérique du Sud, les dames font usage de lames de cette substance pour trancher la laine de leurs broderies (5).

A l'origine, et durant les deux époques chelléenne ou préglaciaire et moustérienne ou glaciaire, les

---

(1) *Cultros lapideos* (*Josué*, ch. V, v. 2. Voy. aussi *Exode*, IV, 25, et *Psaumes* LXXXIX, 44).
(2) *Diodore de Sicile*, liv. I, ch. 91.
(3) *Histoires*, liv. III, ch. 8.
(4) *Ut privos lapides silices secum ferrent*, liv. XXX, ch. 43.
(5) Fr. Lenormant, *Premières civilisations*, t. I, p. 165.

armes de pierre étaient simplement tenues à la main.
Elles constituaient à la fois un *coup de poing* et un
outil pour percer, couper ou râcler. L'emmanchure est
un artifice complexe qui n'a été usité qu'à partir de
l'époque solutréenne ou postglaciaire (1). Une lame
aiguë, fixée à un manche de bois par une lanière de cuir
ou des fibres végétales, composa un poignard analogue aux couteaux dits « celtiques » et au *tohis* des
Nouveaux-Zélandais. Des pierres taillées en biseau et
emmanchées au bout d'un bâton servirent de haches
comparables au *tamatave* des Océaniens, etc.

Lorsque, à une date immémoriale en Orient, mais
beaucoup plus tardive en Europe, s'accomplit la substitution du bronze au silex, les armes, pouvant avoir des
tranchans affilés et des pointes acérées, acquirent une
efficacité redoutable et prirent des formes variées.

Le *couteau* et ses dérivés, *coutelas*, *poignard*,
glaive... ont été partout en usage. Il en est fait mention
dans le *Vendidad* chez les soldats de l'Iran (2). Les
Grecs des temps héroïques portaient un poignard à
la ceinture, comme font encore tous les Orientaux.
« Agamemnon, dit Homère, prend un couteau qui
toujours était attaché à son baudrier »... (3). Telle était
aussi la coutume des Gaulois (4). Le nom des *Saxons*
(*saxen*) provenait du *long couteau* qui constituait leur
arme nationale (5). Les Francs l'importèrent en Gaule
et c'est avec cette arme (*scramsax*) que, dans le récit
de Grégoire de Tours, Sigebert est tué par les émis-

(1) De Mortillet, *le Préhistorique*, p. 257.
(2) *Vendidad*, XIV, 37.
(3) *Iliade*, ch. III.
(4) Posidonius, dans Athénée, *Deipnos*, IV, 13.
(5) Aug. Thierry, *Lettre VI sur l'Histoire de France*.

saires de Frédégonde (1). La *sica* avec laquelle combattaient les gladiateurs thraces était une sorte de dague recourbée comme une défense de sanglier (2). On la tenait pour une arme de brigand et le terme de *sicaire* devint synonyme d'*assassin*. En France, aux xiiie et xive siècles, les fantassins étaient armés d'un coutelas appelé *coterel* ou *coustil*, ce qui les faisait appeler *cottereaux* ou *coustiliers*. Enfin, on sait avec quelle facilité les Espagnols jouent du *cuchillo*, les Italiens du *stiletto*, les Yankees du *bowie-knife*, etc.

Quand la *hache* de bronze remplaça la hache de pierre, elle fut d'abord arme de combat. Dès le temps des rois, les Romains l'avaient adoptée à la guerre et les faisceaux des licteurs en rappelaient le souvenir sous la République. La *francisque* des Francs était une hache qu'ils lançaient contre l'ennemi. Dans les batailles du moyen âge, il est fréquemment question de haches. A Poitiers, le roi Jean combattait avec une arme de ce genre. Nous avons encore des haches d'abordage, celles des sapeurs, etc.

Ni les Grecs, ni les Romains n'ont fait usage de *sabres*, mais leur emploi était très ancien en Orient. Les monuments de l'Egypte pharaonique mettent parfois entre les mains des soldats un sabre recourbé appelé *harpé*. Cette arme était nationale chez les Perses. Hérodote nous montre Xerxès jetant son sabre *persique* dans l'Hellespont en guise d'offrande propitiatoire (3). Xénophon et Quinte-Curce mentionnent également son usage (4). L'Europe ne l'admit

---

(1) *Histoire ecclésiastique des Francs*, liv. IV, ch. 52.
(2) Pline, liv. XVIII. ch. 1 et Suétone, *Caligula*, 32.
(3) *Histoires*, liv. VII, ch. 54.
(4) *Cyropédie*, II, 1, 9 et VI, 2, 10; *Histoire d'Alexandre*, VIII, 14.

dans l'équipement militaire qu'à partir des croisades. Il est surtout devenu commun, dans les corps de cavalerie, depuis le XVIIIe siècle, époque où les Polonais et les Hongrois, équipés à l'orientale, le propagèrent.

La *hallebarde*, combinaison de la lance et de la hache, est figurée sur les vases grecs et mise dans les mains des Amazones légendaires. Pline en attribue l'invention à leur reine Penthésilée. Supposé que l'allégation soit exacte, ce serait la seule arme dont le modèle ait été imaginé par une femme. Les hallebardes furent popularisées par les Suisses, au XVe siècle.

Depuis environ deux siècles, la *bayonnette* remplace chez nous les diverses sortes d'armes, piquantes et tranchantes, ajustées au bout d'un long manche. La plus ancienne mention que l'on en connaisse et son étymologie probable (1) portent à supposer qu'elle est originaire d'Espagne. On la voit paraître pour la première fois dans la relation de la campagne de Flandre par Puységur (1640). « Je crois, dit l'historien Daniel, que « le premier corps qui ait été armé de la bayonnette en « France est le régiment des fusiliers créé en 1671 » (2). En 1701, on perfectionna la bayonnette par l'adjonction de la douille pour l'assujettir au bout du fusil. Deux ans plus tard, Vauban fit décider la suppression des piques et l'armement de toute l'infanterie française avec des fusils à bayonnette. La *bayonnette-sabre*, en usage depuis 1842, est due au commandant Thiéry.

Les armes dont nous venons de parler exigeaient l'approche et, si elles permettaient de faire de cruelles

---

(1) *Bayonnette* de *baineta*, dérivé lui-même de *baina*, gaine.
(2) *Histoire de la milice française*, t. II, p. 592.

blessures, elles exposaient au danger d'en recevoir.
Quelque soin que l'on prît d'allonger les manches,
cela ne supprimait pas les risques d'un abord immédiat. L'invention des armes de jet réalisa un progrès
sensible en donnant le moyen d'atteindre l'adversaire
à distance. Dès lors, l'adresse put entrer en compétition avec la force, frapper de loin et mettre l'avantage
de son côté. C'est surtout dans cette direction que
devait s'effectuer le perfectionnement des armes de
guerre et de chasse.

Toutes les armes de choc ont été converties en armes
de jet. Les pierres de peu de volume qui, d'abord tenues
à la main, avaient eu simplement pour effet d'ajouter
à la puissance du coup de poing, lancées avec adresse,
agrandirent le rayon où il était possible de blesser un
ennemi. Ce moyen d'agression est si simple qu'il ne
dépasse pas les ressources de l'instinct animal. Le
fourmilion fait pleuvoir de petits graviers sur les proies
engagées dans son piège en entonnoir; certains pois-
sons (1) savent atteindre les insectes qu'ils guettent
en projetant sur eux une goutte d'eau, et les singes
poursuivis lancent sur le chasseur ce qui est à leur
portée. Le goût de cet exercice est général parmi les
enfans. L'histoire cite des peuples qui n'ont su combattre
qu'en jetant des pierres. Diodore de Sicile parle de tribus
libyennes dont toutes les munitions de guerre consistaient en sacs de ces projectiles, et le supplice de la
« lapidation », usité chez les Hébreux, paraît se rattacher à l'ancienne coutume d'employer de pareilles
armes de jet fort communes en Judée. Dans l'*Iliade*,
les Grecs et les Troyens se renvoient des pierres si

____

(1) Les *Chétodons*. A Java, on les élève dans des vases pour
s'amuser du spectacle de leur dextérité.

nombreuses que le poète les compare à une averse de grêle (1). Les héros, pour garder leur rang, se jettent réciproquement à la tête des blocs de rocher, comme on le voit dans les duels que se livrent Hector et Ajax (2). D'après les récits de César, les Romains furent assaillis à coup de pierres par les Gaulois (3). Les modernes ont renoncé, sauf dans les bagarres populaires, à cette manière enfantine de combattre, ou plutôt ils l'ont transformée, puisqu'on peut faire dériver des pierres lancées à la main tous les projectiles qu'envoient les armes de tir.

Aiguisé en dard, le bâton devint la *zagaie* des sauvages. De la pique, changée en javelot, procédèrent la *hasta* des Romains, le *pilum* des légionnaires qui, selon les termes de Montesquieu, « subjugua le monde », l'*angon* des Francs, etc. La massue, réduite à des proportions moins massives, constitue le *boomerang* des Australiens, arme paradoxale qu'ils projettent en lui faisant décrire les trajectoires les plus imprévues.

La tendance du progrès, qui était de perfectionner les armes dans le sens d'une plus grande portée, afin d'éloigner autant que possible le danger des rencontres, fit imaginer des combinaisons pour lancer les traits à des distances où le bras ne pouvait atteindre. Ce résultat fut obtenu à l'aide d'engins qui, accumulant la force dans une direction donnée, chassaient violemment le projectile. Ainsi font la *fronde* et l'*arc*.

L'emploi de la fronde est immémorial dans l'ancien monde et, comme on a trouvé son usage répandu chez

(1) *Iliade*, ch. XII.
(2) *Id*. ch. V et VII.
(3) *Guerre des Gaules*, II, 6, et III. 4.

une foule de peuples non civilisés (Océaniens, Esquimaux, Patagons, etc.), on peut conjecturer que cette
arme est un legs de l'antique sauvagerie. D'après le
Vendidad, les guerriers iraniens devaient aller au combat munis d'une fronde et de trente pierres (1). Les
Hébreux étaient renommés à cet exercice. David terrasse Goliath avec une pierre de fronde (2), et il est dit
que, dans la vallée de Gabaa, il y avait 700 frondeurs
capables de toucher un cheveu à coup sûr (3). Homère
parle des Locriens armés de frondes. Sous Servius
Tullius, les Romains avaient des corps de frondeurs.
Plus tard, ils recrutèrent pour cette arme spéciale des
soldats d'élite chez les habitans des îles Baléares, cé-
lèbres par leur adresse. « Ils portent, dit Strabon,
« ceintes autour de la tête, trois frondes, de corde, de
« crin et de boyau, une longue, pour atteindre l'en-
« nemi de loin, une courte pour l'atteindre de près, et
« une moyenne pour les distances moyennes » (4).
Au dire du même auteur et de Diodore de Sicile, les
enfans étaient tenus d'abattre chaque jour leur dîner du
haut d'une perche, ce qui devait en peu de temps les
rendre tireurs infaillibles. Les frondeurs romains (*fun-
ditores*), représentés sur la colonne Trajane, n'avaient
pas d'autre arme que des frondes. Ils s'en servaient
pour lancer, non seulement des pierres, mais aussi des
balles ou glands de plomb, souvent mentionnés par les
historiens (5). Nos collections archéologiques possèdent
de ces lingots recueillis sur les champs de bataille

(1) *Vendidad*, XIX, 27.
(2) *Rois*, liv. I, ch. XVII, v. 49.
(3) *L. Jud.* ch. XX, v, 16.
(4) *Géographie*, III, v, § 1.
(5) Tite-Live, XXXVIII, 21; et César, *Guerre des Gaules*, VII,
81.

grecs et romains. Les uns portent l'image d'un foudre ou l'inscription ΔΕΞΑΙ (*reçois cela*) ; sur les autres, on lit FERI (*frappe*) ou FIR (pour *firmiter, lance avec force !*). Ces balles pouvaient, dit-on, percer des cuirasses. Lucrèce, Virgile et Sénèque admettent même une telle vitesse de projection que le plomb se fondait en l'air avant d'arriver au but (2). Mais la physique élève des doutes sur ce point, et l'on n'a probablement là qu'une explication ingénieuse mise en crédit par les frondeurs maladroits. L'emploi des frondes à la guerre prit fin vers le milieu du moyen âge. Dans le récit du siège de Paris par les Normands, au IX⁰ siècle (*Poème d'Abbon*), il est encore question de balles de plomb, lancées à l'aide de frondes. Deux siècles plus tard, la tapisserie de Bayeux ne représente aucun homme de guerre muni de cette arme, tandis qu'elle est figurée aux mains d'un paysan qui vise un oiseau, preuve qu'elle était dès lors abandonnée aux chasseurs vulgaires. Néanmoins, jusque dans les temps modernes, on y est revenu par circonstance. D'Aubigné raconte dans ses *Mémoires* que, durant le siège de Sancerre (1572), les protestans se servirent de frondes afin de ménager leur provision de poudre. Enfin, les enfans, fidèles conservateurs de toutes les inventions primitives, aiment toujours à faire du maniement de cette arme un jeu d'adresse.

Avec la fronde, on ne pouvait lancer que des projectiles massifs dont, à moins d'une dextérité rare, la direction restait incertaine. L'arc donna le moyen de projeter avec moins de peine et plus de justesse des traits acérés et légers. Cet engin, connu de la plupart

(1) *De rerum natura*, ch. VI, v. 178 ; *Énéide*, ch. IX, v. 586, 9 ; *Questions naturelles*.

des peuples sauvages, fut une des inventions les plus
utiles du premier âge, car elle assurait à l'homme l'a-
vantage sur les animaux et dut, en mettant sans danger
à sa merci les plus riches proies, décider l'adoption de
la vie chasseresse, c'est-à-dire une transformation de
mœurs dans l'espèce humaine. L'extrême diffusion de
l'arc est l'indice que sa découverte initiale remonte
à une des phases les plus anciennes de notre histoire.
On ne cite guère, en effet, que les Australiens qui l'aient
ignoré. Ils l'ont remplacé par le *Wummera*, sorte de
planchette avec laquelle ils projettent violemment d'une
main le trait tenu élevé de l'autre. Partout ailleurs
usité, l'arc a laissé des traces sans nombre dans les
stations de l'âge préhistorique, dans les légendes et
les annales. La mythologie le met entre les mains
de dieux tels qu'Apollon et l'Amour. Dans la *Genèse*,
Jéhovah place en signe d'alliance son arc dans les
nuées (l'arc-en-ciel) (1). Esaü, allant à la chasse, « prend
son arc et son carquois » (2). Les distances mêmes sont
indiquées en portées d'arc (3). Sous le règne d'Ozias, les
soldats hébreux étaient armés d'arcs et de frondes (4).
Dans les tableaux de guerre égyptiens et assyriens, les
soldats en campagne portent généralement un arc et
des flèches. Le *Vendidad* assigne un arc et trente
flèches aux combattans iraniens (5) et l'on sait, par
Xénophon, que, jusqu'à seize ou dix-sept ans, tirer l'arc
et lancer le javelot constituait la principale occupation
des jeunes Perses (6). Chez les Grecs du temps d'Ho-

(1) *Genèse*, ch. ix, v. 13.
(2) *Id.* ch. xviii, v. 3
(3) *Id.* ch. xxi, v. 16.
(4) *Paralipomènes*, I, ch. xxxvi, v. 14.
(5) *Vendidad*, XIV, 37.
(6) *Cyropédie*, liv. I, ch. ii.

mère, l'arc était usuel, au moins parmi les combattans plébéiens, car, dans l'*Iliade*, les guerriers de renom ne manient que les armes plus nobles de la javeline et de l'épée. L'arc d'Ulysse, que le héros seul avait la force de bander, joue un rôle important dans l'*Odyssée*. C'est avec ses traits vengeurs que le roi d'Ithaque, de retour dans ses foyers, fait un massacre général des poursuivans de Pénélope (1). Toutefois, dans les siècles postérieurs, l'arc est rarement cité comme arme de guerre par les historiens de la Grèce. Mais les peuples à demi barbares en conservèrent l'usage, et les flèches des Scythes étaient aussi redoutées des Grecs que celles des Parthes le furent des Romains. Cependant les légionnaires de l'empire auraient, semblé-t-il, pu se défendre si, comme l'affirme Végèce, ils étaient capables, dans les exercices de tir à l'arc ou à la fronde, d'atteindre une botte de paille à la distance de 600 pas (2). Nos tireurs à la cible ne font guère mieux.

Tant que dura l'âge de la pierre, les populations de l'Europe ne connurent que des flèches armées d'une pointe d'os ou de silex. Les stations et les tombelles de l'âge préhistorique nous en ont conservé de pareilles. Tacite en mentionne l'usage chez les Finnois, qui habitaient la Prusse actuelle : « Ils sont, dit-il, extraor-« dinairement sauvages... Toutes leurs ressources « sont dans leurs flèches dont la pointe, à défaut de « fer, est faite d'os » (3). Mais, dès l'époque où nous reportent les livres sacrés de l'Asie, les peuples les plus avancés avaient des flèches à pointe de bronze

(1) *Odyssée*, ch. XXII.
(2) *De re militari*, II, 23.
(3) *Germanie*, § 46.

ou de fer. Le *Vendidad* exige que les soldats en
soient armés (1).

On sut de très bonne heure rendre les flèches plus
meurtrières en les imprégnant de poison, car il suffisait alors de la moindre blessure pour causer la mort.
Ce procédé d'intoxication fut une découverte du cycle
sauvage. Il est connu d'une foule de peuplades chasse-
resses qui, par ce moyen, se rendent redoutables même
aux Européens munis de toutes les ressources agres-
sives de la civilisation. Les aborigènes de l'Europe
primitive ne l'ignoraient pas. Dans la caverne de Mas-
sat (Ariège), dont les habitans ont vécu pendant la période de l'Aurochs, M. Lartet a trouvé des flèches bar-
belées dont chaque dent portait un petit canal qu'on
pense avoir servi à insérer du poison. La linguistique
fournit la preuve que les Grecs anciens avaient coutume
d'empoisonner leurs flèches (2). Au début de l'*Odyssée*,
Homère dit qu' « Ulysse revenait d'Ephyre... où il était
« allé demander à Ilus, fils de Mermérus, un poison sub-
« til pour en armer ses flèches » (3). Suivant ce que rapportent Pline et Strabon, les Gaulois savaient empoisonner avec l'hellébore les armes dont il se servaient à
la chasse ; mais ils eurent la générosité de n'en jamais
faire usage dans les combats (4). Les Francs connaissaient aussi ces préparations toxiques ; la *loi salique*
les interdit à la guerre. Lorsque Frédégonde complotait
la mort du roi Childebert, « elle fit, raconte Grégoire
« de Tours, fabriquer deux couteaux dans lesquels

(1) *Vendidad*, XIV, 37.
(2) Le mot ἰός signifie à la fois *flèche* et *poison*. Le même rapport
existe entre τόξον, *arc* et τοξικόν, *poison*. Max Müller, *Nouv.
Leçons sur la science du langage*, t. I, p. 366, 7.
(3) *Odyssée*, ch. I.
(4) *Hist. natur.* XXV, 5.

« elle ordonna de pratiquer des entailles assez pro-
« fondes pour recevoir du poison, afin que si le coup
« n'était pas mortel, l'action du poison arrachât
« promptement la vie » (1). C'est aussi avec une arme
empoisonnée qu'à l'instigation de la reine scélérate
Sigebert avait été tué (2).

Pendant tout le moyen âge, on continua d'employer
l'arc, et, jusqu'au xv° siècle, la plupart des gens de
pied en furent armés. De là, l'établissement des compagnies des *francs-archers* qui, dans les villes libres,
s'exerçaient au maniement de cette arme, sauvegarde
de leur indépendance. Quelques cités flamandes en ont
maintenu la tradition. Louis XIV enfant, durant le séjour qu'il fit à Montpellier, se déclarait chef du « noble jeu de l'arc » et décochait, pour l'exemple, des
flèches au « papegeai ». Mais déjà l'arc était tombé en
désuétude dans les armées. Louis XI en avait aboli
l'usage en 1481. Les Anglais, plus attachés à leurs
vieilles coutumes et qui devaient à des compagnies
d'archers leurs triomphes durant la guerre de cent ans,
furent, dans l'Europe occidentale, les derniers à tirer
des flèches. En 1627, ils en lançaient encore au siège
de l'île de Ré. Des tribus barbares, incorporées
à l'empire russe, ont conservé l'usage de l'arc et
quelques-uns des contingens tartares qui envahirent
la France en 1815, à la suite des armées alliées, vinrent étaler jusque dans Paris cette arme des temps
primitifs.

A l'arc simple, où la flèche libre était projetée directement par la tension d'une corde, succéda l'arbalète, munie d'un mécanisme à détente et d'un canal directeur, ce

(1) *Histoire ecclésiast. des Francs*, liv. VIII, ch. 29.
(2) *Idem*, liv. IV, ch. 52.

qui permit d'augmenter la force impulsive et de rectifier le tir. L'invention en est fort ancienne en Orient.
On l'attribue aux Phéniciens. Néanmoins, il ne paraît
pas que l'usage de cette arme, sans doute peu maniable à l'origine, soit alors devenu vulgaire, car les historiens de l'époque classique la mentionnent rarement.
Pourtant, les Romains se servaient parfois de petites
balistes à main (*balista manualis, arcus balistarius,*
notre « arc-baleste »). Au xe siècle, lorsque l'emploi des
armes défensives obligea d'accroître la puissance des
armes offensives, on eut recours à ces engins pour lancer contre les chevaliers cuirassés de fer et invulnérables à l'atteinte de flèches légères, des traits courts
et pesans appelés *carreaux.* La plus ancienne mention
d'arbalètes se lit dans la *Chronique* du moine Richer,
au récit du siège de Senlis, en 949. L'abbé Suger rapporte que Louis le Gros avait une troupe d'arbalétriers.
En 1139, le 29e canon du second concile de Latran
interdit, sous peine d'excommunication, l'emploi de
l'arbalète dans les guerres entre chrétiens, cette arme
étant considérée comme trop meurtrière. Richard Cœur
de Lion, jugeant au rebours que c'était là une raison
pour s'en servir, en rétablit l'usage, malgré la prohibition religieuse, et périt, au siège de Chalus, d'un
trait d'arbalète qui parut un juste châtiment du ciel. A
la bataille de Crécy, l'armée française ne comptait pas
moins de 15,000 arbalétriers, dont 6,000 Génois. Cette
arme figurait encore à Marignan. Mais elle fut bientôt
après abandonnée.

Dès le xiie siècle, l'arbalète avait été perfectionnée
par la substitution d'un tube à la gorge ouverte creusée
pour diriger les traits, et par l'emploi de projectiles
sphériques en place de flèches. Elle prit alors le nom

d'*arquebuse* qui trahit son origine italienne (1). Il restait peu de chose à faire pour transformer l'arc ainsi modifié en arme à feu, et le nom d'arquebuse, que les premières ont porté, indique comment la transition s'opéra. Si l'histoire ne montrait les phases de cette métamorphose, on aurait de la peine à croire que notre fusil procède de l'arc des sauvages.

Le désir, toujours plus vivement ressenti, d'accroître la puissance d'action et la portée des projectiles de guerre conduisit les peuples les plus industrieux de l'antiquité à construire des machines composées, moins maniables que les précédentes, mais de plus d'effet. Par l'emploi de ressorts fortement bandés et l'association de plusieurs servans dans une manœuvre commune, on réussit à constituer une artillerie névro-balistique, capable de remplir un office analogue à celui de nos bouches à feu. Ces engins, inventés à une date très ancienne en Orient, prirent un grand développement, d'abord en Grèce, sous les successeurs d'Alexandre, puis à Rome, sous l'empire, enfin dans l'Europe, au moyen âge. On les rapporte à trois types principaux :

1° La *baliste*, consacrée au tir horizontal et qui tenait lieu de nos canons. C'était une sorte de grande arbalète que bandait la torsion d'un écheveau enroulé sur un treuil. Le projectile, communément une pierre, une poutrelle à tête de fer ou même un boulet de métal, lancé avec force au moyen d'un déclic, produisait des effets meurtriers.

2° La *catapulte*, destinée au tir parabolique, correspondait à nos obusiers. Elle projetait en hauteur de

(1) *Arco-busio*, arc à trou.

pesantes masses à l'aide d'un bras engagé dans un écheveau tendu entre deux montans verticaux. Le bras partait également par un effet de déclic, lorsque l'écheveau, actionné par un treuil, avait été soumis à une torsion énergique. On pouvait jeter ainsi, par-dessus les remparts des villes, des blocs de pierre, de la mitraille de cailloux, des poutres et jusqu'à des cadavres d'animaux pour empester les assiégés. Quoique la catapulte soit décrite en détail par Vitruve (1) et figurée six fois sur la colonne Trajane, son mécanisme est encore imparfaitement connu et l'on ne s'en explique pas bien la manœuvre.

3° Enfin, des machines complexes où la catapulte était modifiée de manière à produire un tir horizontal. Pour cela, le bras, au lieu de lancer directement le projectile, venait le heurter à l'entrée d'un canal et le chassait dans la direction voulue.

Ces diverses machines, mues par un appareil de torsion, étaient, en conséquence, désignées par l'expression générale de *tormentum (a torquendo)*. Manœuvrées à bras, elles lançaient à une distance triple de celle où s'arrêtaient les traits d'arc, des projectiles capables de briser les boucliers et les cuirasses, de renverser des files de combattans et de rompre les angles des tours ou de faire sauter les créneaux des murs. Mais, comme ces lourdes machines étaient d'un transport difficile et d'une manœuvre pénible, leur emploi, imaginé en vue de la tactique des sièges, resta longtemps limité à ce genre d'opérations militaires.

Tel paraît avoir été toujours leur rôle en Asie. Dès

______

(1) *De architectura,* lib. X. cap. 15.

le temps où fut composé le *Pentateuque*, les Hébreux avaient des machines de siège. Le *Deutéronome* autorise, pour les faire, les assiégeans à couper, autour des villes attaquées, « les arbres qui ne portent pas de fruits » (1). Dans le livre des *Chroniques*, on lit qu'Ozias fit construire à Jérusalem des machines, de l'invention d'un ingénieur, qui devaient être placées sur les tours et sur les coins pour jeter des flèches et de grosses pierres (2). Nabuchodonosor emploie des machines puissantes contre Tyr et Jérusalem. Les Assyriens paraissent avoir fait, à cette époque, de remarquables progrès dans l'art du génie militaire, la construction des machines et la conduite des sièges. Leurs bas-reliefs nous montrent des béliers pour battre le pied des murs, protégés par une tortue roulante couverte de peaux, des tours en bois montées sur des roues et chargées d'archers ou de frondeurs qui dominent la crête du rempart ennemi, des mineurs opérant des travaux de sape, etc. (3).

Au temps de la guerre de Troie, les machines de guerre étaient inconnues en Europe. Homère n'en mentionne d'aucune sorte et ne parle même pas d'échelles, ce qui explique la longueur d'un siège de dix ans. Mais peu de temps après Périclès, à partir de la guerre du Péloponèse, l'usage des engins mécaniques s'introduisit chez les Grecs. Leur esprit inventif ne tarda pas à perfectionner l'artillerie névro-balistique et Démétrius dut son surnom de *Poliorcète* (preneur de villes) aux appareils savamment construits qu'il avait imaginés pour forcer les places.

(1) *Deutéronome*, ch. xx, v. 20.
(2) *Chroniques*, liv. I, ch. xxvi, v. 14, 15.
(3) Voy. Layard, *Monuments of Niniveh*, série I, pl. 19, 20, 66.

Lors des guerres puniques, les Romains apprirent l'emploi de ces engins à l'école des Carthaginois. Strabon dit que ceux-ci, obligés de subir une première capitulation, avant d'engager la lutte suprême, ne livrèrent pas à leurs vainqueurs moins de 3,000 catapultes (1). Bientôt même les Romains donnèrent à la construction des machines un développement supérieur à tout ce qu'on avait vu jusque-là. Josèphe décrit avec admiration les parcs d'engins balistiques dont Titus se servit au siège de Jérusalem. Il s'y trouvait réunies 300 balistes et 40 catapultes dont les moindres pouvaient lancer un poids de cent livres. Mais déjà les ingénieurs romains avaient su rendre ces machines assez légères pour suivre une armée en campagne, ce qui leur ouvrait un champ d'action aussi étendu que le précédent était restreint. Après Auguste, on les voit faire partie de l'équipage régulier de la légion, l'accompagner dans ses marches et lui prêter, à chaque rencontre, d'utiles secours. Elles paraissent dans la plupart des batailles, passages de rivières, défenses de camps ou sièges de villes de l'époque impériale, et leur rôle est souvent décisif. On pourrait même mesurer à leur importance croissante l'affaiblissement de la valeur romaine. A la fin du IVe siècle, Végèce, qui nous a transmis la description des machines usitées de son temps admet, dans la constitution normale d'une armée, une baliste sur affût roulant par centurie de soldats et une catapulte par cohorte de cinq centuries. Comme la légion se composait de dix cohortes, son armement comprenait, pour un effectif de 6,000 hommes, 55 balistes et 11 catapultes, proportion qui souvent était dépassée. Il

____

(1) *Géographie*, liv. XVII, ch. XVI.

fallait 11 hommes pour le service de chaque pièce, de sorte qu'on finit par avoir dans les armées une quantité de servans en place de combattans. L'empire fut condamné à tomber quand, au lieu des héroïques soldats qui avaient fondé sa grandeur, il ne resta plus, pour le défendre, que des machines et des mécaniciens.

Avec son goût très vif pour les combinaisons mécaniques, le moyen âge continua l'usage et améliora la disposition de ces engins dont l'antiquité lui avait transmis la tradition. Les chroniqueurs les appellent *mangonneaux*, *arbalètes à tour*, etc. Au xiiie siècle, leur ensemble prit le nom d'*artillerie*, à raison de l'*art* qu'exigeait leur mise en œuvre, comme nous disons «. l'arme du *génie*. » Ce matériel de guerre conserva son importance jusqu'au xvie siècle et n'était pas entièrement abandonné sous le règne de Henri IV. Mais les progrès de l'artillerie moderne, fondée sur l'application de la poudre, devaient faire tomber en désuétude ces inventions imparfaites qui ne pouvaient rivaliser avec les nouvelles ressources balistiques. Il n'en reste plus de vestiges dans les pratiques militaires de notre âge et la plupart de ces appareils, jadis si redoutés, constituent des problèmes d'archéologie sur lesquels s'exerce la sagacité des érudits.

Disons, pour terminer, quelques mots des armures défensives au moyen desquelles l'homme, non moins désireux de garantir sa vie que d'attaquer celle des autres, a cherché de tout temps à éviter ces mêmes blessures qu'il s'efforçait de faire. Vaincre sans dommage et tuer sans risque est l'idéal de la guerre. Peu de combattans ont eu l'héroïsme insensé des Gaulois

qui s'engageaient nus dans les batailles, afin de
montrer qu'ils ne craignaient ni la douleur, ni la mort.
Cet étalage de valeur était trop contraire à l'instinct
de conservation pour trouver beaucoup d'imitateurs,
et partout on a eu recours à des modes de protection.

Le premier qui s'aperçut qu'au jeu périlleux de la
guerre un mauvais coup est souvent plus vite reçu
que donné, dut être l'inventeur prudent des armes
défensives. Sans doute il ne chercha d'abord qu'à
s'abriter derrière un arbre, un rocher ou tout autre
obstacle naturel. Ensuite, il tâcha de se procurer un
abri analogue, mais portatif, et imagina le *bouclier*.
On ne tarda pas à y adapter une *boucle* ou un anneau
qui permit de le tenir en y passant le bras gauche,
tandis que le bras droit restait libre pour l'action.
Tous les peuples, depuis les plus sauvages jusqu'aux
plus civilisés, ont fait usage de boucliers dont la matière,
la forme et l'ornementation comportaient des variations
infinies.

La confection de pièces destinées à protéger certaines parties du corps est également très ancienne,
mais a toujours été moins généralement répandue. Cet
artifice, qui suppose l'emploi de matières spéciales,
n'était pas à la portée de populations sans industrie et
marque un niveau de civilisation. Le *casque* et la *cuirasse*
furent d'abord imaginés pour préserver des plus dangereuses blessures. D'après les indications linguistiques,
le casque semble avoir été connu des Aryas antérieurement à leur dispersion (1). C'est la première coiffure
qui paraisse sur les médailles et dans les représen-

(1) Pictet, *Origines indo-européennes,* t. II, p. 234.

tations figurées. Le *Vendidad* mentionne la cuirasse, le haubert et les cnémides pour les jambes (1). Dans le livre des *Chroniques*, Ozias fait préparer pour une armée de 307,500 hommes, des boucliers, des casques et des cuirasses (2).

Le cuir, substance à la fois résistante et souple, dut être employé dès le principe pour fabriquer des armures, comme l'atteste l'étymologie du mot *cuirasse*. Homère dit que le bouclier d'Ajax était fait de sept cuirs de bœuf (3). D'après Polybe, les casques les plus simples se faisaient avec du cuir ou des peaux de bêtes (4). Tel est celui de Diomède dans l'*Iliade*. Nos casques en cuir bouilli et les *buffletteries* sont tout ce qui reste des antiques armures de cuir. Les anciens savaient aussi confectionner des cuirasses avec des substances végétales. Dans les bas-reliefs assyriens, les guerriers sont revêtus de justaucorps faits de cordelettes nattées, probablement en sparterie. Au rapport d'Hérodote, les Egyptiens se servaient de cuirasses de lin composées de plusieurs couches de tissu, dont le nombre s'élevait jusqu'à dix-huit, collées l'une contre l'autre et macérées dans du vin salé. Elles résistaient, paraît-il, aux coups de tranchant, mais non aux coups de pointe. Ces cuirasses étaient connues de divers peuples en Orient. Les Grecs en portaient à l'époque de la guerre de Troie (5) ; ils les employaient encore, surtout à la chasse, du temps de Pausanias. Les Romains en firent également usage (6). Au

(1) *Vendidad*, XIV, 37.
(2) *Chroniques*, liv. II, ch. xxvi, v. 14.
(3) *Iliade*, ch. XI.
(4) *Histoire générale*, VI, 22.
(5) *Iliade*, ch. II, v. 519 et 830.
(6) Pline, liv. XIX, 2.

xvi⁰ siècle, les Mexicains avaient des cuirasses de coton piqué.

Des peaux épaisses ou des toiles superposées pouvaient offrir une garantie suffisante contre des traits faibles et légers ou des armes à main de peu d'effet ; mais lorsque le perfectionnement des armes offensives en bronze ou en acier les eut rendues redoutables, il fallut parer à un péril accru par une protection plus efficace, opposer métal à métal et s'en servir pour fabriquer des armures impénétrables. La difficulté consistait à concilier la rigidité des métaux avec la mobilité des membres, afin de protéger le corps sans le paralyser. On n'y parvint au début qu'en attachant des pièces indépendantes aux parties qu'on voulait couvrir. Le livre des *Rois* nous montre Goliath portant un casque d'airain, une cuirasse à écailles, des cuissards d'airain et un bouclier d'airain (1). Ces cuirasses à écailles étaient faites de petites plaques de métal fixées sur une casaque de cuir par des sortes de hameçons (2) et se recouvrant l'une l'autre comme des écailles de poisson. Nous venons de voir qu'elles étaient usitées chez les Hébreux au viii⁰ siècle avant notre ère. Hérodote les constate chez les Perses du temps des guerres médiques (3). On en remarque de pareilles figurées sur les colonnes Antonine et Trajane, ainsi que sur les débris de l'Arc de Trajan. L'artifice, plus ingénieux encore, des cottes de mailles, faites d'anneaux engagés les uns dans les autres, unit la souplesse et la solidité. Les anciens n'ont pas ignoré ces tissus métalliques des-

(1) *Rois*, liv. I, ch. xviii, v. 5, 6.
(2) Virgile les appelle « *Lorica conserta hamis.* » (*Énéide*, ch. III, v. 467.)
(3) *Histoires*, VII, 61.

tinés à servir d'armure. Suivant Polybe, les *hastati* en portaient sous la République (1), et Valérius Flaccus les mentionne expressément (2). Des soldats revêtus de cottes de mailles sont représentés sur l'Arc de Constantin, à Rome. Quoique, d'après Grégoire de Tours, les Francs s'en servissent au VIe siècle, l'usage ne s'en répandit en Europe qu'au VIIIe. Avec le perpétuel état de guerre du régime féodal, les armures allèrent se compliquant de plus en plus. Tandis qu'à l'époque mérovingienne les gens d'armes n'avaient guère que le bouclier pour défense, la coutume de porter des cuirasses s'établit sous les carlovingiens et, à partir du XIIe siècle, les chevaliers réussirent à se rendre presque invulnérables en se couvrant d'armures complètes, articulées comme les carapaces des crustacés. Ainsi bardé de fer, le noble put braver et accabler de ses coups la foule impuissante des combattans populaires. Mais lorsque, plus tard, parurent les armes à feu, les boucliers, casques et cuirasses, utiles contre les armes à main, ne purent pas résister aux projectiles lancés par la poudre, et, n'étant plus qu'une gêne, furent peu à peu abandonnés. Dès le commencement du XVIe siècle, on cessa de se charger du bouclier. Il est très rarement figuré sur les monumens postérieurs au règne de François Ier. Les armures de métal ont persisté, du moins comme parure militaire, jusqu'au milieu du XVIIIe siècle, et des officiers généraux du temps de Louis XV en sont encore revêtus dans leurs portraits. Il ne subsiste plus de ce vieil usage que la cuirasse de quelques régimens de *cuiras-*

______

(1) *Histoire générale*, VI, 23.

(2) « *Molli lorica catena.* » (*Argonautiques*, lib. VI. v. 233).

siers, ornement incommode plus que moyen utile de
protection.

Telles sont les principales armes, perfectionnées de
siècle en siècle, que l'homme a su faire pour appliquer
sa force, garantir sa faiblesse et tenir ses ennemis à
distance ou en triompher. Elles ont assuré sa victoire
sur la plupart des animaux et fait de lui le plus dangereux adversaire dont ses semblables aient à redouter
l'hostilité. Ces diverses sortes d'armes offensives, qui,
pour être maniées ou projetées, exigeaient un certain
déploiement de vigueur, ont été longtemps seules en
usage. Pour en trouver de plus efficaces, il a fallu
recourir aux puissans effets des poudres explosives.
Mais, dans ces combinaisons nouvelles que nous exa-
minerons plus loin, le rôle de la force physique s'est
graduellement amoindri, celui de l'intelligence toujours
accru. Désormais, l'adresse est tout, et, alors qu'à l'origine un géant comme Goliath épouvantait une armée,
de nos jours, un pygmée tuerait Hercule à coup sûr.
Du moment où la supériorité de l'arme et la justesse
du tir décidèrent du succès, la victoire appartint sans
conteste, non au plus robuste, mais au plus civilisé,
au mieux instruit. Annihilés par le progrès, les engins
primitifs de destruction, d'autant plus imparfaits que
leur maniement exigeait plus d'énergie musculaire,
sont tombés peu à peu en désuétude et finiront par disparaître. Nous les abandonnons aux peuples arriérés
dans la barbarie ou la sauvagerie et condamnés, par
cette cause, à une infériorité désastreuse ; ou, si la
tradition conserve parmi nous le souvenir de ces armes
rudimentaires, ce ne sera qu'en les faisant, comme
nous voyons, dégénérer en jouets d'enfans.

§ II. — DES OUTILS

Outre des armes pour vaincre, il fallait à l'homme des outils pour travailler. Rien, en effet, n'était disposé dans le monde en vue de lui procurer des satisfactions gratuites. Il ne trouvait autour de lui que des élémens incomplets de richesse et devait, non seulement les conquérir sur la nature, mais encore les transformer. Afin de s'approprier des ressources utiles ou utilisables et de les adapter aux exigences de ses besoins, il avait à exécuter une foule de travaux, à déplacer des masses pesantes, à pénétrer des corps durs, à en rompre de compacts, à les tous élaborer de mille façons. Pour cela, des moyens d'action étaient nécessaires. Devenu le vainqueur de la création vivante, l'homme dut engager avec les choses une lutte nouvelle, infiniment plus pénible, et demander à d'autres séries de triomphes des jouissances de bien-être, comme il avait obtenu des garanties de sécurité. Les outils sont des armes employées contre des ennemis différens, armes destinées à vaincre, par force ou par adresse, les résistances que nous opposent les propriétés rebelles de la matière.

Mais, en nous imposant l'obligation de livrer ces nouveaux combats, la nature nous avait laissés fort démunis. Nos moyens de coercion sur les choses étaient plus bornés encore que nos moyens d'agression contre les êtres animés. Nos membres, disposés pour étreindre, frapper et terrasser un adversaire, sont de peu de secours contre des corps insensibles et durs, et se blessent à leur contact, loin de les blesser et de les contraindre. Quoique la main, notre principal outil, soit merveilleusement articulée, souple et infatigable, elle ne se prête qu'à un petit nombre d'actions très simples. Elle excelle surtout à saisir. C'est une pince ou un crochet. Sa forme arrêtée, son défaut de dureté, sa sensibilité délicate, la rendaient impropre à une multitude d'emplois qu'aurait exigés la pratique des arts industriels. Il fallait, pour dominer la matière, l'assistance des corps bruts opposés les uns aux autres par une force intelligente.

Ce n'est donc pas la conformation de la main qui peut expliquer, comme des sophistes l'ont soutenu, la supériorité de notre espèce, puisque les singes, qui ont quatre mains, sont moins avancés que nous qui sommes réduits à deux. Notre prééminence est dans la raison qui a su fabriquer des outils, tandis que l'instinct n'en avait pas le pouvoir. Franklin a défini l'homme « un animal qui se fait des outils ». L'adjonction facultative de ces instrumens de travail adapte nos membres à des fonctions que la nature n'avait pas prévues et semble compléter notre organisme inachevé. Ce sont comme des organes auxiliaires que nous pouvons prendre, quitter, échanger et modifier à notre gré. Grâce à leur emploi, les tâches les plus diverses deviennent praticables, les plus malaisées faciles, et nous disposons pour tout faire de plus de moyens que n'en possèdent les espèces réunies de la création. Inférieurs à la plupart des animaux pour un travail déterminé qu'il faudrait accomplir avec nos seules ressources organiques, nous sommes supérieurs à tous dès que nous mettons des outils en œuvre. Si des rongeurs, avec leurs incisives tranchantes, coupent le bois mieux que nous, nous reprenons l'avantage avec la

hache, le ciseau et la scie. Quelques oiseaux, à l'aide
d'un bec robuste, percent à coups répétés le tronc d'un
arbre ; mais la tarière, la vrille et le vilebrequin exécutent mieux et plus vite le même travail. Le couteau
est préférable aux dents des carnassiers pour lacérer
les chairs ; la houe, à la patte de la taupe pour fouir la
terre ; la truelle, à la queue du castor pour battre et
appliquer le mortier. La rame nous fait rivaliser avec
la nageoire du poisson, la voile, avec l'aile de l'oiseau.
La quenouille et le fuseau nous permettent d'imiter
l'industrie des insectes fileurs, etc. L'homme reproduit donc et résume dans ses artifices techniques les per-
fections éparses du monde animal. Il arrive même à les
dépasser, parce qu'il applique, sous forme d'outils,
des substances et des combinaisons d'effets qui ne sont
pas susceptibles de figurer dans les organismes. Ainsi
nos instrumens d'acier entament des corps sur lesquels
aucun organe ne pourrait mordre ; l'acier lui-même
est aiguisé à la meule et, au moyen de poudres dures,
nous savons user et polir les matières les plus résis-
tantes.

Prise dans son ensemble, la création des outils est
postérieure à celle des armes, car elle répondait à des
nécessités moins pressantes. Avant tout, il fallait
pourvoir aux exigences de la conservation ; mais, la
vie une fois assurée, le bien-être vint réclamer à son
tour, et ce nouveau besoin avait beaucoup plus d'étendue que le précédent. La fonction des armes est, en
effet, restreinte, puisqu'elle se réduit à tuer ; celle des
outils, qui s'applique à tout, a, au contraire, une utilité
générale et illimitée. Mieux en harmonie avec nos conditions complexes d'activité, elle devait conduire le
genre humain à des progrès indéfinis. Les tendances de

la civilisation aboutissent à faire un emploi décroissant des armes et un emploi croissant des instrumens de travail.

S'il était possible de remonter au point de départ du développement de l'humanité, on trouverait sans doute, comme progrès initial d'où sont sortis tous les autres, la confection de quelque humble outil. C'est par une invention de ce genre que la raison a débuté dans le monde. Entre les mains d'une créature dégagée par un tel effort de son animalité native, ce primitif engin, si grossier qu'il ait pu être, avait la majesté d'un sceptre, gage de domination future sur l'univers matériel.

Les premiers outils servirent à fabriquer des armes ou plutôt ce furent les armes elles-mêmes, instrumens essentiels de la production des alimens pendant la phase déprédatrice. Également utiles à la chasse et à la guerre, les armes sont les outils de l'industrie qui fait vivre les peuples sauvages, leur procure des proies et supprime les compétiteurs. Par elles, l'homme a pu établir son exploitation belliqueuse sur le règne animal dont les ressources avaient alors le plus de prix.

Lorsque, plus tard, ses convoitises s'étendirent sur d'autres domaines de la nature, les armes n'ayant plus d'efficacité suffisante, il fallut inventer des outils. Le passage des unes aux autres dut s'effectuer peu à peu. Il était naturel d'employer d'abord à toute fin ces mêmes armes que l'on avait sous la main et de les faire servir à l'occasion aux fonctions industrielles qu'elles se prêtaient à remplir. Le bâton, arme de choc dans le principe, devint levier pour soulever les fardeaux, houe pour fouiller la terre, perche pour diriger le radeau, manche pour tous les outils. Le silex éclaté,

avec lequel le chasseur avait tué sa proie, lui servit à
la dépecer, à en assouplir la peau, à la couper en lanières, etc. La hachette de combat se fit cognée, le
casse-tête marteau... Mais cette confusion des armes
et des outils, inévitable au début, cessa par degrés à
mesure que les occupations se spécialisèrent, et les
deux classes d'engins, prenant des formes de plus en
plus distinctes, en vue de destinations exclusives, se
séparèrent nettement pour suivre, par des voies différentes, le cours d'une évolution progressive.

Avec le temps, le nombre des outils s'est accru en
proportion de la multiplicité des travaux, car toute
entreprise sur la nature rencontrait des difficultés particulières et nécessitait des moyens appropriés d'action. Petite ou grande, chacune de nos industries a été
inaugurée par la création de quelque outil qui a rendu
aisée une tâche auparavant difficile. Il suffit de compa-
rer à ce point de vue les peuples pris aux divers stades
de la civilisation pour reconnaître un progrès constant : les sauvages, d'ordinaire assez bien munis
d'armes et d'engins de chasse ou de pêche, sont en
général mal pourvus d'outils ou n'en ont que de très
grossiers. Les barbares sont déjà moins pauvres.
Les nations agricoles possèdent un outillage beaucoup plus varié. Enfin durant la phase industrielle, les
instrumens de travail se diversifient à l'infini.

Comme le débrouillement des formes zoologiques,
celui de cet organisme supplémentaire s'est opéré
par l'adaptation des parties et la spécialisation des
fonctions. Malheureusement, dans l'une et l'autre
genèse, il est difficile de remonter aux origines et de
suivre l'enchaînement des progrès. L'histoire des
outils est même plus obscure que celle des armes,

parce que les annales humaines, où figurent moins
d'ouvriers que de soldats, sont aussi prodigues de
récits militaires qu'avares de renseignemens techno-
logiques. Il en résulte qu'en cette matière, dont l'intérêt serait si grand, on est trop souvent réduit à des
conjectures. Essayons néanmoins de donner quelques
indications sommaires sur les plus utiles de ces
découvertes.

La plupart des outils élémentaires, usités dans les
industries principales, ont dû être trouvés dès la
naissance des arts. Mais, leur matière et leur forme
étaient, à l'origine, des plus défectueuses, comme
on peut le voir par les spécimens qui nous sont
parvenus de l'âge de la pierre et par ceux dont se
servent encore les peuples non civilisés. Pendant toute
la durée de l'époque chelléenne, qui a rempli la plus
grande partie de la période quaternaire, l'homme,
réduit à un seul outil, le *coup de poing* de silex, devait
l'employer à la fois comme arme et comme hache,
couteau, scie, racloir et perçoir. A l'époque moustérienne, quelques indices de différenciation apparaissent
et, bientôt après, grâce au travail plus intelligent de
la pierre, ainsi qu'à la mise en œuvre des os et des
cornes de ruminans, l'époque magdalénienne arrive à
produire des outils spéciaux. Néanmoins, la civilisation ne disposa d'un outillage vraiment efficace que
lorsqu'elle sut façonner les métaux usuels. En tête
des engins qui ont le mieux servi les besoins de l'activité humaine, il convient donc de placer ceux dont le
secours a rendu praticable l'industrie métallurgique.

Un des plus anciens, sinon le premier, est assurément le *marteau*. Toute pierre résistante qui s'offrait
à la prise de la main pouvait remplir l'office de percu-

teur et, dès les temps les plus lointains de la préhistoire,
on en fit usage pour tailler des silex. A ces marteaux
rudimentaires succédèrent des marteaux de métal, plus
commodes et de plus d'effet. — L'*enclume*, complément du marteau, est postérieure. Les premiers mé-
tallurges, continuant les pratiques de l'âge de la
pierre, se servaient, en guise d'enclumes, de quartiers
de roches dures, car, tant que les métaux furent rares
et précieux, on ne les prodigua pas en blocs massifs
et l'on se contenta de les battre, comme font les peuples de l'Afrique centrale (1), sur quelque fragment de
rocher. Diverses indications philologiques tendent à
prouver que les Aryas ont conservé assez tard la même
coutume (2). — La découverte des *tenailles* remonte
à une date des plus reculées. Pline, écho de vieilles
légendes, l'attribue à Cinyra, inventeur mythique des
mines de cuivre dans l'île de Chypre (3). Les tenailles
ont un nom en sanscrit. Homère les mentionne dans
les forges de Vulcain, ainsi que l'enclume et le marteau. Ces trois outils, indispensables au travail des
métaux, sont figurés sur les monnaies des villes étrus-
ques dont cette industrie faisait la richesse.

Il est douteux que la *lime*, dont la construction et
l'emploi exigent plus d'artifice, soit aussi ancienne.
Ses noms diffèrent dans les deux branches, orientale
et occidentale, de la famille aryenne, ce qui porte à
supposer sa connaissance postérieure à leur séparation.

(1) Burton et Speke, *Voyage aux lacs de l'Afrique orientale*,
p. 619.

(2) Le grec ἄκμων, enclume, se rattache au sanscrit *açman*, rocher. Dans la mythologie scandinave, le dieu Thor, lance en guise
de foudre, un marteau dont le nom, *hamar*, a le sens de *pierre*.
Pictet, *Orig. indo-europ.*, t, I. p. 129-130.

(3) *Hist. nat.* VII, 57.

Les analogies de termes qui se rencontrent dans les langues européennes paraissent provenir d'une transmission du latin (1). On est donc fondé à présumer une diffusion relativement récente.

Dès l'origine de la métallurgie, on dut faire usage de pierres propres à aiguiser les métaux, par l'application du procédé, usité durant la dernière époque de l'âge de la pierre, pour polir les armes de silex sur des plaques de grès. Les anciens avaient comme nous des meules à repasser. Ils connaissaient même le petit appareil destiné à les faire tourner, à l'aide d'une manivelle actionnée avec le pied, tandis que les mains restent libres pour affiler l'outil. Une pierre antique gravée représente un amour aiguisant ses flèches sur un de ces mécanismes tout pareil à ceux dont se servent nos rémouleurs ambulans ou gagne-petit (2).

Lorsque, par l'emploi de ces moyens, on fut parvenu à vaincre la dureté des métaux et à les modeler comme une substance plastique, on en fit des outils dont la forme et la destination admirent une variété infinie.

Les plus anciens et les plus répandus sont ceux qui, agissant par leur tranchant, servent à couper les corps de consistance moyenne. Il suffit de citer le *couteau*, le plus commun des outils, pour faire concevoir l'utilité de cette classe d'instrumens. Cet inappréciable engin fait en quelque sorte partie de notre organisation. Nous le portons partout avec nous et nous sommes fort empêchés quand il nous manque, alors que le besoin s'en ferait sentir. Combien

(1) Pictet, *Orig.*, t. II. p. 149.
(2) Rich, *Dictionnaire d'Antiquités*, v. MOLA et COS. Tite-Live (XXVI, 65) et Horace (*Odes* II, VIII, 15) mentionnent la *mola versatilis.*

l'homme devait être embarrassé avant de le posséder et quel prix il y attacha dès qu'il le connut; c'est ce que nous apprennent les sauvages qui, réduits à des lames de silex, offrent avec empressement, aux matelots de passage parmi eux, tous leurs trésors en échange de quelques couteaux de pacotille.

Quoique le couteau remonte aux premiers temps de l'âge du bronze, ses perfectionnemens datent d'une époque tardive. Il ne fut sans doute, dans le principe, que le poignard de combat appliqué à des usages domestiques. On le portait enfermé dans une gaîne, à la ceinture ou attaché à une sorte de baudrier, comme faisaient les anciens Grecs et les Gaulois (1). Les couteaux à lames fixes, analogues à nos coutelas de cuisine, furent longtemps seuls en usage. Pourtant on avait essayé de bonne heure de les rendre plus portatifs en articulant la lame afin qu'elle pût se replier dans le manche. Le musée de St-Germain en possède qui datent de l'âge du bronze; mais la difficulté d'obtenir des aciers suffisamment élastiques empêcha leur fabrication de devenir vulgaire, et le mécanisme de nos couteaux de poche, qui s'ouvrent et se ferment à volonté, au moyen d'un ressort à détente, est d'origine moderne.

Les *ciseaux*, ingénieux agencement de deux lames opposées qui s'entrecroisent et agissent en sens inverse, sont une invention ancienne, mais à laquelle l'incertitude des indications linguistiques ne permet pas d'assigner une date des plus reculées. Leur emploi n'est même pas partout répandu et, en Perse notamment, les tailleurs coupent les étoffes avec une lame

(1) *Iliade*, ch. III. et Athénée, *Deipnosophistes*, IV, 13.

tranchante qu'ils promènent sur un cylindre de bois. Les anciens, pour tondre les bêtes à laine (1) et couper les cheveux ou la barbe (2), se servaient de ciseaux faits, non comme les nôtres, mais en forme de pinces tranchantes (3). Les bergers et quelques fabriques de draps utilisent encore ces *forces* antiques qui ont l'avantage de se rouvrir automatiquement. Nos ciseaux communs à axe médian, d'un maniement plus commode, grâce aux anneaux qui permettent de les mouvoir avec les doigts, datent seulement de la Renaissance. Ce furent, dit-on, les Vénitiens qui, vers la fin du xvᵉ siècle, imaginèrent cette heureuse disposition, aujourd'hui généralement adoptée. Lors de leur apparition, ces petits objets de luxe s'envoyaient au loin en cadeau. Un doge du temps offrait au roi de France, à titre de curiosité, une paire de ciseaux montés en or et garnis de perles.

On peut attribuer aussi au *rasoir* une vénérable antiquité. Nos collections archéologiques en renferment des premiers temps de l'âge du bronze, et la confection de cet outil de toilette serait propre à marquer le moment où l'on sut donner au métal, par le procédé de la trempe, une dureté suffisante pour qu'on pût l'affiler finement. Les Egyptiens devaient faire un emploi usuel du rasoir, car, sur les monumens, ils sont presque toujours représentés sans barbe et sans cheveux. Les Juifs s'en servaient aussi : « Le Seigneur, dit Isaïe, prendra un rasoir de louage pour raser la tête d'Israël (4). » Les Romains le connaissaient sous les noms de *cultrum*

---

(1) Calpurnius, *Eglogue* **V**, v. 74.
(2) Martial, *Epigr.* VII, 95.
(3) Rich, *Dictionn. d'Antiq.*, v. Forfex.
(4) Ch. vii, v. 20.

et de *novacula* (1). Mentionnons enfin le *canif (scal-per)*, usité chez les anciens pour tailler les roseaux à écrire (2), et, chez les scribes du moyen âge ou des temps modernes, les plumes.

A la même classe des outils tranchans se rattachent une foule d'instrumens employés par les industries les plus diverses ; mais, sans entrer plus avant dans le détail, bornons-nous à constater l'importance économique des produits de la coutellerie. L'Angleterre, tout en réservant des quantités considérables pour sa consommation intérieure, en exportait, en 1859, pour une valeur totale de près de 100,000,000 francs (3,826,030 Liv. sterl.).

Ceux des outils qui servent au travail du bois sont, à cause des emplois si étendus de la matière, parmi les plus usités. Tant que dura l'âge de la pierre, le défaut d'outils efficaces pour cette élaboration suffirait à expliquer l'état de sauvagerie profonde où vivait l'es-pèce humaine. Une habitation lacustre du marais de Drumkellin, en Irlande, explorée par M. Mudge, en 1833, a fait reconnaître une construction en charpente dont les poutrelles avaient été, non coupées, mais broyées avec un ciseau de pierre émoussé (3). La len-teur et l'imperfection d'une mise en œuvre pareille devaient limiter à un bien petit nombre d'usages les applications d'une substance pour nous si précieuse, et la permanence des forêts dans tous les pays sau-vages le démontre clairement. Il ne fut possible

(1) Pline, VII, 59, et Pétrone, *Satyricon*, § 94.
(2) *Anthologie*, Epigr. votives, 62, 64...
(3) Ch. Lyell, *Antiquité de l'homme*, ch. II

d'exploiter sans mesure cet élément de richesse que lorsqu'on disposa du bronze et du fer.

La *hache*, qui sert à renverser l'arbre, à l'équarrir et à le façonner, est un outil universel. A raison de son utilité générale, elle fut, chez les Gaulois, l'objet d'une consécration religieuse. On enterrait les morts avec une hache (*sub ascia*, selon la formule gallo-romaine). Aucun instrument n'a autant facilité notre conquête de la nature et contribué à modifier son aspect. C'est avec cette « épée de la civilisation », comme l'appelle un poète du nouveau monde, qu'ont été abattus les bois dont l'industrie fait une si grande et parfois si prodigue consommation. Maniée par d'infatigables bûcherons, elle a changé la face de la terre en détruisant l'antique forêt qui la couvrait de son ombre.

On a, de l'âge du bronze, des haches de formes variées. C'est le plus commun des outils de cette période. Homère mentionne une hache d'airain à double tranchant et emprunte une comparaison au procédé employé pour la trempe du métal (1). Par la substitution de l'acier au bronze, l'âge suivant a beaucoup amélioré la qualité des haches, sans changer leur disposition, presque parfaite dès l'origine.

De tous les outils en usage pour débiter le bois, celui qui abrège le plus le travail et économise le mieux la matière est la *scie*. Elle appartient à une phase avancée de progrès industriel. Non seulement les peuples sauvages ou barbares l'ignorent, mais les indications linguistiques n'autorisent pas à lui attribuer une très haute antiquité. Les Aryas primitifs ne paraissent

____

(1) *Odyssée*, ch. V.

pas l'avoir connue, car ses noms diffèrent dans les deux principaux groupes de leurs descendans. L'invention de la scie était attribuée par les Grecs au fils de Dédale, Icare, qui aurait eu l'idée d'imiter avec une lame de métal l'épine dorsale d'un poisson ; mais l'explication a l'air trouvée après coup. Il est plus vraisemblable que le tranchant ébréché d'un couteau a fourni le premier modèle. Quoi qu'il en soit, la scie était très anciennement usitée chez les Egyptiens et se trouve figurée sur leurs monumens. Toutefois, ils ne connaissaient que la scie simple, en forme de lame dentelée munie d'un manche à une de ses extrémités. La double scie, montée sur un cadre en bois, était vulgaire chez les Romains. Dans une peinture de Pompéi, on la voit maniée par de petits génies menuisiers. Homère met entre les mains d'Ulysse « une scie de l'acier le plus pur et d'une trempe parfaite (1). » Du temps des Rois, les Juifs avaient appliqué cet instrument à un genre atroce de supplice (2).

Ce qui peut à bon droit surprendre, c'est qu'un outil aussi ancien ait, malgré ses avantages manifestes, mis plus de 3000 ans à se répandre sur une moitié de l'Europe. Au milieu du xviiie siècle, la scie n'était pas encore en usage dans les chantiers de l'empire russe, où tout le travail s'exécutait à la hache. Par suite, ces populations, dont les constructions sont généralement en bois, ne savaient tirer d'un arbre qu'une planche. Afin de prévenir le dommage qui en résultait pour les forèts, Catherine II prescrivit par édit, sous peine de 150 roubles d'amende, l'emploi de la scie à ses sujets. Mais elle n'arriva pas sans peine à le faire adopter et,

(1) *Odyssée,* ch. V.
(2) *Rois,* livre I, ch. xii, v. 31.

quatre ans après l'ordonnance, on sévissait encore contre des charpentiers réfractaires.

Pour de nombreux corps d'état (scieurs de long, charpentiers, menuisiers, ébénistes, jardiniers, etc.), la scie, diversement disposée en vue d'applications spéciales, est un outil essentiel. La scie circulaire, d'une action plus rapide et continue, a été inventée en Hollande et perfectionnée en Angleterre, au commencement de ce siècle. Les scies à couper les calcaires tendres et les marbres n'étaient pas ignorées des Romains (1). Elles sont sans dents et mordent la pierre à l'aide d'un peu de sable répandu sous la lame.

Les industries qui mettent le bois en œuvre emploient une multitude d'outils dont nous ne pouvons aborder le détail qui nous mènerait trop loin. Contentons-nous de mentionner les plus usuels. Le *foret* et la *tarière*, dont les radicaux sont identiques dans les langues indo-européennes, étaient connus des Aryas avant leur dispersion (2). Homère cite la tarière (3). Les menuisiers romains se servaient de *vrilles* faites comme les nôtres et Columelle leur donne le nom de « *terebra antiqua* (4). » Le *vilebrequin* en est un ingénieux perfectionnement (5). — Quoique la connaissance du *rabot* ne paraisse pas remonter jusqu'au temps des premiers Aryas, elle n'est pas moins fort ancienne. Homère en parle (6) et quelques spécimens ont été trouvés dans les nécropoles de l'Egypte.

(1) Pline, *Hist. nat.* XXXVI, 6.
(2) Pictet, *Origines indo-europ.* t. II, p. 135-6.
(3) *Odyssée*, ch. V.
(4) *De re rustica*, IV, 29, 15.
(5) *Anthologie*, épigr. votives, 103 et 205.
(6) *Odyssée*, ch. V.

Pline attribue l'invention de l'*erminette* au fabuleux
Dedale (1). — Le *tour* semble avoir été imaginé par les
Grecs. Diodore en fait honneur à Talaüs, personnage
mythique, et Pline à Phidias, auteur peut-être de quelque perfectionnement. Les anciens s'en servaient,
comme nous, pour découper sous des formes courbes
les bois d'un grain égal et serré ; mais ils ne possédaient pas nos variétés modernes de tours, tours en
l'air, à guillocher, à fileter, tours ovales, carrés, verticaux, etc. — Indiquons enfin, à cause de leur importance générale, les outils de précision, la *règle*, l'é-
querre, le *niveau*, le *compas* et le *fil à plomb*, sans
lesquels on n'aurait pas pu donner aux assemblages de
matériaux la justesse nécessaire. Tous sont mentionnés dans des épigrammes de l'*Anthologie* (2). Il est
question du compas dans l'*Odyssée* (3). On a même
trouvé à Pompéi un *compas de proportion* (4).

Les rudes travaux qu'impose le régime agricole
exigeaient la création d'un outillage approprié. Dès
la phase sauvage, quelques instrumens de bois permirent de pratiquer un jardinage élémentaire. On s'aida
sans doute d'un bâton pour gratter la terre et lui con-
fier des semences ou de jeunes plants. Sous sa forme la
plus simple, notre plantoir rappelle ce premier engin.
On apprit ensuite à remuer plus commodément le sol
avec une branche d'arbre recourbée en crochet, taillée
en pointe et durcie au feu. Cette houe grossière, encore
usitée chez des peuplades sauvages, se transforma

(1) Livre VII, ch. 57.
(2) Epigrammes votives, 103, 205.
(3) *Odyssée*, ch. XVII.
(4) Rich. *Dictionnaire d'Antiquités,* v. Circinus.

plus tard en charrue lorsque, prenant de plus grandes
dimensions et pénétrant dans la terre par son propre
poids, elle n'eut plus besoin que d'être traînée horizontalement. Deux hommes attelés purent, en unissant
leurs efforts, déchirer plus expéditivement le sol et
tracer les premiers sillons. Pendant bien des siècles,
l'agriculteur, privé d'animaux domestiques, dut prendre à sa charge ce pénible labeur. Dans les figurations
égyptiennes, le labourage des terres est habituellement opéré au moyen d'une charrue tirée par deux
hommes.

Tous les outils qui servent à ameublir le sol se rapportent à deux types, également dérivés du coin, mais
modifiés d'une foule de façons, le *pic* acéré qui pénètre
en pointe et la *bêche* tranchante qui coupe et retourne
la terre. Leur disposition est tellement simple qu'elle
dut être trouvée dès qu'on fit emploi des métaux. C'est
avec une houe (*rastrum*) que, d'après la légende romaine,
Romulus tua Rémus (1). Le *sarculum* des Latins était
une petite houe qui servait surtout à « sarcler ». Des
rateaux, herses, rouleaux, etc., pour égaliser la surface
du sol, furent employés de tout temps. Une épigramme
de l'*Anthologie* fait consacrer à Cérès « une masse
« à briser les mottes, un semoir avec sa courroie, un
« coutre qui pénètre avec amour dans la terre, des
« herses à pointes, des fourches de bois, mains de
« ceux qui travaillent aux champs.... (2). » Ailleurs, un
jardinier offre par reconnaissance au dieu des jardins
« le hoyau qui retourne les platebandes, le plantoir
« qui s'enfonce droit dans le sol, l'arrosoir qui, en été,
« sert à rafraîchir le poireau altéré, la serpette dont le

(1) Ovide, *Fastes*, IV, v. 843.
(2) *Anthologie*, Épigrammes votives, 104.

« fer recourbé abat les tiges exubérantes…. (1).» Mais, si l'*émondoir* est ancien, le *sécateur*, que sa supériorité a fait si vite adopter, date à peine d'un demi siècle.

Lorsque s'établit la grande culture, on dut imaginer des outils pour couper les moissons et faciliter un travail qui aurait été interminable s'il avait fallu arracher à la main les épis ou les herbes. L'emploi des *faucilles* et des *faux* est immémorial. Le sanscrit et le zend ont pour les premières des noms qui se retrouvent dans les langues européennes (2). Une coutume autrefois très répandue consistait à ne moissonner que l'épi. Ainsi procédaient les Egyptiens et les Hébreux (3). Varron constate en Italie trois manières de couper le blé : par pied, comme dans l'Ombrie, à mi-hauteur, comme autour de Rome, enfin sous l'épi, comme dans le Picenum (4). Cette dernière méthode est encore suivie en Touraine. — La faux, sorte de faucille agrandie, est mentionnée par Homère. Dans l'*Odyssée*, Ulysse, qui se vante d'être un faucheur sans pareil, propose ce défi singulier à un rival : « Qu'on nous mette tous les deux « à l'ouvrage dans une riche prairie, chacun une bonne « faux à la main, nous verrons qui des deux fournira le « mieux sa carrière (5). »

L'invention du *fléau*, pour battre sur l'aire les épis des céréales, au lieu de les égrener à la main, doit être aussi ancienne que les riches moissons. Cet outil, déjà mis comme symbole dans les mains de divinités égyptiennes, était usité chez les Grecs dès l'époque homé-

_____

(1) *Anthologie*, Épigrammes votives, 21.
(2) Pictet, *Orig. indo-europ.*, t. II, p. 103.
(3) « *Sicut summitates spicarum conterentur.* » (*Job*, ch. XXIV, v. 24).
(4) *De re rustica*, liv. I, ch. 50.
(5) *Odyssée*, ch. XIX.

rique (1). Jusqu'à la découverte récente des batteuses mécaniques, le battage au fléau a été pratiqué dans toute la région moyenne de l'Europe, tandis que la méthode, ancienne aussi, du dépiquage au moyen des animaux, prévalait dans les pays chauds et secs du midi.

Une fois le grain battu, il fallait le vanner afin d'en séparer les balles, pellicules et poussières. Le *van* appartient également à la civilisation agricole primitive. Il avait, chez les Aryas, un nom dont le radical se rattache à l'idée de *vent* (2). Le plus souvent, on laissait tomber le grain d'une corbeille tenue élevée avec les bras. C'est un de ces récipiens que la mythologie grecque donnait pour berceau à Bacchus. Les Romains vannaient le blé à la pelle, en le projetant en l'air contre le vent, coutume que les Italiens ont conservée. Notre van mécanique, où des palettes mises en rotation produisent le vent lui-même, est d'origine moderne.

Pour moudre le grain desséché des céréales, on débuta sans doute par le concasser grossièrement entre deux pierres plates, comme font certaines tribus sauvages. Ensuite on le pila dans des mortiers, usage qui persista longtemps à Rome, ainsi qu'en témoignent les mots latins relatifs à la meunerie (3). L'idée d'écraser le blé sur des tables avec des rouleaux remonte à l'époque préhistorique. Le moulin de Penchasteau, trouvé près de Nantes, dans un tombeau de l'âge de la pierre, et dont on voit une reproduction au musée de St-Germain, consiste en une pierre plate, polie et creusée sur sa face

(1) *Iliade,* ch. V.
(2) Pictet, *Origines indo-europ.,* t. II, p. 116, 117.
(3) *Pistor, pistrinum, pilumnus.*

supérieure. On broyait le grain en y promenant un rouleau de pierre ou simplement un caillou rond. C'est un système analogue que décrit Homère, que représentent des statues du musée de Boulaq, datant de l'ancien empire, et qu'on signale chez une foule de peuplades africaines (1). A l'époque du bronze, le *moulin* perfectionné se composa de deux pierres dont la supérieure, taillée en meule et évidée à son centre, tournait sur l'inférieure à l'aide d'un manche. Il était usité en Egypte à l'époque pharaonique et chez les Hébreux du temps de l'*Exode*. Son emploi, général en Europe depuis la période gréco-romaine, s'est prolongé dans les campagnes durant tout le moyen âge et n'a pas encore partout disparu.

Après le moulin pour produire la farine, il fallut imaginer le *tamis* pour en séparer le son. Les Aryas primitifs connaissaient des procédés de blutage (2). Il est question de tamis dans la *Genèse* et dans l'*Odyssée* (3). Pline attribue aux Gaulois l'invention des tamis de crin, moins sujets à s'obstruer que les sas en étamine dont se servaient les Italo-Grecs (4). Jusqu'à la renaissance, le blutage dut s'effectuer à bras et les boulangers du moyen âge étaient appelés *talmelliers* (de *talmel*, tamis). Nos blutoirs mécaniques, qui abrègent le travail, sont modernes. Un ouvrage de Cardan (5) fixe leur date à 1552.

Des procédés pour presser le vin et l'huile sont aussi anciens que ces produits. On a des figurations égyp-

<hr>

(1) Livingstone, *le Zambèze et ses affluens* (*Tour du monde,* 1866, 1er Sem. p. 174).

(2) Pictet, *Origines indo-europ.*, t. II, p. 120, 1.

(3) *Genèse*, ch. XVIII, v. 6 et *Odyssée*, ch. X.

(4) *Hist. nat.*, liv. XVIII, ch. 11.

(5) *De subtilitate*, folio 50.

tiennes où le vin est exprimé dans un sac soumis, en sens contraire, à une torsion énergique. Le *pressoir* dut être à l'origine une lourde pierre soulevée par un levier et qu'on laissait ensuite peser sur les fruits. Cet engin rudimentaire est mis en action dans un bas-relief du musée de Naples (1). Une peinture de Pompéi montre un pressoir actionné par des cales superposées sous un cadre fixe (2). Plus communément, on pressait les raisins ou les olives au moyen de longs leviers dont l'appareil constituait le ληνός des Grecs et le *torcular* des Romains. Caton le décrit et la *Bible* le mentionne (3). Le pressoir à vis, moins pénible et plus efficace, fut imaginé un siècle avant notre ère (4). Ce mécanisme encombrant a été remplacé de nos jours par un appareil puissant et léger où une vis en fer, à pas carré, est substituée aux anciennes vis en bois, à filets triangulaires.

Des outils dont l'ingéniosité délicate semble porter la marque de l'esprit féminin, composent le matériel des industries vestimentaires.

La *quenouille* et le *fuseau*, instrumens indispensables de la conversion des textiles en fils, ont une origine préhistorique, et leurs noms, chez les peuples de race indo-européenne, appartiennent au fonds le plus ancien de la langue des Aryas (5). Ces engins, d'une extrême simplicité, se sont perpétués, presque sans changement, pendant des milliers d'années. Le *rouet*, qui

(1) Rich, *Dictionnaire d'antiquités*, v. Torcular.
(2) Réné Ménard, *Vie privée des anciens*, t. III, fig. 72.
(3) Caton, *De re rust.*, XVIII ; *Osée*, ch. IX, v. 2 ; *Esdras*, ch. XIII, v.15.
(4) Vitruve, *De archit.*, VI, 9 ; Pline, XVIII, 74.
(5) Pictet, *Orig. indo-europ.*, t. II, p. 161, 3.

active le travail, servait depuis longtemps dans l'Inde au filage du coton. Jurgen de Brunswick l'a réinventé au XVIe siècle.

Pour débrouiller les filamens des textiles et les préparer au travail de la filature, on dut, dans le principe, employer des *peignes* pareils à ceux qui, dès l'âge préhistorique, avaient été imaginés pour démêler les cheveux. Du temps d'Homère, on peignait la laine avant de la filer et Ulysse renvoie à cette tâche les servantes de Pénélope (1). La *carde*, qui agit à la façon de peignes multiples, est postérieure, quoique ancienne encore.

Partout où l'on a su confectionner des tissus, on a fait usage de *métiers* pour tendre les fils de la trame, et de *navettes* pour en entrecroiser d'autres. Ces outils d'une industrie essentielle ne sont pas inconnus même de peuples sauvages et se trouvent figurés sur de très anciens monumens de l'Egypte. Dans l'*Odyssée*, on voit une reine comme Pénélope et une nymphe comme Calypso fabriquer sur le métier de riches tissus. Cet antique appareil, plus ou moins modifié, s'est conservé jusque vers le milieu du XVIIIe siècle. Depuis lors, le génie de nos constructeurs l'a complètement transformé. Le métier à brocher a été inventé par Jacquard en 1802.

Une épine aiguë, formant poinçon, fut sans doute employée à l'origine pour percer les peaux dont les vêtemens étaient faits, afin de les relier au moyen de tendons ou de lanières. Quand on sut filer les textiles, il fallut donner aux outils destinés à coudre une forme mieux raisonnée et l'on inventa l'*aiguille*. Dans les stations de l'époque magdalénienne, on trouve de ces petits outils faits d'os ou de corne de cervidés et munis

____

(1) *Odyssée*, ch. XVIII.

d'un crochet ou d'un chas pour retenir le fil. La confection des instrumens de couture fut fort améliorée quand on put les faire en métal. Les fouilles opérées dans les tombes de l'ancienne Égypte ont exhumé des aiguilles, des *dés à coudre* et des *épingles*, celles-ci un peu massives, à la vérité, mais déjà fort appréciées des coquettes, puisqu'on les enterrait avec elles, à titre d'atours aimés. Nos aiguilles en acier, fines, solides et de si bas prix, datent seulement du xvie siècle. C'est le plus commun des outils maniés par des mains féminines. Depuis peu, le travail de la couture a été singulièrement accéléré par l'invention, faite en 1850, des *machines à coudre* dont l'emploi s'est très vite répandu.

Comme l'art de bâtir implique l'emploi par grandes masses de matériaux durs, compacts et lourds, on n'a pu donner aux constructions quelque développement qu'après avoir imaginé des outils propres à faciliter ce travail pénible. Pour arracher à leurs gisemens, débiter, transporter, tailler, élever et mettre en place les substances minérales, il fallait disposer d'un matériel complexe et savamment combiné. Les plus utiles de ces engins ont une date relativement récente.

A la fin de l'âge de la pierre, durant la période mégalithique, quelques pierres brutes, dressées à grand renfort de bras, constituèrent les plus anciens monumens que les hommes aient élevés. L'absence d'édifices chez les peuples qui n'ont pas connu le traitement des métaux, dit assez combien le manque d'outils rend pour eux impraticables les constructions en pierres. Leur érection, postérieure à l'emploi du bronze, fut l'œuvre de la civilisation agricole. Les premiers monumens

auxquels on puisse assigner une date certaine, les Py-
ramides d'Egypte, vieilles d'environ 6000 ans, attestent
que dès lors les outils les plus indispensables aux travaux de l'architecture étaient en usage dans la vallée du Nil. Les constructeurs de cet âge reculé savaient
extraire des blocs énormes, les tailler avec précision,
les charrier et les élever par assises jusqu'à des hauteurs qui n'ont pas été dépassées depuis.

On s'est demandé souvent comment les Egyptiens
et les Chaldéens pouvaient, sans la ressource de notre
outillage perfectionné, façonner et polir des pierres
dures, granits, diorites, basaltes, etc. Ils se servaient
de la *pointe*, sorte de marteau aigu qui entre dans la
matière et en détache des éclats ; de la *marteline*,
hachette à deux tranchans qui la découpe et en unit la
surface ; puis du *ciseau* dont le travail est plus délicat ; le polissage final s'effectuait avec de la poudre
de grès ou de l'émeri. Il ne paraît pas qu'ils aient
connu la *boucharde*, marteau à tête carrée où des séries de petites pointes se trouvent symétriquement rangées et dont nos tailleurs de pierre font un usage
commun.

Pour déplacer et dresser leurs prodigieux monolithes,
les Egyptiens ne disposaient que des artifices élémentaires du *levier*, des *cordes* et des *rouleaux*. « Dans au-
« cune peinture égyptienne, dit Letronne, on n'aperçoit
« ni poulies, ni moufles, ni cabestans, ni machines quel-
« conques. » Tout se faisait à force de bras dont la puissance collective était ramenée à un effort unique au
moyen de signaux rythmés. Les ingénieurs s'aidaient de
cables pour associer les tractions, de rouleaux placés
sous la charge, et de leviers pour la mettre en branle,
ainsi qu'on le voit par les représentations de transport

de colosses en Égypte et en Assyrie (1). Les assises
successives des monumens s'élevaient à l'aide de
chaussées de terre formant un plan incliné. Dans de
telles conditions, ces constructions grandioses entraî-
naient une dépense de main-d'œuvre capable d'absorber l'activité de tout un peuple. On trouve dans la
Bible l'expression des plaintes poussées par les malheureux que le despotisme des Pharaons condamnait
à « porter des pierres sur le dos ». De même, lorsque
Salomon veut édifier le temple de Jérusalem, il assigne
70,000 hommes pour le transport des matériaux et 80,000
pour couper le bois dans la montagne (2).

Les machines composées, propres à élever des poids,
ne paraissent pas remonter plus haut que l'époque
alexandrine. Archimède découvrit alors l'artifice des
poulies multiples qui constituent nos appareils funicu-
laires. On lui a même attribué l'invention de la *poulie*
simple, dont il n'est pas fait mention dans la *Mécanique* d'Aristote. Mais cet engin était plus anciennement connu, car on a trouvé des poulies dans les
tombes de Thèbes (3), et, sur une plaque sculptée du
palais de Sardanapale à Ninive (930 avant notre ère), on
en voit une qui sert à tirer l'eau d'un puits (4). Outre
la *moufle*, Archimède avait construit une machine à
roues dentées qui devait avoir quelque analogie avec
notre *cric* et pouvait soulever de très lourds fardeaux.
Héron la restitua, mais elle ne devint usuelle que durant la seconde moitié du moyen âge. Les anciens se
servaient encore pour élever les matériaux, de *roues à*

(1) Voy. Réné Ménard, *Vie privée des anciens*, t. III, fig. 341
et 342.
(2) *Chroniques*, liv. II, ch. II, v. 2.
(3) Ampère, *Voyage en Égypte*, p. 144.
(4) Layard, *Niniveh and its remain*, t. II, p. 31.

chevilles mues par des hommes (1), de _cabestans_ fondés sur le même principe que les nôtres (2), enfin d'une sorte de _grue_ (3).

Il convient de rattacher à la classe des outils les artifices imaginés en vue de diminuer la fatigue ou l'incommodité des fardeaux. Du moment, en effet, où l'homme posséda quelques élémens de richesse, la tâche de les transporter constitua un des emplois les plus fréquens et peut-être le plus pénible de ses forces.

Il était naturel de porter à la main, avec le bras, sur les épaules ou sur la tête les objets qui, par leur volume, leur forme et leur poids, pouvaient être chargés et tenus de cette façon. Pour les autres, il fallut faire preuve de quelque ingéniosité. Ceux qui, par leur inconsistance ou leur état de division, échappaient à la saisie, furent recueillis dans des récipiens de toute nature (_paniers, corbeilles, vases_, etc.). Les Phéniciens, par leur grand commerce, vulgarisèrent l'usage des _sacs_ et en ont transmis le nom à la plupart des langues sémitiques et aryennes. Les ustensiles de transport furent munis de poignées, d'anses, de crochets... afin qu'on pût les prendre et les porter aisément. Toutes les attitudes possibles semblent avoir été essayées, en divers pays, à l'effet de disposer les fardeaux de la manière la moins gênante ; mais la variété même des usages suivis prouve qu'on n'a pas réussi à découvrir un moyen commode d'être sous le faix. La coutume de mettre la charge en équilibre sur la tête, commune dans les pays

(1) Rich, _Diction., d'antiq._, v. TYMPANUM.
(2) Vitruve, X, 2 ; Caton, _De re rustica_, 12 et 19.
(3) Perrault, _note_ sur Vitruve.

du Midi, était immémoriale en Orient, et la pose des « canéphores » ou porteuses de corbeilles fournit à l'architecture grecque un gracieux motif d'ornementation, (cariatides). On voit, par la frise du Parthénon, que les Grecs portaient aussi des fardeaux en les retenant sur une épaule avec le bras opposé. Les Egyptiens relevaient une main à la hauteur de l'épaule, afin de mieux soutenir la charge. Dans l'Amérique espagnole, les portefaix placent le fardeau sur les reins et le maintiennent avec une courroie sur laquelle pèse le front, etc. La *hotte*, le *brancard*, la *civière*..... permirent de diminuer la gêne du faix et d'associer plusieurs porteurs. Quelques-uns de ces appareils ont été utilisés comme moyen de transport. Mentionnons le *palanquin* d'Asie, la *litière* des anciens, la *chaise à porteurs* de nos pères, la *silla* et le *tablillo* de l'Amérique intertropicale... Au Japon, la plus grande partie des transports s'effectue à dos d'homme. Le cheval, monture aristocratique, y est rarement employé comme bête de somme ou de trait. A une ancienne sorte de chaise à porteurs (*norimon* ou *congo*) ont succédé des véhicules légers à roues, traînés par des attelages d'hommes capables de parcourir 50 kilomètres en un jour. La seule ville de Kioto compterait, dit-on, 30,000 de ces traîneurs de voiture (1).

Il est remarquable que la machine, aujourd'hui vulgaire, qui, sur un sol uni, facilite le plus les petits transports, la *brouette*, ait été si tardivement inventée en Europe et ne soit pas encore partout répandue, malgré la commodité de son emploi. Chez les peuples anciens, les transports de terre s'opéraient à bras, dans des cor-

(1) *Revue scientifique*, 20 octobre 1883.

beilles ou *couffes* de sparterie, et cet usage persiste
dans tout l'Orient. Pour élever le palais de Sargon, à
Khorsabad, il a fallu amonceler 1,350,000 mètres cubes
de terre, et cet effrayant travail a été exécuté au moyen
de hottes ou de paniers, car, dans les scènes où l'opération est représentée, on ne voit que des manœuvres
chargés et nulle part il n'y a trace de l'emploi de tom-
bereaux (1). Ce mode de terrassement est figuré sur la
colonne Trajane (2) et s'est conservé jusqu'à nous dans
les pays du sud de l'Europe (Espagne, Italie, Grèce),
où l'usage des brouettes commence à peine à pénétrer.
Dans l'Europe moyenne, il remonte à la fin du moyen
âge. On fait souvent, mais à tort, honneur de cette invention au génie de Pascal. La brouette est représentée dans une peinture de Van Eyck (la Sainte-Barbe
du musée d'Anvers), qui date des premières années du
xv⁰ siècle, et même dans les bas-reliefs de l'église
Saint-Spire, à Corbeil, qui sont du xivᵉ. Ce n'est pas
la brouette, mais le *haquet*, sorte de brouette à longs
bras formant levier, qui serait due à Pascal.

Une histoire de tous les outils usuels remplirait des volumes de technologie et nous ne pouvons l'entreprendre.
Mais, si incomplète que soit cette revision sommaire,
elle suffit à faire concevoir la variété des applications
auxquelles se prête notre force bornée. La diversité des
engins dont s'aide le travail manuel est réellement infinie. Chaque industrie a les siens et les compte souvent
par centaines. Cet immense outillage, dont le point de
départ remonte à l'origine même de la civilisation, s'est

(1) G. Perrot, *Histoire de l'art dans l'antiquité*, t. II, p. 427, 8.
(2) Rich, *Diction. d'antiq.*, v. Œro; voy. aussi Pline, XXVI, 21
et Vitruve, V, 12.

accru et perfectionné sans cesse avec le temps. Quoique le monde ancien ait été, dès le début de l'ère historique, en possession d'une foule d'outils communs, il n'en tirait pas les mêmes services que nous. Parfois, en effet, il a suffi d'une petite modification pour procurer de grands avantages, et la société antique, en abandonnant les industries aux esclaves, ne leur laissait aucun motif d'améliorer une production dont ils n'avaient pas le profit. En outre, la rareté du bronze, celle du fer et plus encore de l'acier, ne permettaient d'établir que des instrumens défectueux. C'est seulement depuis une époque toute récente que les arts utiles disposent d'outils de bonne qualité, bien trempés, méthodiquement construits et de très bas prix. Une part notable de notre supériorité industrielle tient assurément à cette cause.

La création d'un aussi vaste matériel a exigé beaucoup d'invention et une sagacité pleine de ressources. Dans tous les *artifices* imaginés en vue d'économiser les forces de l'*artisan* ou d'en faire le meilleur emploi se révèle un *art* prodigieux. Il n'y a pas eu de découvertes plus précieuses, car, sans elles, on n'aurait pu rien faire. L'établissement d'une civilisation progressive repose sur l'emploi de ces moyens d'action, si commodes et si efficaces. Par eux, nous avons prise sur la nature, nous pouvons la vaincre et l'asservir en détail. Chacun de ces outils vulgaires, et les plus vulgaires sont les plus utiles (1), nous fait surmonter quelque obstacle, rend aisée une tâche ardue et nous ouvre une source de richesse. Nous adaptons de la sorte nos efforts aux difficultés que nous oppose la nature, et la matière dis-

(1) *Outil* et *utile* ont la même étymologie.

ciplinée, nous prêtant comme un secours ses propriétés
à l'origine les plus rebelles, devient l'instrument de
notre grandeur.

Ainsi l'invention des armes et celle des outils nous
ont procuré les facilités d'action que, dans le principe, la nature nous refusait. Autant l'homme primitif
était démuni, débile, misérable et tourmenté, autant
le civilisé, pourvu de moyens d'agression et de travail, peut étendre ses conquêtes et librement déployer son activité. Grâce à ces expédiens qui,
sans rien ajouter à sa force, l'utilisent au mieux, nul
ennemi ne l'effraie, nul obstacle ne l'arrête. Tenant
dans ses mains un double sceptre, symbole de domination universelle, il va défaire les animaux les plus redoutables, puiser à son gré dans les trésors de la création végétale, enfin opérer dans le monde des corps
bruts des transformations sans fin, fouiller la terre,
rompre les roches, soulever les plus lourds fardeaux,
façonner la matière à sa convenance et faire tout con-
tribuer à son bien-être.

Appliquées dans une double direction par l'emploi
des armes et des outils, les forces humaines ont sur
les autres une prééminence due à leur disponibilité
constante et à la clairvoyance de leur mise en œuvre.
Quoique le plus faible des moteurs, l'homme sera
toujours le premier de tous, parce qu'il est intelligent.
Si, par la lenteur de sa croissance, le nombre de
ses besoins et les écarts de sa liberté, il constitue le
moins économique des agens producteurs de mouvement, il est encore le plus avantageux et même le seul

convenable pour une multitude de petites tâches qui exigent de l'initiative et du discernement. Sa souplesse merveilleuse se plie aux opérations les plus délicates et les plus variées. Sans doute, il ne peut tout faire, car sa puissance est bornée ; mais il met tout en train parce qu'il réfléchit et dirige. Le travail humain, qui donne l'impulsion initiale, est le grand ressort de la mécanique industrielle. Aussi, malgré l'adjonction des divers moteurs successivement appelés à collaborer avec lui, son rôle est-il resté toujours nécessaire et même devenu toujours plus actif. Quel que puisse être, dans l'avenir, le développement des forces auxiliaires, l'homme n'arrivera pas à se décharger entièrement sur elles et à se dispenser de la peine. Il devra toujours gagner sa vie « à la sueur de son visage » (1) ; seulement, avec une même somme d'efforts il saura se procurer des avantages croissans, et c'est là un progrès dont tous les autres dépendent.

(1) *Genèse*, ch. III, v. 19.

CHAPITRE II

FORCES ANIMALES

Avec quelque intelligence que l'homme applique ses forces, il n'en peut tirer que des services restreints, tant elles s'épuisent vite, et, si leurs aptitudes sont universelles, leur insuffisance est partout notoire. Sa vigueur, prompte à se lasser, aurait été hors d'état d'accomplir les grandes tâches qui s'imposaient à la civilisation.

Comme mesure de notre pouvoir dynamique, citons les évaluations suivantes empruntées à M. Christian : Tout ce que peut faire un homme de force moyenne c'est : 1° de porter à une petite distance une charge extrême d'environ 145 kilog. ; 2° de transporter, à onze kilomètres et demi, en marchant sur un terrain horizontal, un poids de 60 kilog., soit la valeur de 690 kilog. à un kilomètre dans une journée de travail; 3° de porter, en montant un escalier, une charge de 53 kilog. et d'élever, dans sa journée, la valeur de 56 kilog. à un kilomètre de hauteur; 4° d'élever, en tirant ou en poussant avec les bras, par un effort soutenu, un poids de 12 ou 15 kilog. à 60 ou 70 centimètres de haut en une seconde.

Ces chiffres semblent indiquer une certaine latitude
d'action ; mais, outre qu'il est rare que notre activité
fournisse habituellement une pareille quantité de travail, alors même qu'elle maintiendrait nos efforts au
maximum, sans en rien laisser perdre, elle ne pourrait suffire aux emplois qui la sollicitent de toutes
parts. Pour conquérir le monde et en exploiter les
richesses, mettre la terre en culture, parcourir l'étendue, transporter au loin les produits des trois règnes
et leur faire subir des séries d'élaborations, il fallait déployer beaucoup de puissance, et la nature
n'en avait donné à l'homme que très peu. Aussi,
tant qu'il ne disposa que de lui-même, fût-il réduit à
une faiblesse incurable. A peine pouvait-il, au prix
d'un labeur excessif, subvenir aux nécessités les plus
urgentes. L'attribution de ses efforts une fois faite
aux premiers besoins de la vie, il ne restait rien pour
les autres et une barrière infranchissable se dressait
devant ses satisfactions. Partout où il doit tout faire à
force de bras, il fait le moins possible, parce qu'il redoute la fatigue plus encore que la privation, et se
résigne à languir dans le dénûment. Cette condition,
où tout progrès se trouve arrêté, est celle des peuples
sauvages. Leur défaut d'industrie, leur pauvreté, leur
éternelle enfance, tiennent à ce qu'ils n'ont pas su se
subordonner des forces auxiliaires.

Après avoir, par l'invention d'armes et d'outils,
appris à faire le meilleur emploi de sa force, l'homme
devait donc, afin d'aborder de plus grands travaux,
s'assujettir d'autres agens et les contraindre à travailler sous sa direction. A partir d'un certain degré de
développement, ce fut là le plus impérieux besoin de
la civilisation en croissance. Mais ces forces si néces-

saires, où les découvrir, comment les soumettre et les utiliser ? Le jour où se posa ce problème capital d'une augmentation de puissance, la solution dut paraître singulièrement malaisée, et la difficulté de réussir empêcha longtemps de chercher.

Parmi les forces motrices qui s'exerçaient autour de lui, la première dont l'homme dut entrevoir la possibilité de s'emparer, parce qu'elle ressemblait le plus à la sienne propre, fut celle des animaux. Il les avait combattus pendant toute la phase chasseresse et, une fois parvenu à les vaincre, il dut songer à les asservir. Leur exploitation comme moteurs était relativement aisée. Il trouvait en eux des machines toutes faites, sur lesquelles il avait prise, bien à sa taille et à sa mesure, enfin capables de fonctionner et de s'entretenir toutes seules. Quelques soins de surveillance et des artifices très simples suffisaient pour retenir ces esclaves sous la main, les dresser à l'obéissance et appliquer leurs efforts.

Cette mémorable conquête fut l'œuvre du cycle pastoral. Quoique plusieurs motifs aient conduit l'homme à se faire sur les animaux un empire domestique, il faut croire qu'un des principaux fut le besoin de recruter des serviteurs, car les espèces auxiliaires ont toujours eu, dans nos troupeaux, une prépondérance marquée sur celles qui fournissent seulement des produits.

L'exploitation des forces animales s'est accomplie par degrés, durant une longue suite de siècles. Les espèces moyennes, plus faciles à dominer, ont été les premières réduites en servitude. Dès la période sauvage, le chien fut un aide inappréciable que ses aptitudes variées rendaient propre à toutes sortes de fonc-

tions et qui s'y prêtait volontiers. On utilise sa force
en divers pays. Les Esquimaux attellent des bandes
de chiens à leurs traîneaux et n'ont pas d'autre bête de
trait. Les Russes, en Sibérie, les emploient comme
courriers pour le service de la poste. En Hollande et en
Belgique, on leur fait faire ce « métier de chien » qui
consiste à traîner de petits chariots proportionnés à
leur taille. Dans ces pays à routes plates, les légu-
mes, le lait et la marée sont en partie transportés
par des attelages de chiens, avec des relais établis de
distance en distance. Nos pères faisaient tourner à ces
animaux des broches et des meules à repasser. Les frau-
deurs les transforment en contrebandiers, etc. — De
même, la brebis, qui pour nous est un type de faiblesse,
a rempli le rôle d'auxiliaire à un âge reculé. Les
Egyptiens symbolisaient la force sous la forme d'un
bélier, et d'anciennes peintures représentent ces animaux employés aux travaux des champs. Aujourd'hui
encore, dans les montagnes de l'Inde, on charge les
moutons et les chèvres de petits fardeaux et toutes les
laines de la vallée de Cachemyr sont transportées de
cette façon. Des témoignages anglais, cités par Son-
nini dans ses additions à Buffon (1), constatent qu'en
Ecosse, au dernier siècle, il n'était pas rare de voir un
âne et un cochon attelés ensemble à de petites charrues. A l'origine, l'homme se sentait si faible et avait
un tel besoin de secours qu'il en demandait aux moins
robustes de ses sujets ; il n'a renoncé à en exiger des
services qu'après avoir su se faire de plus puissans
collaborateurs.

Durant une phase secondaire du cycle pastoral, il

(1) Art. Du Cochon.

parvint à se soumettre les espèces grandes et vigou-
reuses qui, au début, avaient arrêté son audace, et ses
plus redoutables adversaires devinrent ses plus précieux serviteurs. Le bœuf, l'âne, le cheval, le chameau, le dromadaire... furent d'inestimables acquisi-
tions. Leur concours accrut singulièrement le pouvoir
d'action de l'homme. Il résulte en effet d'expériences
comparatives qu'un âne équivaut à deux hommes de
force, un bœuf à cinq, un cheval à sept. Comme, en
outre, ces animaux coûtent moins à entretenir et que
leurs générations s'élèvent rapidement, leur application à des travaux utiles est à la fois plus économique et
moins limitée. Quelques chiffres en feront apprécier l'importance : en France, le cheptel d'espèces auxiliaires
se composait, en 1879, de 2,817,000 chevaux, 273,000
mulets, 394,000 ânes, 2,473,000 bœufs et 7,267,000
vaches (2). Ce que nous en utilisons de puissance équivaut à la force d'environ 40,000,000 d'hommes et représente ainsi le triple de ce que la population pourrait fournir.

L'exploitation des moteurs animés marque une date
solennelle dans l'histoire de notre race. Ce premier
accroissement de puissance qui, jusqu'à nos jours, a
eu le plus de valeur, devait déterminer une foule de
progrès décisifs. Grâce à l'aide des animaux, la locomotion s'organise, l'agriculture se fonde, le commerce
naît, et toutes les conditions d'existence de l'humanité
sauvage se trouvent changées. Le droit que s'arroge
le pasteur de commander aux espèces devenues domestiques lui crée sur elles une royauté véritable, et leurs
efforts, jusqu'alors tournés contre lui, se consacrent

(2) Maurice Block, *Annuaire de l'économie politique*, 1883.

désormais à lui conquérir le monde. Nous devons à ces auxiliaires la meilleure part de nos richesses, l'essor de la civilisation et le développement de notre grandeur.

L'art d'appliquer la force des animaux constituait un problème complexe. Ce n'était pas assez d'avoir vaincu, assoupli et privé le naturel farouche d'espèces robustes et fières ; des artifices étaient nécessaires pour adapter leurs mouvemens aux fonctions dont on voulait les charger. Il fallait leur apprendre à servir, leur en donner le moyen, et cet apprentissage, si laborieux et si long pour l'homme, était plus difficile encore pour des animaux qui, pressés d'autres besoins, devaient être maintenus par contrainte dans des voies antipathiques à tous leurs instincts. On ne pouvait imposer à leur action désordonnée la régularité requise, les stimuler et les refréner tour-à-tour, les gouverner sans cesse et les astreindre à des services déterminés, qu'à condition d'inventer des combinaisons mécaniques supérieures à celles qui avaient pourvu la main de l'homme d'outils, parce qu'ici l'intelligence du moteur ne pouvait pas suppléer aux imperfections de l'instrument. Aussi, les engins destinés à mettre en œuvre la force des animaux appartiennent-ils à une phase ultérieure. Comme les aptitudes de ces agens se réduisent à porter ou à traîner, leur travail devait se résoudre en effets très simples, mais qui justement répondaient à des exigences d'activité où la puissance des efforts importait plus que la variété des mouvemens. Les fonctions dont les animaux s'acquittent le mieux, le transport des fardeaux et le labourage des terres, sont celles dont l'étendue excédait le plus vite les forces de l'homme et dont l'uniformité, n'exerçant

pas l'intelligence, répugnait le plus à la raison. « Nous
« appelons les bestiaux, dit Columelle, tantôt *ju-*
« *menta*, du mot *juvare* parce qu'ils nous *aident* dans
« notre travail en portant des fardeaux, tantôt *armen-*
« *ta*, du mot *arare*, parce qu'ils nous sont utiles pour
« *labourer* la terre (1).» Néanmoins, on peut plus exactement répartir en quatre classes les services que
nous rendent les espèces auxiliaires, suivant qu'elles
combattent avec nous, portent ou traînent des fardeaux, labourent la terre ou, enfin, servent de moteurs
à l'industrie. Ces divers emplois leur ont été assignés
dans l'ordre indiqué par l'urgence des besoins et la
facilité des appropriations.

De même que l'homme avait inventé des armes
avant les outils, la première application qu'il ait tentée
de la force des animaux fut de les utiliser comme machines de guerre. A peine maître de quelques esclaves,
il sut les associer à ses luttes et les engager dans son
parti, car il sentait surtout le besoin de secours dans ses
dangers. Il parvint à transformer en alliés ses ennemis d'autrefois, passant, avec l'égoïsme le mieux raisonné, les risques et les fatigues du combat à ces
auxiliaires, tandis qu'il réservait pour lui seul l'honneur
et les profits de la victoire.

Le plus ancien de nos animaux domestiques, le
chien, doit à ses penchans agressifs d'être devenu notre
collaborateur de prédilection. Son humeur courageuse
et guerroyante se tourne avec une docilité empressée
contre tous les adversaires que lui désigne son maître.
Employé à la chasse pour quêter, dépister et pour-

____

(1) *De re rustica*, VI, 1.

suivre ou forcer tous les gibiers, il rend d'inappréciables services dans la guerre déclarée par nous aux
espèces sauvages. Ces mêmes instincts, atténués et
disciplinés, l'ont fait ensuite préposer à la garde des
troupeaux, et sa vigilance hargneuse lui a valu le
poste de sentinelle pour celle des habitations. Parfois même il a figuré dans les combats que les hommes
se livrent entre eux. Des peuples cités par Pline, les
Colophoniens et les Gastabalès, nourissaient des
cohortes de chiens et plaçaient au premier rang ces
auxiliaires intrépides qui servaient sans jamais réclamer de solde (1). D'après Strabon, les Gaulois et
les Bretons lançaient leurs chiens dans les batailles
et ce ne furent pas les moins vaillans défenseurs
de la patrie menacée (2). A la fin du moyen âge, un
des Visconti, Barnabo, seigneur de Milan (1356), entre-
tenait un corps de 5,000 dogues dressés à dévorer ses
victimes. En Amérique, au xvie siècle, les Espagnols
faisaient chasser les indigènes par des chiens, et l'histoire, qui a laissé perdre le souvenir de tant de héros,
a retenu le nom du dogue *Berecillo*, si renommé par sa
férocité contre les Caraïbes de St-Domingue, qu'on
avait alloué à sa subsistance la paie de trois soldats.
Naguère encore, aux Etats-Unis, les propriétaires
d'esclaves fugitifs employaient pour les traquer de formidables molosses.

C'est surtout le cheval qui a joué un grand rôle dans
la plupart des guerres que raconte l'histoire. Depuis
Job, les poètes ont célébré à l'envi, non peut-être sans
quelque exagération, le bouillant courage de cet animal toujours prêt à dire : « allons ! » quand il entend

(1) *Hist. natur.* VIII, 10.
(2) *Géographie*, IV, 5, § 10.

la trompette retentir (1). Il paraît plus vraisemblable que la pauvre bête, effarée par le tumulte et par le bruit, se jette au hasard dans la mêlée, ignorant le danger où son maître la conduit. Quoi qu'il en soit, l'antiquité avait consacré le cheval à Mars, comme l'auxiliaire le plus utile à la guerre et le gage assuré de la victoire (2). Sa rapidité d'allure le rendait en effet précieux pour faire de brusques incursions, surprendre l'ennemi, se dérober à ses coups et l'accabler de haut ou le renverser par un choc irrésistible.

Les plus anciens documens parlent de chevaux attelés à des chars de guerre dont l'usage semble avoir été bien antérieur à celui des corps de cavalerie montée. Dans les *Védas*, *Homère* et la *Genèse*, il est seulement fait mention de chars. Lors de l'invasion de l'Egypte par les Hycsos, ceux-ci n'avaient également que des chars. Enfin, quand des squelettes de chevaux se rencontrent dans les sépultures de l'âge du bronze, ils sont d'ordinaire par deux ou par quatre, indice qu'ils étaient attelés plutôt que montés. Il ne fut sans doute possible de rendre l'équitation pratique que lorsque le caractère indocile du cheval eût été dompté par des siècles d'attelage.

Le cheval est représenté plus fréquemment qu'aucun autre animal sur les bas-reliefs assyriens ; mais il n'y paraît qu'employé à la guerre ou à la chasse. On ne l'utilisait pas encore comme bête de somme ; la mule seule en remplissait les fonctions, ainsi que chez les Arabes de nos jours (3). Dans la composition d'une grande

---

(1) *Job*, ch. xxxix, v. 25.
(2) Dans la fable, les coursiers de Mars portent les noms significatifs de *Phobos* et *Deimos* (la Crainte et la Terreur).
(3) G. Perrot, *Histoire de l'art dans l'antiquité*, t. II, p. 562

armée, le *Mahabharata* fait entrer 21,870 chars de guerre, 65,610 cavaliers et 109,350 fantassins. D'après le livre des *Rois*, Salomon pouvait mettre en bataille 1,400 chars de guerre et 12,000 cavaliers (1). Malgré la haute antiquité de la fable des Centaures, les Grecs n'eurent de cavalerie que longtemps après la guerre de Troie. L'établissement de courses de chevaux chez eux date seulement de la 33e olympiade (648 avant notre ère); et des corps de cavaliers ne figurèrent dans leurs armées qu'à la suite des guerres médiques. Durant la guerre du Péloponèse, la proportion des cavaliers aux soldats de pied était seulement de 1 pour 40. Sous Alexandre, elle devint de 1 pour 6. Chez les Romains, la principale force des armées consistait en infanterie, et il en était encore de même sous Charlemagne. Mais, à dater du xie siècle, la cavalerie prédomina et bientôt on ne compta plus que des « hommes d'armes », les gens de pied ne portant pas ce nom « parce que, en comparaison des hommes de cheval, ils n'étaient point armés » (2). Les gentilshommes auraient alors cru déroger en mettant pied à terre pour combattre avec les vilains. Ils ne devaient même monter que des chevaux. Les jumens étaient réservées aux femmes ou pour les travaux rustiques, et l'une des peines les plus infamantes qu'on pût infliger à un chevalier était de le faire monter « *sus jument* ». Il en restait déshonoré.

A partir du moment où l'homme qui disposait d'une monture eut manifestement l'avantage sur la tourbe des combattans à pied, la possession d'un cheval devint un signe de noblesse militaire. On connaît l'adage : « *Omnis nobilitas ab equo.* » La preuve

(1) *Rois*, III ch. x, v. 26.
(2) Voltaire, *Essai sur les mœurs*, ch. xxxviii.

s'en retrouve dans une multitude de qualifications aristocratiques. A Rome, les cavaliers *(equites)* formèrent un ordre dans l'État, et, chez divers peuples, la même origine explique une foule de titres honorifiques (1). Aussi, ce noble animal, appelé à partager les dangers de nos luttes, a-t-il été associé à la gloire des héros. Bucéphale est inséparable d'Alexandre. La *Chanson de Roland* fait de Vaillantif le fidèle compagnon du preux carlovingien, et, dans le *Shahnameh*, le coursier Raksh participe à tous les exploits de Rustem.

Rien ne montre mieux que l'emploi des éléphans à la guerre, jusqu'où l'homme a pu étendre son empire sur les animaux puisqu'il a réussi à faire combattre dans ses rangs ces colosses de la création. Dès une époque immémoriale, l'Inde avait eu recours à ces formidables auxiliaires. Aux temps où nous reportent les poèmes sanscrits, les rois qu'ils célèbrent entretenaient de nombreuses troupes d'éléphans et le *Mahabharata* fixe à 21,870 le contingent normal d'une grande armée. Leur usage fut longtemps spécial à l'extrême Asie. Hérodote est le premier des écrivains de l'Occident qui en fasse mention. Xénophon, postérieur d'un demi-siècle et si au courant des choses de la guerre, n'en parle nulle part. Les premiers éléphans privés qu'ait vus l'Europe furent ceux qu'Alexandre ramena comme trophées de son expédition dans l'Inde. A la mort du conquérant, ses généraux, qui se taillèrent des royaumes dans son empire, se partagèrent aussi ses

(1) *Chevalier, caballero, marschall, maréchal* (de *marschalck,* valet d'écurie), *constable, connétable* (de *comes stabuli), écuyer, squire,* etc. En Perse, le terme d'*aspiedes,* qui désigne la plus haute noblesse, dérive d'*aspa,* cheval, comme l'arabe *saisem,* synonyme de maréchal.

éléphans et Séleucus Nicator, en ayant reçu le plus,
prit le titre d'*éléphantarque* (chef des éléphans). Les
Ptolémées introduisirent en Egypte l'usage militaire
de ces animaux; mais, ne pouvant s'en approvisionner dans l'Inde, ils mirent à contribution l'espèce
d'Afrique. A leur exemple, les Carthaginois dressèrent
des éléphans et, lorsque Annibal vint porter la guerre
en Italie, il en conduisit, à travers les Gaules, une
troupe qui périt au passage des Alpes. Déjà pourtant
les Romains, dans leur lutte contre Pyrrhus, avaient
eu à combattre ces adversaires redoutés, et la terreur
panique dont ils furent saisis à leur aspect causa la
défaite d'Héraclée (279 avant notre ère). A Zama, les
Carthaginois purent encore mettre en ligne 80 éléphans
que, mieux aguerris, les Romains défirent. Plus
tard, ceux-ci en recrutèrent à leur tour, mais pour le
service de leurs amphithéâtres plutôt que pour celui de
leurs armées. Les peuples de l'extrême Orient ont seuls
continué, par tradition, d'employer des éléphans à la
guerre. Pline attribue 9,000 éléphans de guerre au
roi des Prasiens et 3,000 à divers autres. Aux XVIIe
et XVIIIe siècles les sultans mogols en possédaient
jusqu'à 12,000, et les rois de Siam et de Pégu de
5 à 6,000. Tippo-Saëb, après toutes les pertes que
lui firent éprouver les Anglais, en avait encore 700 en
1784. Dans le courant même de ce siècle, les Birmans
ont opposé des corps d'éléphans aux armées britanniques, durant la guerre qu'ils soutinrent de 1824 à
1826 (1). Mais, de nos jours, ces citadelles ambulantes
ne sont plus faites pour effrayer un ennemi qui les
attaque de loin à coups de canon, et, la révolution

(1) Voy. *Histoire militaire des éléphans,* par le général
Armandi.

stratégique déterminée par l'usage des armes à longue portée s'étendant jusqu'aux animaux, nous voyons la cavalerie, jadis privilégiée, se subordonner de plus en plus à l'artillerie.

L'application des forces animales aux fonctions économiques devait prendre de bien autres développemens et produire des résultats d'une incomparable fécondité.

C'est l'industrie des transports qui, au point de vue des arts utiles, a fait le premier et plus large emploi de leurs services. Le travail qui consiste à déplacer des fardeaux était en effet le plus pénible pour l'homme et celui dont il pouvait le plus aisément se décharger sur les animaux. Cette nécessité de transporter avec soi une masse croissante de choses n'avait pas été trop lourdement sentie tant que dura le dénûment de la vie sauvage ; mais elle s'aggrava sans cesse à mesure que la civilisation réunit plus d'élémens de bien-être, et le moment vint où leur possesseur n'y put plus suffire. Lorsque s'établit le régime pastoral, qui imposait de fréquentes migrations, le barbare, obligé d'errer de pâturage en pâturage, à la suite de ses troupeaux, eut à porter sa tente, des vêtemens, quelques meubles, des outils, des approvisionnemens, en un mot les nombreux produits d'une industrie déjà riche. Plus tard, l'adoption des mœurs agricoles vint encore accroître démesurément la quantité des transports à effectuer. Il fallut charrier les engrais de la ferme aux champs, puis les récoltes des champs à la ferme et en envoyer l'excédent aux villes. Enfin, les exigences de la production industrielle et du commerce réclamaient une circulation permanente des matières premières aux lieux de fabrication et des produits fabriqués aux lieux de consommation. L'homme, qui répugne à se faire bête de somme, parce qu'il n'y a pas de labeur plus accablant pour ses forces et plus humiliant pour sa dignité, n'aurait jamais pu venir à bout d'une aussi effroyable tâche, et, dès le début du cycle pastoral, il s'ingénia pour en passer la fatigue aux plus robustes de ses serviteurs. Aussi longtemps que prévalut le genre de vie nomade, on ne demanda guère d'autre secours aux espèces auxiliaires et, même aujourd'hui, les Arabes et les Tartares les utilisent principalement pour les transports.

Il y a deux manières d'adapter les animaux à cette fonction : la charge et la traction. La première, simple mais bornée, fut mise en pratique dès le principe ; La seconde, plus efficace, impliquait des mécanismes d'une construction savante.

On dut commencer par attacher directement le faix sur le dos de l'animal, en ayant soin de l'assujettir pour qu'il s'y maintînt en équilibre. Il suffisait d'un appareil élémentaire pour fixer le fardeau sans trop gêner la bête ou risquer de la blesser. Les *bâts*, plus ou moins rembourrés, ont une origine très ancienne. On en voit de figurés sur les monumens de l'Egypte et dans les fresques de Pompéi.

Délivré du rude métier de porte-faix, l'homme put dès lors voyager sans peine, n'ayant plus qu'à chasser devant lui des animaux chargés. Bientôt même, enhardi par le succès et désireux d'éviter jusqu'à la fatigue de la marche, il osa s'installer sur ses complaisans serviteurs, et sa royale indolence, se faisant de leur dos un trône, put parcourir triomphalement l'étendue. Cette glorieuse constatation de notre suprématie sur le monde animal, date de la soumission des grandes espèces. Si, dès le premier âge, le pasteur avait pu charger les espèces moyennes de petits fardeaux en rapport avec leur force, il ne pouvait demander qu'aux plus robustes de lui servir de monture. Le bœuf, à la Chine et dans l'Inde, l'âne, le chameau et le dromadaire chez les Sémites, l'éléphant même, dans l'extrême Asie, ont été montés de temps immémorial. Il ne parait pas en avoir été de même du cheval dont les mouvemens vifs, l'allure rapide et le caractère indocile arrêtèrent longtemps l'audace de gens qui voulaient bien se faire porter, mais non courir le risque d'être rudement jetés à terre. Nous avons vu que ni les *Védas*, ni *Homère*, ni la *Genèse* ne parlent de cavaliers. Il n'y est question que de chars de guerre. Dans les figurations de l'ancienne Egypte, les chevaux sont toujours représentés attelés. A peine y signale-t-on deux ou trois exemples de chevaux montés (1), et ces exceptions se rapportent à des combattans étrangers. Bien que le silence des textes et l'absence d'indications iconographiques soient une preuve négative, on peut la juger suffisante, car, si l'équitation avait été usuelle durant la haute antiquité, des témoignages de toute espèce n'auraient pu manquer de nous parvenir. Il est donc très vraisemblable que la plus habituelle de nos montures n'a été qu'assez tardivement investie de cet emploi. On présume que l'équitation a commencé chez les Scythes, nos *Touraniens* actuels, ainsi appelés d'un mot de leur langue qui signifie *cheval* (2). Ces peuples, dont la richesse consistait surtout en chevaux, réussirent les premiers à les monter. Vers le XIIIe siècle avant notre ère des incursions de hordes scythiques

(1) Dans la salle hypostyle de Karnak et au temple d'Ibsamboul.
(2) Max Müller, *Science du langage.*

dans l'ancienne Grèce firent connaître aux Hellènes ce mode inusité de transport, et l'impression produite sur eux par la vue d'*hommes-chevaux* donna lieu à la fable des *Centaures*. Une illusion pareille devait se renouveler au xvie siècle chez les Mexicains, à l'aspect des cavaliers espagnols. La pratique de l'équitation, répandue avec une certaine lenteur dans le monde ancien, ne devint commune chez les Juifs qu'à partir du règne de Salomon et, chez les Grecs, que vers l'époque de Périclès. Nourrir des chevaux était alors un grand luxe, et Aristophane, dans *les Nuées* (1), raille cette ruineuse folie.

Ce qui explique l'emploi tardif des chevaux comme monture, c'est, outre l'indocilité encore mal disciplinée de ces animaux, l'ignorance où l'on est resté longtemps de nos moyens les plus habituels d'affermir l'assiette du cavalier. Quoique les anciens se servissent de *bâts* et de *sangles* pour le chargement des bêtes de somme (2), ils ne connaissaient ni *selles*, ni *étriers*, et devaient monter à cru, comme les cavaliers figurés sur la frise du Parthénon, ou sur un simple carré d'étoffe, quelquefois une peau de bête, les plus raffinés sur un coussin (3) mal retenu par une sangle. L'invention des selles est postérieure à l'ère chrétienne. On croit que les barbares du second siècle en fournirent le premier exemple aux Romains. La statue équestre de Marc-Aurèle, qui orne la terrasse du Capitole à Rome, offre le plus ancien modèle connu de panneaux. On voit des arçons représentés sur les bas-reliefs de la colonne Théodosienne. Enfin, la première mention

(1) Scène 1re.
(2) Rich, *Dictionn. d'antiq.*, v. SAGMA et CINGULÆ.
(3) Ἐφίππιον, *ephippium*.

écrite d'une selle se lit dans le récit, par l'historien Zonaras, de la bataille où Constantin, disputant l'empire à Constance, fut renversé par lui de cheval (340). Un rescrit de Théodose, daté de 385, défend à tous ceux qui prennent des chevaux de poste de les charger de selles pesant plus de 60 livres (1), d'où il ressort que, au début, on ne les faisait pas très légères.

L'usage des étriers est forcément postérieur à celui des selles qui leur servent de support, et les anciens, faute d'un moyen si commode pour monter à cheval et s'y maintenir, devaient chevaucher dans la situation d'un homme qui a perdu ses étriers, c'est-à-dire fort exposé à tomber. Diverses preuves attestent cette ignorance. Dans les langues grecque et latine, il n'y a pas de mot pour désigner des étriers. On n'en connaît aucune représentation antique. En outre, Hippocrate constate que les cavaliers scythes, qui passaient leur vie à cheval, étaient souvent incommodés de fluxions aux jambes (2), ce qui ne serait pas arrivé s'ils avaient eu coutume de les soutenir, et Galien signale chez les cavaliers romains des maladies provenant de la même cause. Par suite du manque d'étriers, les anciens avaient recours à divers expédiens pour monter à cheval. Les plus lestes s'y élançaient d'un saut, comme le conseille Xénophon (3). Ceux que l'âge avait alourdis étaient obligés de recourir à des *montoirs*, placés au devant des maisons et, de loin en loin, le long des routes. Il y en a des spécimens à Pompéi. Mais, selon la méticuleuse remarque du grammairien Pollux, ceux qui *montaient* à cheval de cette façon auraient dû plutôt dire qu'ils y

(1) *Code Théodosien,* VIII, v, 47.
(2) *De l'air, des eaux et des lieux,* ch. 50.
(3) *Traité d'équitation,* VII.

descendaient (1). Un vase grec, décrit par Millin, montre un soldat qui se met en selle en appuyant le pied sur un crampon fixé à sa pique. C'était un montoir portatif. Les guerriers perses se faisaient aider par un écuyer, comme font aujourd'hui les dames, et, lorsque l'empereur Valérien fut tombé par trahison au pouvoir de Sapor Ier (260), le roi barbare réduisit son prisonnier à la dégradante fonction de marchepied (2). L'usage des étriers paraît avoir été introduit par les Germains de la grande invasion (3). Ils sont, pour la première fois, cités dans *Traité militaire* attribué à l'empereur Maurice (vi{e} siècle). Il y est recommandé aux cavaliers d'avoir, de chaque côté de leur monture, « des degrés de fer ».

Une disposition spéciale de la selle a été imaginée pour les femmes. Les amazones de l'antiquité montaient à califourchon, comme les hommes, ainsi qu'on le voit sur les bas-reliefs du temple de Phigalie, et cette coutume s'est maintenue parmi les Tartares. Mais déjà, pour les Romaines, la coutume s'était établie de s'asseoir de côté, d'où les expressions « *equo insidere* », « *muliebriter equitare* » (4). En France, les dames l'adoptèrent à la fin du xive siècle, jugeant qu'il était moins malséant pour elles d'aller assises sur des *bâts-selles*, en travers, que conformément à l'usage masculin. Plus récemment, les Anglaises ont fait admettre une troisième manière d'aller à cheval, intermédiaire entre les deux autres. Il ne serait guère possible désormais d'innover en fait d'attitude équestre, à moins de tour-

(1) *Onomasticon.*
(2) Trebellius Pollion, *Vie de Valérien*, fragment.
(3) On fait dériver le mot *étrier* de l'allemand *streben*, s'appuyer.
(4) Ammien Marcellin, XXXI, 2, 6.

ner le cavalier à rebours, du côté de la queue, comme
font les clowns des cirques.

Le procédé de la charge, le plus simple et le plus
naturellement indiqué pour le transport des fardeaux,
est fort défectueux. Il utilise mal la force des animaux et, ne comportant guère de progrès, ne peut
rendre que des services bornés. Cependant, on dut
s'en contenter longtemps et, maintenant encore, les
Arabes n'en connaissent pas d'autre. Chez eux, tout
se convoie à dos de bêtes de somme.

Mais lorsque, par suite de l'établissement de l'agriculture, la quantité des choses à transporter se trouva
démesurément accrue, il fallut chercher des facilités
nouvelles, et l'on fut conduit à remplacer le procédé
de la charge par celui de la traction qui, plus rationnel,
présente de notables avantages. Il fatigue moins la
bête et augmente sa puissance effective en utilisant
une partie de son poids. Un cheval chargé ne peut
porter qu'environ 100 kilog. en moyenne, tandis que,
sur un sol uni et horizontal, il traîne, véhicule déduit,
un fardeau de 10 à 12 quintaux métriques, c'est-à-dire
le faix de dix ou douze animaux. En outre, la charge
a une limite stricte; il y a, au contraire, pour le tirage,
une latitude presque indéfinie, parce que l'importance
du fardeau n'est alors bornée que par la perfection des
moyens mécaniques dont on fait usage. Enfin, il permet
d'atteler ensemble plusieurs animaux pour déplacer de
lourdes masses, ce qui n'était pas praticable quand il
fallait fractionner le faix à la mesure de ce qu'une bête
peut porter.

On dut nécessairement débuter par l'artifice du traînage qui n'offrait pas de difficultés. Le *traîneau* fut

imaginé en vue d'éviter aux objets les frottemens et les chocs qui, sur un sol inégal, auraient vite compromis leur intégrité. Ce véhicule élémentaire est d'un emploi général dans les contrées du Nord où, grâce à la rigueur des hivers, la neige et la glace présentent, durant une partie de l'année, une surface unie favorable au glissement. On peut assimiler au traînage le halage des bateaux sur les fleuves, rivières et canaux, par le moyen d'attelages qui les remorquent. Mais, dans les conditions ordinaires de la viabilité terrestre, le traîneau est un appareil imparfait qui, laissant trop d'étendue aux surfaces de frottement, fatigue à la fois la bête, le véhicule et son contenu. Ses inconvéniens furent corrigés par une invention admirable, celle du chariot.

Il est à croire qu'on y arriva par l'artifice des rouleaux qui, placés sous une masse pesante, en facilitent le déplacement parce qu'ils diminuent le nombre des points de contact et, conséquemment, la résistance. Quelque mécanicien de génie, ayant eu l'idée de découper deux rondelles dans un rouleau de grande dimension et de les fixer, sans nuire à leur mobilité, aux extrémités d'un essieu destiné à supporter la caisse surélevée du traîneau, créa le char à roues, une des machines les plus utiles et qui devait exercer une influence considérable sur l'ensemble du progrès humain. L'industrie des transports par terre repose presque entièrement sur la construction de ce mécanisme auquel nous devons la meilleure part des facilités dont nous disposons pour mouvoir nos personnes et nos richesses.

La découverte du chariot appartient au vieux monde oriental. Lorsque s'ouvre l'ère historique, son usage était déjà répandu chez les Chinois, les Sémites et les Aryas. Dans la famille des langues indo-européennes, l'analogie des termes relatifs au *char*, à la *roue*, au *moyeu*, à l'*essieu* et au *timon* permet d'affirmer que les Aryas primitifs (de 2 à 3000 ans avant notre ère), se servaient de cet engin qui a tant contribué aux migrations de leurs descendans (1). Le char est figuré sur les plus anciens monumens de l'Egypte et de l'Assyrie. Il est mentionné par la *Genèse* comme dans les épopées de la Grèce et de l'Inde. Mais cet ingénieux appareil, d'une disposition savante, était propre aux nations les plus avancées de l'ancien monde et partout ailleurs inconnu. L'Amérique l'ignorait avant l'arrivée des Européens. La roue est une conception supérieure à laquelle aucune race sauvage n'a pu s'élever.

Toutefois, le chariot antique, petit, massif et mal établi, ne constituait qu'un point de départ. On a, dans les cours des siècles, diversifié les types de véhicules, depuis le char rudimentaire, à roues pleines et aux ais à peine dégrossis, qui s'est conservé dans des contrées barbares, jusqu'à la voiture moderne, élégante, légère, suspendue sur des ressorts et offrant la réunion des plus délicates recherches. Mais nous n'avons pas à exposer maintenant l'histoire de ces progrès qui intéressent le confort des voyageurs plus que l'application des forces animales.

Des chemins améliorés devaient être le complément de l'emploi des véhicules à roues. Il importait, en effet, d'établir sous forme de routes une sorte de plan idéal destiné à supprimer les obstacles opposés à la traction par les inégalités du sol. Quelques chiffres feront com-

_____

(1) Pictet, *Orig. indo-europ.*, t. II, p. 107, 113.

prendre l'avantage d'un bon système de viabilité : Sur un terrain naturel, non battu, argileux et dur, le rapport du tirage au poids est de 0,250, c'est-à-dire que 250 kilog. descendant sur une poulie, feraient avancer une charge de 1000 kilog. — Sur un terrain naturel, non battu, mais siliceux ou crayeux, le rapport s'abaisse à 0,165. — Sur une chaussée en empierrement, à l'état d'entretien ordinaire, il est de 0,080. — Sur une chaussée macadamisée, parfaitement entretenue et roulante, il descend à 0,033. — Sur une chaussée à ornières plates, de dalles très dures ou de fonte, il se réduit à 0,010. — Enfin, sur un chemin de fer à bandes saillantes il n'est plus que de 0,007, et même, si les essieux sont tenus graissés, de 0,005 (1). On arrive donc, par des artifices de ce genre, à une prodigieuse économie de force mouvante. Sur une route établie pour le roulage, un cheval traîne aisément la charge de dix. Sur un tramway, il traîne un poids de 15,000 kilog. qui constituerait la charge de 150.

Mais, lorsqu'on se fut avisé d'empierrer les routes, il fallut recourir à un nouvel expédient, sans lequel les bêtes de trait n'auraient pas fourni un long service, et l'on imagina de les ferrer afin de préserver leur corne. Cet usage est ancien. Homère le mentionne et donne à un cheval l'épithète de χαλκόποδας (aux pieds d'airain) (2). Néanmoins la coutume n'était pas générale en Grèce du temps de Xénophon, puisque cet auteur indique, pour durcir la corne des chevaux, un procédé qu'on n'aurait pas eu à employer si l'habitude avait été de leur attacher des fers (3). A Rome, vers la fin de la ré-

(1) Delaunay, *Mécanique.*
(2) *Iliade,* ch. II, v. 151.
(3) *Traité d'équitation,* ch. IV.

publique, elle était devenue commune. Catulle en
parle (1) et le crédule Pline se fait l'écho d'un pré-
jugé populaire relative aux fers perdus (2). Suétone
rapporte, comme preuve du luxe extravagant de Néron,
qu'il se faisait suivre en voyage de mille voitures traî-
nées par des mules « ferrées d'argent » (3). Plus prodigue encore, la fastueuse Poppée faisait ferrer d'or ses
mules favorites (4). Pourtant, la pratique des ferrures
ne se généralisa, chez les Romains, que sous l'empereur Sévère. Chilpéric, fut, dit-on, le premier qui l'introduisit chez les Francs, et Guillaume le Conquérant
chez les Anglo-Saxons. — Il est à noter que les fers
des anciens, au lieu d'être cloués comme les nôtres au
sabot de l'animal, ce qui permet de les faire à la fois
légers et solides, l'enveloppaient en s'y adaptant comme
une chaussure ou un brodequin *(hipposandale)*, d'où
l'expression de « chausser les mules » qui se trouve
dans Suétone (5). L'invention des fers à clous serait due
aux barbares et la première mention s'en lirait dans la
Tactique militaire de l'empereur Léon VI, au IXe siècle (6). Aujourd'hui l'usage des ferrures est universel
et un cheval déferré passe pour impotent. Ce petit
artifice, en apparence accessoire, a eu de grandes
conséquences. Seul il devait permettre d'appliquer
l'animal à une traction pénible qui, l'obligeant à
prendre appui sur la terre, aurait vite mis sa corne
hors de service. Par suite, l'élevage a pu produire et

(1) « *Solea ferrea* » (*Carmen* XVIII.)
(2) « Un fer de cheval, détaché du sabot, *ce qui arrive souvent*, et mis en dépôt quelque part, est un remède pour le hoquet.
Il suffit de se rappeler où on l'a mis. » (Liv. XVIII, ch. 81.)
(3) *Néron*, § 30.
(4) Pline, XXXIII, 49.
(5) « *Ad calciendas mulas......* » (*Vespasien*, § 23.)
(6) *Mémoires de la Société des antiquaires*, t. XXIX.

l'industrie des transports utiliser les fortes races de limoniers. —Nous ferrons, non seulement les chevaux, ânes et mulets, mais aussi les bœufs de travail et même les moutons lorsqu'ils ont à faire de longs parcours.

Après le transport des fardeaux, la fonction la plus pénible était la mise en culture des terres. Cette tâche fut imposée par les exigences de la vie agricole comme la précédente l'avait été par celles de la vie pastorale. Le labourage périodique du sol, unique moyen de le rendre perméable à l'air et à l'eau, d'augmenter ainsi sa fécondité, de détruire les herbes inutiles et de faciliter la multiplication des plantes utiles, réclamait une somme d'efforts dont l'homme fut incapable tant qu'il resta réduit à la ressource de ses bras. Aussi, bien qu'on ait constaté chez une foule de peuples sauvages d'intéressans essais de culture, cette grande industrie, qui devait transformer la condition humaine, n'a pu prendre de développemens réguliers et produire de vastes résultats qu'à partir du moment où l'on sut appliquer à ses travaux la force des animaux domestiques. L'établissement d'un régime spécialement agricole a été l'œuvre de ces auxiliaires sans le concours desquels l'impuissance d'ameublir expéditivement de grandes surfaces n'aurait pas permis d'aller au-delà d'un jardinage restreint. Tant que le cultivateur dut lui-même labourer la terre, la fatigue d'une tâche aussi laborieuse (1) limita forcément les cultures ; mais, quand on eût réussi à faire tirer par de robustes attelages la houe grossière avec laquelle on avait jusque là gratté le sol, on put étendre le domaine

______

(1) *Labour* et *labeur* dérivent de *labor* qui a les deux sens.

agricole, accroître ses produits dans la mesure des besoins et faire, sillon par sillon, la conquête du monde.

C'est la *charrue*, machine civilisatrice par excellence, qui en a été l'instrument. La supériorité de cet engin sur les outils à main antérieurement en usage est en effet des plus marquées. Une charrue commune, traînée par des bœufs, accomplit en un jour l'ouvrage de 30 ouvriers travaillant à la bêche, et le prix de revient est à peu près celui de deux journées d'homme. En France, la mise en culture des 25,000,000 d'hectares qui composent la surface arable du territoire exige, pour deux labours annuels, 170,000,000 de journées d'attelage, tandis que, pour opérer à bras le même travail, il ne faudrait pas moins de 12,000,000 de laboureurs occupés toute l'année (1). Sans la charrue et les animaux qui la font valoir, la plus grande partie des terres resterait donc en friche, vouée à la stérilité.

L'origine du labourage au moyen des espèces auxiliaires remonte à l'époque où, vers la fin de la préhistoire, se formèrent les légendes mythologiques. Partout l'invention parut si belle qu'on en fit honneur à des divinités secourables. Les Egyptiens l'attribuaient à Osiris, les Grecs à Cérès, déesse de Sicile, et à Triptolème, roi d'Eleusis, les Chinois à l'empereur Chin-Noung, successeur de Fo-Hi. Les Scythes disaient qu'une charrue et un joug d'or leur étaient tombés du ciel (2). D'après les *Védas*, les Açvins avaient appris de Manou, le premier homme, à labourer avec la charrue et à semer l'orge...

Ainsi, dès l'âge reculé où nous reportent ces traditions légendaires, l'emploi de la charrue s'étendait sur

(1) Mangon, *Traité du génie rural*, 1881.
(2) Hérodote, liv. III, ch. 5.

de vastes régions. Mais, si l'histoire ne peut rien nous apprendre de précis relativement à la découverte première dans l'ancien monde, elle est à même de fixer la date de son introduction dans le nouveau où, jusqu'à l'arrivée des Européens, toute la culture se faisait à bras, car à peine, dans quelques cantons des Andes, avait-on essayé d'appliquer les lamas à cette tâche (1). Garcilasso, qui nous a conservé, à titre d'événement mémorable, le souvenir de la première tentative de labourage à l'aide de bœufs faite par les Espagnols en Amérique, cite, avec une touchante naïveté, les noms de trois bêtes qui méritent de prendre place à côté de Cortez, de Pizarre et d'Almagro. Ces conquérans d'un autre genre s'appelaient, *Chaparo*, *Naranjo* et *Castillo*. « Jamais, rapporte l'historien, les triomphes les « plus solennels de Rome dans sa grandeur ne furent « contemplés avec des yeux plus avides qu'on ne regarda ce jour-là nos trois bœufs. » Les Indiens, accourus en foule pour assister à cette prodigieuse opération, plaignirent fort les pauvres bêtes et prétendirent que la fainéantise des Espagnols avait seule pu les conduire à se décharger, contre tout droit, de leur travail sur les animaux.

Simple et grossière à l'origine, la charrue ne fut d'abord qu'une branche d'arbre formant crochet, aiguisée en soc et durcie au feu. Telle était celle des Egyptiens, suffisante pour rompre le léger limon du Nil. Mais, lorsqu'il fallut creuser le sillon dans des terres compactes, la charrue dut acquérir plus de grandeur et de poids. On recouvrit le soc d'une armure de métal afin de le rendre plus solide et plus pénétrant. Hésiode conseille

(1) Pedro de Cieça de Léon, *Chronica del Peru*, 1553 ; et Garcilasso, *Commentarios reales*, I, v, 2.

au laboureur d'avoir « deux charrues, l'une d'une seule
« pièce, l'autre de bois d'assemblage, de sorte que si
« l'une se brise (accident à prévoir), l'autre puisse être
« mise en action ». Outre l'*araire simple*, il décrit
l'*araire composé* qui a un *sep*, une *flèche* et des *man-
cherons* (1). Un *coutre (cultrum)* y fut ensuite ajouté
pour couper le sol et ouvrir la voie. L'adjonction du
versoir fut un grand progrès, car le soc n'avait consisté
longtemps qu'en un fer de lance qui déchirait la terre
ou, suivant l'expression latine, la *mordait* (2) sans
la retourner.

Jusqu'au XIXe siècle, on n'a connu que des versoirs
plans, dont le travail est très imparfait. Le versoir
courbe, maintenant partout employé, est dû à l'un des
premiers présidens des Etats-Unis, Jefferson (3). Les
régulateurs, qui assignent au soc une direction et une
profondeur déterminées, sont aussi récens. D'après le
témoignage de Pline, l'idée d'adapter des roues à la
charrue et d'augmenter ainsi sa mobilité, avait été con-
çue et mise en pratique par les Gaulois de la Cisalpine,
sur le territoire de Vérone (4). Mais, ce qui montre avec
quelle lenteur se propagent parfois les améliorations
les moins contestables, c'est que, en France même où,
depuis dix-huit siècles, les deux charrues, romaine et
gauloise, se trouvent en présence et comme au concours, la plus avantageuse n'a pas encore supplanté
partout sa rivale. Les provinces du Midi, fidèles à la
tradition romaine, ont gardé tel quel l'antique *aratrum*
de Cincinnatus et de Caton, alors que les provinces du

(1) *Les travaux et les jours.*
(2) « *Dens quod eo mordetur terra* » (Varron, *De re rustica,*
V, 135).
(3) Voy. le *Mémoire* adressé par lui au Muséum français, 1802.
(4) *Hist. natur.*, XVIII, 48.

Nord emploient la charrue gauloise, munie d'un avant-
train. Nous avons aujourd'hui des charrues de tous
modèles, capables de défoncer le sol à la profondeur
voulue et, par là, d'accroître sensiblement la production agricole. Selon Mathieu de Dombasle, la valeur
locative des terres arables a doublé en Ecosse, en moins
de 25 ans, par le seul fait de l'emploi de charrues perfectionnées.

Divers travaux, annexes du labourage, ont été mis
également à la charge des animaux. On leur a, de très
bonne heure, fait exécuter le hersage, déjà mentionné
dans le livre de *Job* (1). La *herse*, plus rapide que le râ-
teau, ne fut dans le principe qu'un fagot d'épine promené, après le labour, à la surface du sol pour l'égaliser
et l'ameublir. Plus tard, on lui substitua un cadre de bois
armé de chevilles ou de pointes de fer. Indiquons encore
les *rouleaux*, *scarificateurs*, etc. Dans l'agriculture
moderne, la plupart des outils à main propres au travail
des champs, dont la manœuvre est trop lente et
trop dispendieuse, ont été transformés pour pouvoir
être mis en mouvement par des animaux (*houes*, *but-*
teuses, *niveleuses*, *rigoleuses*, *écobueuses*, etc.).

On a même investi ces auxiliaires de fonctions qui
semblaient dévolues à l'homme seul, comme de semer,
de récolter ou de battre les moissons. Hérodote rapporte
que les Egyptiens, après avoir répandu le grain des se-
mailles sur les terres encore fangeuses des bords du
Nil, y lâchaient des troupeaux de porcs qui l'enfouis-
saient en piétinant (2). Mais Hérodote s'est probablement trompé. Sur les monumens Egyptiens on ne voit
que des moutons et des chèvres employés à ce tra-

(1) Ch. xxxix, v. 10.
(2) *Histoires*, II, 14

vail. Les anciens n'ont pas fait usage de *semoirs*. Ces machines, actionnées par des animaux, distribuent la semence plus régulièrement et avec moins de perte que la main prodigue du semeur à la volée.

D'ingénieuses combinaisons ont appliqué la force des espèces agricoles à des opérations complexes telles que faucher, faner, couper les récoltes. Pline décrit une sorte de *moissonneuse* usitée chez les Gaulois : « Dans les vastes domaines des Gaules, dit-il, une « grande caisse dont le bord est armé de dents et que « portent deux roues, est conduite dans le champ de « blé par un bœuf qui la pousse devant lui ; les épis, « arrachés par les dents, tombent dans la caisse (1). » Nos *faucheuses, faneuses* et *moissonneuses*, moins rudimentaires, sont d'origine récente.

Pour éviter la fatigue de battre les moissons, l'antiquité les faisait dépiquer sur l'aire par des bœufs ou des chevaux qui foulaient les gerbes. Ce procédé était immémorial dans l'Inde (2), en Egypte, en Grèce, et dans tout l'Orient. Il est encore usuel dans les pays du sud de l'Europe où la sécheresse du climat rend l'égrenage facile. Les peuples des régions pluvieuses, après avoir été longtemps astreints à battre le blé au fléau, ont, depuis l'invention des *batteuses* à manège (Meickle, 1786), pu faire exécuter par des animaux ce travail pénible.

Ainsi l'homme a successivement passé aux espèces domestiques la plus forte part du labeur agricole. Veut-on se faire une idée du matériel que ces collaborateurs mettent en mouvement à notre profit ? En 1862, la France possédait 3,206,521 charrues (dont

(1) *Hist. natur.*, XVIII, 72.
(2) Le *fléau* n'a pas de nom en sanscrit (Pictet, *Orig.*).

794,736 perfectionnées), 9,855 scarificateurs, 37,884 ex-
tirpateurs, 6,330 fouilleuses, 25,846 houes à cheval,
1,002,302 herses, 10,853 semoirs, 27,958 coupe-racines,
5,649 machines à faner, 9,442 machines à faucher,
8,907 machines à moissonner et 100,733 machines à
battre (1).

Le besoin croissant que l'agriculture en progrès
avait de secours a fait successivement appliquer à ses
tâches les diverses espèces de force. Le bœuf, que ses
aptitudes particulières, sa vigueur, sa patience, sa rus-
ticité firent, dès l'origine, désigner pour ces fonctions,
en a été le plus anciennement chargé. Mais, après avoir,
pendant de longs siècles, suffi presque seul à ce travail, il s'est vu adjoindre plus récemment le cheval.
Celui-ci, que l'antiquité consacrait à la guerre, n'était
guère employé autrefois dans l'économie rurale, ni
même dans les usages civils, car les labours étaient
exécutés par des bœufs et les chars traînés par des
mules. On avait pourtant essayé de bonne heure d'en
tirer parti pour le labourage des terres. Un texte égyptien du règne de Rhamsès II (xɪvᵉ siècle avant notre
ère) dit du fellah de ce temps : « Son cheval meurt de
fatigue en tirant la charrue (2). » Homère mentionne
l'emploi des mulets pour labourer et oppose la promptitude de leur allure à la marche lente des bœufs.
Décrivant une course, « le vainqueur, dit-il, laisse der-
« rière lui ses concurrens aussi loin que les mulets
« laissent les bœufs qui tracent avec eux un pénible sil-
« lon (3). » Les Athéniens se servaient de chevaux pour
labourer leurs champs et Antisthènes leur conseillait

(1) *Statistique agricole de la France*, 1868, p. 126.
(2) Fr. Lenormant, *Histoire ancienne de l'Orient*, t. I, p. 283.
(3) *Odyssée*, ch. VII.

d'utiliser aussi les ânes (1). Mais il n'en fut pas de même à Rome et nulle part le labourage au moyen de chevaux n'est indiqué dans les traités des agronomes latins. Varron qui parle, pour cet office, de bœufs, de vaches, d'ânes et de mulets, se tait sur le compte des chevaux (2). Horace, voulant établir que chacun désire faire un métier différent de celui qu'il a, dit :

    « Optat ephippia bos piger, optat arare caballus (3). »

témoignant ainsi qu'un cheval de labour aurait été, en Italie, aussi extraordinaire qu'un bœuf de selle. Le cheval n'a été sérieusement investi de fonctions agricoles que dans les temps modernes. Cette attribution paraît avoir commencé en Allemagne. Olivier de Serres recommande l'emploi du cheval dans les travaux de la ferme et, de nos jours, cet animal, plus fort et plus agile que le bœuf, tend à le supplanter dans sa rude tâche de laboureur. De même que la nature, la civilisation vise à spécialiser les fonctions et demande de préférence à chaque espèce ce qu'elle est le plus apte à fournir, à la plus robuste du travail, à la plus féconde des produits.

Enfin, l'industrie elle-même a tenté d'utiliser la force des animaux, mais sans pouvoir en obtenir des applications très importantes. Les moteurs de ce genre, si bien appropriés aux transports et aux besoins de l'agriculture, se prêtaient mal à des occupations variées et n'avaient ni assez de puissance pour la grande indus-

(1) Diogène Laerce, liv. VI, ch. VIII.
(2) *De re rustica*, I, 20 et II, 6.
(3) *Épitres*, I, XIV, v. 43.

trie, ni assez de délicatesse pour la petite. Leurs
efforts sont inégaux, capricieux et discontinus. On
les a néanmoins chargés de quelques fonctions relativement simples, à l'aide d'un mécanisme spécial, le
manège.

La découverte en est ancienne et appartient à l'Asie,
comme celle du chariot et de la charrue. Hérodote rapporte que les Assyriens employaient des bœufs pour
élever l'eau nécessaire aux irrigations dans les jardins,
par un procédé analogue à celui des *norias* usitées en
Espagne et en Afrique. Il assure même, comme preuve
des aptitudes mathématiques de ces animaux, qu'ils
s'arrêtaient après avoir fait le nombre exact de tours
qui constituait leur tâche journalière et refusaient de
travailler davantage, ce qu'on pourrait expliquer par
un effet d'habitude ou de fatigue plutôt que par un artifice de numération. Avant que les pompes à vapeur
fussent connues, on employait, dans les mines, des
équipages de chevaux pour élever à la surface, au
moyen de manèges, les eaux d'infiltration et les matériaux extraits.

Nous avons vu l'immémoriale antiquité des moulins
à bras qui doivent remonter à l'origine de la culture
des céréales. Beaucoup plus récens, les *moulins* à
manège ne sont pas antérieurs à la période romaine.
On fut sans doute obligé d'y recourir par suite du développement que prit alors la boulangerie dans les
villes. Tant que la préparation du pain avait été une
fonction de ménage, chaque famille produisait aussi sa
farine, et le travail des femmes ou des esclaves, occupés à tourner la meule, approvisionnait sans trop de
peine le personnel d'une maison. Mais lorsque, dans de
grandes fermes ou de populeuses cités, la boulangerie

devint une industrie spéciale, la nécessité de réduire
en farine des quantités considérables de blé, sans consacrer à ce travail des troupes d'esclaves, fit chercher
des procédés de mouture plus expéditifs et moins coûteux. Le moulin à manège réalisa le premier type de
ces appareils perfectionnés. Les Romains les employèrent avant de savoir construire des moulins à eau.
Caton en parle (1) et Apulée en décrit le fonctionnement : « L'animal, attaché par un câble en sparterie à
« l'armature de bois, faisait tourner la meule par une
« marche circulaire indéfinie (2). » On consacrait surtout les ânes à cette tâche : « Leur travail, dit Colu-
« melle, est principalement usité en tous lieux à tour-
« ner la meule et à moudre le blé. C'est pourquoi il n'y
« a point de campagne qui puisse se passer d'un
« ânon (3). » Les ânes devaient à cet emploi dans la
mouture le privilège de figurer en cérémonie et couron-
nés de fleurs, dans les fêtes de Vesta, patronne des boulangers (4), sauf à ces officians d'une heure à terminer
sous le bâton, à la pistrine, une journée glorieusement
commencée à la procession.—Sous les premiers Césars,
on se servit aussi de chevaux pour la mouture, et Suétone rapporte que, Caligula ayant mis en réquisition
tous les chevaux de meunier, le pain manqua dans
Rome (5).

Maintenant, les manèges ne s'appliquent plus aux
moulins à farine pour lesquels on a des moteurs plus

(1) *De re rustica*, XI.
(2) *L'Ane d'or*, liv. IX.
(3) *De re rustica*, VII, 1.
(4) Ovide, *Fastes*, VI; et Properce, IV, 1. Une peinture de
Pompéi représente des génies meuniers qui parent des ânes de
guirlandes de fleurs (R. Ménard, *Vie privée des anciens*, t. III;
pl. 99).
(5) *Caligula*, § 39.

économiques et plus puissans; mais ils servent encore
à presser l'huile.

Disons, pour terminer, quelques mots des procédés mis en œuvre pour contraindre les animaux,
les diriger et rester maîtres de leur force dans les
emplois qu'on en veut faire. Comme la nature, loin
de les incliner à nos tâches, les leur rendait souve-
rainement antipathiques, il fallait pouvoir tantôt stimuler, tantôt retenir et sans cesse régler l'activité
de ces agents subordonnés, mais volontaires, afin de
les gouverner à notre gré sans être obligés de céder
au leur.

Au début, l'homme ne pouvait dompter que par la
violence les animaux, naguère sauvages comme lui,
dont il venait de se soumettre l'espèce. Il employa pour
les réduire les mêmes armes qui avaient servi à les
vaincre et il semble qu'on en puisse reconnaître les vestiges dans ces armes mitigées dont nous faisons usage
pour exciter ou châtier les animaux, tels que bâtons,
fouets, cravaches, aiguillons, éperons, etc. A ces expédiens de l'antique brutalité, le progrès tend à substituer des moyens plus doux et demande l'obéissance à
la docilité plutôt qu'aux sévices. Un dressage intelligent, combiné avec une éducation de la race sous l'influence de l'hérédité, plie de mieux en mieux nos auxiliaires à la servitude. Le moment viendra sans doute
où, complètement assujettis et abdiquant leur initiative propre, ils exécuteront nos ordres au commandement de la voix, comme font déjà les espèces les mieux
assouplies, le chien, le cheval et le chameau. Chez les
peuples civilisés, des lois protectrices interdisent de
maltraiter les animaux, ce révoltant abus de la force

étant désormais plus dangereux pour le maître qu'efficace pour la victime.

Néanmoins, il faudra sans doute user longtemps encore de moyens de coercion pour contraindre à une activité forcée de pauvres bêtes d'autant plus portées à la paresse qu'elles ne travaillent pas pour elles. Les anciens se servaient, comme nous du *fouet (flagellum)*, de l'*aiguillon (agolum)* et de l'*éperon (calcar)*. Virgile mentionne expressément ce dernier (1). Les éperons des Romains étaient en forme d'ergot de coq (2), et jusqu'au xie siècle, on ne les fit consister qu'en une pointe fichée dans le talon de la chaussure. Vers le milieu du moyen âge, on imagina les éperons à molettes. Ceux du xve siècle avaient des dimensions gigantesques. Dans la symbolique militaire de la féodalité, les éperons d'or ou dorés étaient l'insigne de la chevalerie. Après la bataille de Courtray, dite « journée des éperons » (1302), les Flamands victorieux recueillirent 4,000 paires d'éperons d'or sur les cadavres des chevaliers français. Les écuyers n'avaient droit qu'à des éperons d'argent. « Gagner ses éperons » était synonyme d'être armé chevalier, l'attache de cet insigne honorifique marquant le début et l'acte essentiel de la cérémonie. Par contre, en cas de félonie ou de forfaiture, on dégradait le chevalier en lui faisant trancher d'abord ses éperons sur le fumier par un cuisinier ou par le bourreau.

L'emploi de la *bride* et des *rênes* doit être aussi ancien que l'application des chevaux à une tâche quelconque, puisqu'on n'aurait pas pu les retenir sans ce

---

(1)   « Quadrupedemque citum ferrata calce fatigat. »
(*Enéide*, XI, v. 74).
(2) « *Calcis aculeus* » dit Columelle de la volaille (*De re rustica*, VIII, 2, 8).

moyen, et la difficulté de l'établir explique le retard mis
à utiliser leurs services, tandis que le bœuf, qui s'emporte rarement et se mène à l'aiguillon, a pu servir
d'auxiliaire dès les premiers temps. Suivant la fable,
ce serait Minerve, déesse de la sagesse, qui aurait
dompté Pégase en lui mettant un *mors*, d'où elle portait le surnom de *Chalinitis* (1) ; mais, comme le terme
grec se rattache au sanscrit *chalina*, on présume que les
Aryas primitifs n'ignoraient pas l'usage de cet engin (2).
Son invention date probablement de l'âge du bronze.
Dans l'Inde et la Chine, où les bœufs servent de
monture, on les dirige aussi à l'aide du frein. Les
buffles, indociles et farouches, sont maîtrisés par un
anneau de fer qui leur traverse le mufle.

Divers modes de harnachement et d'attelage ont été
mis en pratique, sans que les moins défectueux aient
encore partout prévalu. Ainsi la coutume vicieuse d'atteler les bœufs par les cornes, que la routine perpétue
dans une foule de pays, doit remonter à une immémoriale antiquité, car les noms du *joug* (3) offrent une
parfaite analogie dans les langues indo-européennes.
On avait pourtant reconnu de bonne heure la supériorité de l'attelage au collier, en usage chez les Égyptiens. Columelle demande que « le joug soit bien posé
« sur les épaules des bœufs », et il ajoute : « Ce mode
« d'attelage est généralement adopté. Quant à celui qui
« est usité dans quelques provinces et qui consiste à
« attacher les bœufs au joug par les cornes, il est, avec
« raison, condamné par tous ceux qui ont écrit sur

(1) De χαλινός, frein.
(2) Pictet, *Orig. indo.-europ.*
(3) Ils se lient au sanscrit *juga*, de *jug*, joindre (Pictet, *Orig.*,
t. II, p. 94.

« l'agriculture (1). » En France, au XIXe siècle, nous ne sommes pas encore aussi avancés.

Grâce aux différens artifices dont nous venons de parler, la civilisation a fait un emploi toujours plus étendu et plus avantageux de la force des animaux. Elle investit ces inappréciables auxiliaires de fonctions diverses, les charge des travaux les plus pénibles et tire de leur concours des richesses infinies (2). Nos espèces de force ont, jusqu'à une époque récente, constitué les agens les plus importans de notre puissance productrice. Cette ressource serait susceptible de s'accroître encore, soit par l'augmentation de notre cheptel domestique, soit par des applications mieux raisonnées. Il y aurait beaucoup à faire dans ces deux directions et nous sommes loin d'avoir emprunté à la classe des moteurs animés tout ce qu'elle pourrait rendre comme pouvoir dynamique et utilité de services.

(1) *De re rustica.*
(2) En France, on évaluait, en 1860, le travail des chevaux à 1,425,000,000 fr.; celui des bœufs et des vaches à 1,000,000,000 fr. et celui des ânes à 88,000,000 fr. (*Statistique agricole de la France*, 1868, p. 83.)

CHAPITRE III

MOTEURS NATURELS

Quoique la force des animaux soit supérieure à la
nôtre, elle est également bornée. Le plus robuste de
nos auxiliaires usuels, le cheval, ne peut guère porter
en charge qu'un fardeau de 100 kilog. ou élever, en
tirant sur une poulie, un poids de 42 kilog. à un mètre de
haut en une seconde de temps. Un bœuf serait presque
aussi fort qu'un cheval, mais la lenteur de ses mouvemens diminue de près d'un tiers son travail utile.
L'âne représente un peu plus du quart d'un cheval.
Ces animaux ne mettent donc à notre service qu'un
pouvoir limité d'action. D'autre part, il ne serait pas
possible de les associer en grand nombre, sans désor-
dre ni confusion, pour obtenir de puissans effets. De
plus, ils se fatiguent comme nous et réclament un
temps de repos, des intermittences d'activité. Leur
emploi est dispendieux, parce qu'ils coûtent à produire
non moins qu'à entretenir, et leur multiplication se
règle sur nos ressources d'alimentation, qui sont restreintes, non sur nos exigences de travail, qui sont indéfinies. Enfin, ces agens, doués d'une volonté propre,

se montrent souvent capricieux, parfois rebelles, et doivent être constamment dirigés ou surveillés.

A raison de tous ces inconvéniens, les diverses espèces d'auxiliaires, si utiles pour opérer le transport de petites masses à de petites distances ou pour actionner des instrumens d'agriculture, étaient inapplicables à une foule de fonctions qui auraient exigé des moteurs puissans, infatigables et presque gratuits. Ainsi, outre les transports par terre, il fallait organiser les transports par eau, tâche où nos collaborateurs habituels n'étaient plus d'aucun secours. Ainsi encore il fallait pourvoir aux besoins croissans de l'industrie, convertir en farine des approvisionnemens de céréales, forger des quantités de métaux, scier des bois et des pierres, élever des volumes d'eau, faire marcher des usines, toutes entreprises qui demandaient plus de force que les animaux, consacrés à d'autres emplois, n'en pouvaient fournir.

A partir d'un certain degré de civilisation, l'insuffisance des moteurs animés devait donc obliger l'homme à se mettre en quête de nouveaux agens. Mais, sortant du monde des forces vivantes, il ne pouvait empiéter que sur celui des forces brutes. La nature, il est vrai, développait autour de lui, par le jeu des masses fluides, une prodigieuse puissance d'action, et semblait l'offrir à ses convoitises. Toutefois, pour en usurper la disposition, il fallait apprendre à la diriger et découvrir des artifices d'une rare ingéniosité. Ces forces, en effet, au lieu d'être concrètes et saisissables, comme chez les animaux, étaient éparses et diffuses. Elles avaient besoin de subir une modification pour se résoudre en mouvemens déterminés et réguliers, ce qui suppose des appareils construits avec une sagacité supérieure. Le

problème ne consistait plus à gouverner, par sé-
duction ou par contrainte, des êtres sensibles et intelligens, mais à dompter des élémens bruts qui
n'obéissent qu'à des lois physiques et dont la mise en
œuvre exige d'autant plus de clairvoyance qu'ils sont
aveugles.

Ces obstacles, longtemps insurmontables, font comprendre pourquoi on a eu tardivement recours aux
moteurs inanimés. Alors que l'exploitation dynamique
des animaux remonte aux premiers temps de la phase
pastorale, l'application de cette nouvelle classe d'agens
est, dans son ensemble, postérieure à l'établissement
du régime agricole et n'a pris que dans l'âge historique
ses principaux développemens.

Il convient d'examiner séparément la force motrice
des eaux et celle de l'air. Par suite des difficultés inégales que présentait leur mode d'emploi, elles ont été
appropriées à des époques successives.

§ I. — MOTEURS HYDRAULIQUES

En vertu de sa mobilité caractéristique, l'eau, toujours
à la recherche d'un équilibre sans cesse troublé, se
trouve dans un état d'agitation constante. Chaque jour,
le soleil vaporise à la surface des océans plus de cent
milliards de mètres cubes de liquide que les vents
chassent en nuages et qui retombent en pluies. Ces
eaux arrosent la terre, circulent en suivant la déclivité

des pentes et retournent sous forme de courans à la mer. La superficie même des océans est soulevée soit en vagues par l'impulsion de l'air, soit en marées par l'attraction des astres. Enfin leur lit immense est traversé par des courans qui déplacent d'énormes volumes d'eau. Réguliers ou accidentels, intermittens ou continus, ces mouvemens représentent dans le monde un déploiement incalculable de puissance. Nous pouvons en apprécier la grandeur par le rôle que cette force a joué dans la formation du globe. Depuis le moment où les eaux se déposèrent à sa surface attiédie, c'est leur travail sans relâche qui, agissant par les vagues sur les grèves, par les courans dans les bassins, a broyé, charrié, remanié à plusieurs reprises, sur toute la périphérie de la planète, la couche profonde des terrains sédimentaires.

Un agent aussi étendu et aussi actif devait tenter l'ambition de l'homme. Il a été utilisé, d'abord pour les besoins de la navigation, puis pour ceux de l'agriculture et, beaucoup plus tard, pour des emplois industriels.

La première application du pouvoir moteur de l'eau fut faite en vue de faciliter le parcours d'un élément que la nature semblait nous avoir interdit. L'ensemble du matériel naval constitue un vaste outillage destiné à nous en ouvrir l'accès. L'expérience fit reconnaître que ce mode de transport est le moins pénible, l'eau opposant moins de résistance au glissement de la barque que la terre aux frottemens du traîneau. La navigation exploite largement cette condition favorable. Mais nous n'avons pas à exposer ici l'histoire de l'industrie nautique et nous devons nous borner à indiquer les

secours qu'elle a de tout temps empruntés à la force
motrice des eaux.

Comme les débuts de la navigation ont dû se produire sur les fleuves et rivières, lorsque les tribus humaines, arrêtées dans leurs migrations par cet obstacle, voulurent passer d'une rive à l'autre, il était naturel de se livrer au courant et de se laisser conduire
par lui. Aussi est-ce le long des vallées que les populations se sont d'abord répandues. Les cours d'eau, « ces
« chemins qui marchent, comme les appelle Pascal, et
« qui mènent où l'on veut aller, » (à condition toutefois qu'on veuille aller où ils mènent), offraient à la
descente des facilités dont on dut profiter dès qu'on
sut lancer un radeau. Mais l'avantage d'être porté par
le courant, quand on le suivait, était compensé par l'inconvénient d'avoir à lutter contre lui à la remonte ou
même à la traversée, et cette force, dont la direction
est invariable, ne servait qu'en un sens alors qu'il fallait pouvoir aller et venir en tous. La navigation a
donc été obligée, ainsi que nous le verrons plus loin,
de chercher ailleurs que dans les cours d'eau la puissance impulsive nécessaire pour assurer la liberté de
ses mouvemens.

Cependant, l'emploi des eaux courantes comme
moyen gratuit de transport rend au commerce des bois
des services d'une réelle importance. L'idée de faire
charrier en aval, par les rivières, les bois abattus en
amont, est assurément bien simple ; pourtant les anciens ne paraissent pas l'avoir mise communément en
pratique, faute peut-être d'avoir su établir des barrages
et des garanties de propriété. On lit dans la *Bible*
que Hiram, roi de Tyr, fit parvenir à Salomon, en
les faisant flotter, les cèdres destinés à la construction

du temple de Jérusalem (1), et, d'après Pline, les Tro-
glodytes expédiaient de la sorte en radeau le bois odo-
rant de cinname. Chez les peuples d'Europe, l'organisation de ce procédé date seulement du xvie siècle. En
1546, Charles Lecomte, ayant envoyé par l'Yonne un
train de bois à Paris, reçut du prévôt des marchands le
titre de « premier expérimentateur du flottage » (2). Trois
ans plus tard, Jean Rouvet, marchand de bois à Paris,
en fit une application régulière au produit des forêts
du Morvan. Depuis, on l'utilise en beaucoup de lieux
pour faire arriver, presque sans frais, dans les cités
populeuses, situées en général au bord des fleuves,
les bois de chauffage ou de construction coupés dans
les parties supérieures de leurs bassins. En 1866,
Paris recevait ainsi 2,616 trains pesant ensemble
582,509 tonnes. Chaque année, de grands radeaux
qui parfois mesurent jusqu'à 300 mètres de long,
cubent plus de 15,000 mètres et ont une valeur de plusieurs millions, sont transportés par le Rhin des montagnes de la Forêt noire aux chantiers de la Hollande.

Certains bacs de passage se servent de la force des
courans pour les traverser. Les Romains n'ignoraient
pas ce moyen de passer les rivières en bateau sans le
secours de rames. Leurs bacs étaient manœuvrés à
l'aide d'une attache qui glissait sur un cable tendu d'une
rive à l'autre, comme l'indique Ovide (3). Ailleurs, on
se contente d'une amarre fixée dans le lit du fleuve, la
barque étant alors mue par le courant à l'aide d'un
gouvernail.

(1) *Rois,* liv. III, ch. v, 9.
(2) F. Moreau, *Code du commerce des bois.*
(3)   Nec tibi sunt pontes, nec quæ sine remigis ictu
       Concava trajecto cymba rudente vehat.
                       (*Amorum,* III, eleg. 6.)

Des courans marins, sortes de fleuves océaniques dont la science moderne a reconnu le lit et la direction, sont mis à profit par la grande navigation. Christophe Colomb signala le *Gulf-Stream* qui offre aux navires, pour se rendre d'Amérique en Europe, une route oblique plus prompte et plus facile que la traversée directe de l'Atlantique. D'autres courans ont été constatés depuis, et le capitaine Maury, coordonnant ces indications, a tracé des cartes nautiques qui enseignent aux navigateurs à opérer les plus courtes traversées, en s'aidant du déplacement des eaux.

Enfin sur les côtes, le mouvement alternatif des marées est d'un grand secours pour faciliter l'entrée ou la sortie des navires. Les ports qui n'ont pas une profondeur d'eau suffisante sont sous la dépendance du *flot* qui monte et du *jusant* qui descend.

Les emplois agricoles ou domestiques de l'eau en exigent des quantités considérables qu'il n'est pas toujours possible de se procurer sur place et qu'il serait trop dispendieux de transporter de loin. On profite de la fluidité de cet élément pour l'amener, par quelques artifices de dénivellement, à s'écouler là où il serait nuisible et à se porter de lui même là où il est nécessaire. Dès la plus haute antiquité, on sut établir ces dérivations utiles, soit pour l'assainissement ou l'irrigation des champs, soit pour l'alimentation des villes. En Chine, l'existence des canaux est immémoriale. Le plus ancien de ses livres, le *Chou-King*, débute par l'histoire de l'empereur Yao qui, 2357 ans avant notre ère, faisait creuser des fossés pour l'écoulement des eaux. A une date aussi des plus reculées, les Egyptiens et les Chaldéens

excellaient dans l'art d'accroître la fertilité des terres
par d'intelligentes distributions d'eau. Rome fit une
ingénieuse application de canaux, d'aqueducs, et
même de conduites forcées. « Quand il s'agit, dit Pal-
« ladius, de conduire l'eau d'un lieu à un autre, on a
« recours à un canal construit en maçonnerie, ou à
« des tuyaux de plomb, ou à des canaux de bois, ou
« même à des tuyaux de terre cuite (1). » A Pompéi,
ces conduites d'eau jouaient à volonté au moyen de robinets disposés comme les nôtres. Les mêmes artifices,
perfectionnés depuis, permettent de répandre les eaux,
par leur propre poids, sur de vastes territoires, et de les
distribuer à chaque étage des maisons d'une grande ville.

Divers mécanismes hydrauliques font servir la force
des courans à élever une partie de leur eau. Hérodote
parle des irrigations de l'Assyrie où l'eau destinée à
féconder les campagnes était répandue « à force de
bras et par le moyen de machines élévatoires » (2) ;
mais il les mentionne sans les décrire. Strabon, plus
explicite, dit que l'eau nécessaire pour arroser les jardins suspendus de Babylone était élevée par une vis
hydraulique (3) ; toutefois, ce n'est là qu'un témoignage
isolé et un anachronisme probable, les autres auteurs
s'accordant à reconnaître Archimède comme l'inventeur de la *vis* dont les Egyptiens adoptèrent l'usage (4).
Les Hollandais, qui l'ont modifiée *(vis hollandaise)*, en
font un emploi vulgaire pour se débarrasser des eaux
stagnantes. Souvent aussi on se sert de roues à godets
ou à hélice pour élever l'eau des rivières.

(1) *De re rustica*, X, 11.
(2) *Histoires*, I, 193.
(3) Κόχλος ou κοχλίας, *Géographie*, XVI, 1, 5.
(4) Diodore de Sicile, I, 34.

Mentionnons enfin le procédé du colmatage par lequel les eaux courantes, charriant avec elles les troubles dont elles sont chargées pour les déposer ensuite à l'état de repos, opèrent sans frais de vastes terrassemens et couvrent d'un riche limon des terrains marécageux ou stériles, au lieu d'enfouir ces matériaux d'alluvion dans des deltas pestilentiels.

L'industrie n'a cherché que longtemps après la navigation et l'agriculture à utiliser la force motrice des eaux. Cette application est peu antérieure à notre ère. Elle impliquait l'invention préalable d'un mécanisme propre à transformer le mouvement rectiligne et continu du courant en mouvement circulaire ou alternatif, seule forme sous laquelle la force puisse être adaptée sur place à des fonctions déterminées. Cet engin essentiel est la *roue hydraulique*. On ignore à quelle époque précise la découverte en fut faite. Elle est vraisemblablement due à quelque savant mécanicien de l'école d'Alexandrie. On sait seulement que, dès le Ier siècle avant l'ère chrétienne, elle était entrée dans la pratique. Son premier emploi fut d'actionner les meules à moudre le grain, car, dans les centres importans de population, la conversion du blé en farine constituait un travail dispendieux et lent. La substitution des moulins à eau, mus par une force gratuite, aux moulins à bras ou à manège, réalisa un progrès notable. D'après un passage mal interprété de Strabon, leur invention a été attribuée à Mithridate ; mais cet auteur se borne à dire que, près de Cabires, résidence du roi, « on voyait un moulin à eau » (1). Cette mention nous renseigne

(1) *Géographie*, liv. XII, ch. III, § 30.

sur la date et la région du plus ancien établissement connu, sans rien révéler de la découverte. Lors de leur guerre contre Mithridate, les Romains eurent occasion de connaître ces mécanismes, et Vitruve en donne une description sommaire (1). Soixante ans après Vitruve, Pline en parle comme d'appareils encore peu usités, qui n'avaient point supplanté les anciens moulins mus par des esclaves ou des ânes (2). Ce fut seulement à partir du IVe siècle que les moulins à eau se répandirent dans la campagne de Rome, lorsque, par suite de l'affranchissement des esclaves, sous Constantin, il fallut remplacer leur force par d'autres moteurs. Le Code Théodosien mentionne des moulins publics à la date de 398 (3). Néanmoins, on ne savait encore les établir que sur des barrages de ruisseaux ou près des aqueducs des fontaines, c'est-à-dire en utilisant une chute d'eau plutôt que la force impulsive du courant. En 536, Bélisaire, assiégé dans Rome par les Ostrogoths et n'ayant plus, pour alimenter la ville, la ressource des moulins de banlieue, en fit installer sur bateaux, dans le lit même du fleuve, ce qu'on n'avait pas jusqu'alors osé tenter (4). Ainsi devenus d'une application plus générale, les moulins se propagèrent en Italie et dans les provinces. Déjà, du temps d'Ausone (IVe siècle), la Gaule en possédait ; dans son poème sur *la Moselle*, il parle de ceux que cette rivière faisait tourner (5). La loi Salique, la loi des Bourguignons et celle des Visigoths contiennent des règlemens sur la police des

(1) *De architectura*, X, 10.
(2) *Hist. nat.*, XVIII, 33.
(3) *Code Théodosien*, XIV, xv, 1.
(4) Procope, *Goth.*, I, 9.
(5)
    « Precipiti torquens cerealia saxa rotatu. »

moulins et édictent des peines pour prévenir la dégra-
dation des écluses. Charlemagne encouragea l'établissement des moulins à eau. Dans la seconde moitié du
moyen âge, les couvens et les seigneurs les multiplièrent, mais firent de l'obligation d'y moudre une redevance féodale, source de nombreux abus. Cependant,
malgré la supériorité de ces appareils susceptibles de
travailler sans interruption et à peu de frais, l'antique
moulin à bras s'est conservé jusqu'à nous dans les campagnes. Le triomphe du moulin hydraulique n'a pas
exigé moins de 2,000 ans pour devenir général, au
moins chez les peuples civilisés, car, chez la plupart
des barbares, il est encore inconnu.

L'invention des moulins à eau a été le point de départ
d'applications variées de la même force à des travaux
industriels. Le mouvement une fois régularisé, il était,
en effet, facile d'en tirer parti d'une foule de façons et
de contraindre les cours d'eau à vivifier des usines de
toute espèce, scieries, forges, foulonneries, papeteries,
filatures, etc. Quelques-uns de ces emplois sont anciens,
la plupart des autres modernes.

Peu après les moulins à moudre, on paraît avoir imaginé les moulins à scier. Ausone mentionne des scieries
de marbre mues par la Moselle (1). On présume que les
moulins à scier le bois doivent dater de la même époque, mais on n'en a pas la preuve, et c'est à Augsbourg,
en 1322, qu'un document les constate pour la première
fois (2). Les moulins à foulon, pour fouler ou feutrer
les tissus de laine, remontent au moyen âge. Dans le
courant du XIVᵉ siècle, le Nurembergeois Ulman Strœ-

____

(1) Poëme sur *la Moselle*, v. 363.
(2) Montucla, *Hist. des mathématiques*, part. III, liv. I.

mer établit un moulin à broyer les chiffons de linge
pour la fabrication du papier (1). D'après une charte de
1377, relative à la location d'une chute d'eau et d'un
moulin *ad faciendas cartas*, la même industrie aurait existé à Colle, en Toscane, et à Fabriano, dans le
Picenum. Il est probable que les forges mues par l'eau
sont contemporaines de la construction des hauts-fourneaux. Lorsqu'on eut découvert, au xv⁰ siècle, le
moyen de produire par fusion de grandes masses de
fer, il fallut employer, pour le façonner, une force puissante et économique. L'eau fut alors chargée de soulever le lourd marteau jusque-là manié par des forgerons,
de laminer, de tréfiler, d'actionner des souffleries, etc.
Enfin, après l'invention de la filature mécanique, qui
date du dernier siècle, on adapta les *mull-jenny* au mécanisme des roues hydrauliques (Cromfort, 1780). Les
matrones de l'antiquité auraient été à coup sûr fort
étonnées si on avait pu leur prédire qu'un jour viendrait
où, mieux qu'elles, les rivières fileraient.

Il y a peu de travaux que, maintenant, l'industrie ne
puisse faire exécuter par des cours d'eau, partout où
elle en dispose, et l'âge moderne a vu les bords des
rivières se peupler d'usines qui ont transformé leur
aspect. Si une renaissance mythologique pouvait s'opérer, il faudrait donner aux Naïades de nouveaux attri-
buts, moins poétiques que les anciens, et mettre surtout dans leurs mains, avec l'urne symbolique, les outils et les productions des industries qu'elles animent.

Les indications de la science ont fait récemment introduire dans la construction des roues hydrauliques des

_____

(1) Montucla, *Hist. des mathématiques*, part. III, liv. I.

améliorations qui ajoutent à leur puissance d'effet comme à la durée de leur service. Les anciens connaissaient déjà plusieurs types de ces appareils. Vitruve décrit le *tympan*, la *roue à godets* et les *chapelets* (1). Au système des roues à palettes, le plus employé jusqu'à nous, mais le plus défectueux, on a substitué d'abord celui des *roues à auges*, signalé au mont Athos par le naturaliste Belon (2), puis celui des *roues à aubes*, dû au général Poncelet, et bien supérieur en ce que l'eau agit par la pression calme de son poids, non plus par percussion et choc violent.

Mentionnons encore l'invention très utile des *turbines*. Au siècle dernier, Euler avait indiqué l'avantage de roues horizontales et plongées dans le liquide sur des roues verticales et émergées, pour produire un mouvement régulier. Mais elles ne sont devenues pratiques qu'à dater de 1825. Furneyron construisit alors la première de ces machines qui ait attiré l'attention. Les turbines ont rapidement pris rang parmi les meilleurs moteurs hydrauliques, parce que, utilisant le poids de la colonne d'eau qui marque la différence de niveau entre deux biefs, elles tirent le meilleur parti de la force. En outre, elles diminuent les engrenages, sont peu encombrantes et n'ont pas à redouter les gelées ou les grandes crues. Elles se propagent de plus en plus et finiront par remplacer les anciennes roues.

Enfin, l'eau, à raison de sa passivité dynamique, peut servir à transmettre des pressions. Les *pompes foulantes*, dont la première idée remonte à Ctésibius, mais dont la mise en usage date seulement du XVIIe siècle,

(1) *De architectura*, X.
(2) *Observations* (1553.)

font une application vulgaire de cette propriété des liquides. — On doit au génie de Pascal la *presse hydraulique*, fondée sur une loi paradoxale de l'hydrostatique. Toutefois, elle n'a rendu de réels services qu'après avoir été perfectionnée, à la fin du XVIIIe siècle, par l'ingénieur anglais Bramah. On l'emploie pour comprimer avec force les fourrages, les cotons en laine, les draps, etc.; pour soulever les navires sur les chantiers de radoub, pour fabriquer les pâtes d'Italie, le bois durci, etc. Le *bélier hydraulique* imaginé par Joseph Montgolfier (1792,) donne le moyen de faire servir une chute d'eau, si peu haute qu'elle soit, à élever le liquide, par un choc brusque, jusqu'à une hauteur bien plus grande, sans perdre plus du tiers de la force dépensée, résultat supérieur au rendement des meilleures pompes élévatoires mues par des roues hydrauliques. Les machines à colonne d'eau sont d'un établissement facile et avantageux là où, comme dans une foule de villes, on dispose à domicile d'eau sous pression. Sir W. Armstrong a eu l'idée de produire la pression même. Ses *accumulateurs*, ainsi nommés des poids qu'on accumule à la surface d'un piston plongeur pour déterminer, dans l'eau d'un réservoir, une pression de 20 à 50 atmosphères, répartissent ensuite la force dans un système de canaux où on l'utilise à volonté par un simple jeu de robinets. Ces appareils sont précieux pour obtenir des effets intermittens avec une force sans cesse disponible. Inventés en 1851, ils se sont répandus en Angleterre et commencent à pénétrer en France. On les applique surtout comme monte-charges dans les docks, les gares, etc. Mentionnons enfin les *ascenseurs*, dus à Edoux (1867), et qui fondés sur le même principe de la pression de l'eau dans des conduites forcées, ont vite été adoptés par les grands hôtels, les administrations, etc.

Ainsi les moteurs hydrauliques tiennent une place importante parmi nos agens de production. Nous leur devons des facilités de navigation, la distribution facultative des eaux et la mise en activité d'une foule d'industries. Il n'est guère possible d'évaluer la somme totale des avantages qu'ils nous procurent, car on n'a de renseignemens que sur le travail des usines. En 1860, la France comptait 108,000 établissemens mus par l'eau, et leur force réunie représentait au moins celle de deux millions d'hommes (1), chiffre beaucoup accru depuis. C'est peu de chose, sans doute, en comparaison du contingent de puissance que fournissent les animaux auxiliaires ; mais l'exploitation industrielle des eaux est relativement récente et encore bien incomplète. Le monde civilisé n'a su s'approprier jusqu'ici qu'une part insignifiante d'un pouvoir dont l'étendue est indéfinie. En ce genre d'applications, la nature ouvre à nos convoitises un crédit illimité. Il résulte d'un relevé de l'administration des ponts et chaussées qu'un de nos départemens les plus industrieux, le Doubs, pourrait disposer, en eaux moyennes, d'une force de plus de 191,000 chevaux et n'en utilise que 9,600. Le Rhône, qui sort des glaciers de la Suisse à une altitude de 1700 mètres au-dessus de la mer et dont le débit normal est de 1,000 mètres cubes par seconde, représente un pouvoir de chute énorme, presque entièrement inemployé. On a calculé que tous les cours d'eau qui descendent des Alpes équivalent en puissance motrice à celle qui est

____

(1) Nadault de Buffon, *Traité des usines mues par l'eau.*

emmagasinée dans les mines de houille de l'Angleterre. Exemple plus saisissant encore : le Niagara précipite, à la cataracte du *Fer-à-Cheval*, 100,000,000 de tonnes d'eau par heure, d'une hauteur de 47 mètres. Le poids d'une pareille masse liquide égale la force de 16,800,000 chevaux-vapeur. Pour élever à la même hauteur le même volume d'eau, il faudrait dépenser 266,000,000 de tonnes de houille, ce qui est à peu près la quantité actuellement consommée dans le monde entier. La chute du Niagara suffirait donc à faire marcher les usines, les locomotives et les steamers de tous les peuples civilisés ! (1).

Outre les cours d'eau, on pourrait utiliser les marées. Deux fois par vingt-quatre heures, les alternances du flux dénivellent l'Océan et soulèvent sur nos plages des quantités d'eau dont le poids, retenu dans des bassins par des écluses, constituerait une force disponible. Au XVIIIe siècle, un charpentier de Dunkerque, nommé Perse, avait proposé d'en tirer parti pour la construction de moulins dits *de marée* (2). On a récemment repris cette idée (3) sans avoir encore réussi à la rendre pratique.

Il y a donc, dans la série des mouvemens occasionnés par les phénomènes hydrologiques, dans la précipitation des eaux fluviales, la circulation des rivières, le balancement des marées et la fluctuation même des vagues, un vaste développement de puissance auquel nous n'avons fait jusqu'ici que de timides emprunts et qui, mieux dirigé, pourrait accroître dans une mesure bien plus large notre activité et nos richesses.

(1) Siemens, *Revue scientifique*, 5 mars 1881.
(2) Legrand d'Aussy, *Vie privée des Français*, t. I, p. 57.
(3) Tommasi, *le Flux moteur*.

§ II. — MOTEURS AÉRIENS

Mieux encore que l'eau, l'air est un type de mobilité parce que ses molécules, au lieu d'être liées par une demi cohésion, sont indépendantes et portées à se repousser élastiquement. La masse de l'atmosphère, troublée par des dilatations locales sous l'influence périodique du soleil, est incessamment traversée par des courans. L'océan gazeux qui nous entoure constitue l'agent le plus actif de mouvement dans la nature et comme le moteur principal de la mécanique du globe. C'est en effet l'air qui, promené à la surface des mers, se charge de leurs vapeurs, les charrie sous forme de nuages et transporte sur les continens les eaux pluviales dont s'alimentent les rivières et les fleuves. On a pu dire que, dans l'économie du monde, il était spécialement investi de la fonction de « porteur d'eau. » C'est encore lui qui, sur les plages, soulève les vagues, les pousse à l'assaut des terres et leur fait ronger les côtes, broyer les galets, remanier les sédimens. Enfin, il chasse les sables des dunes et répand au loin les poussières...

Cette puissance, que nous signale le vent, se manifeste en lui à divers degrés d'intensité. Presque inappréciable tant que sa vitesse de translation n'atteint pas un mètre par seconde, elle peut acquérir une violence qui la rend irrésistible. Le vent moyen, le plus favorable aux applications que nous en faisons, parcourt 7 mètres par seconde. Il devient fort à 15 mètres, impétueux à 20. Quand il arrive à 27, il souffle en tempête et, à 36, en ouragan. A la vitesse de 45 mètres par seconde, il ne connaît plus d'obstacles, brise les arbres et renverse les monumens. La civilisation ne pouvait manquer d'exploiter une force qui s'offrait à elle en tous lieux et presque en tout temps. Il y avait là des conquêtes dynamiques à tenter. Mais, pour soumettre cet agent variable et capricieux qui, au lieu de suivre comme les cours d'eau une direction constante, en change continuellement et semble, par l'amplitude même de ses mouvemens, se dérober à toute prise, il fallait faire preuve de beaucoup d'ingéniosité et trouver de savantes combinaisons mécaniques.

De même que pour les eaux, c'est la navigation qui a fait le premier et principal emploi du moteur aérien. Le vent devait être, en effet, l'agent prédestiné de ce mode de transport, car, surtout à l'origine, il n'y avait pas d'autre ressource pour parcourir la superficie des mers. Une fois sortie des eaux intérieures où le courant des rivières et une manœuvre de perches ou de rames suffisaient à de petites traversées, la navigation réclamait, pour prendre son essor et devenir maritime, un développement de puissance que le vent seul pouvait fournir. Après avoir constaté son action sur les corps flottans, on apprit à l'utiliser au moyen de surfaces mobiles, aisées à étendre ou à resserrer, et la *voile* fut inventée. Dès lors, le navigateur, dispensé de ramer, put se reposer sur le vent du soin de le conduire où il désirait aller. Cette découverte de la voile, une des plus fécondes par ses conséquences de la civilisation primitive, doit remonter jusqu'à la période sauvage, puisqu'elle était connue d'une foule de tribus en Amérique et dans la Polynésie. Depuis les temps les plus reculés, tous les peuples civilisés de l'ancien monde qui habitaient dans le voisinage des eaux en ont fait usage. Des barques munies de voiles figurent sur les plus vieux monumens de l'Egypte et, dans son système d'écriture symbolique, une voile était le signe par lequel s'exprimait l'idée de *souffle*. Chez les Grecs, les traditions mythologiques de Dédale, de Persée et de Thésée montrent que les navigateurs de ces époques légendaires se servaient de voiles. Enfin les indications de la linguistique attestent qu'elles n'étaient pas ignorées des Aryas (1).

Mais, en employant de la sorte la force impulsive du vent, on se mettait sous sa dépendance, et l'embarcation ne pouvait ni se diriger dans un autre sens, ni rester en place quand cela aurait été nécessaire. Deux inventions, également admirables, obvièrent à ces inconvéniens : — celle du *gouvernail* qui, réglant la marche du navire sur une résultante facultative où la force motrice de l'air se combine avec la force de résistance de l'eau, donne le moyen de suivre des directions angulaires et même d'avancer contre le vent, en louvoyant ; — et celle de l'*ancre*, qui permet de stationner sur place, d'attendre un vent propice et d'éviter d'être jeté à la côte ou sur des écueils.

Maîtresse de ces ressources et libre d'emprunter le secours du vent sans avoir trop à redouter ses caprices ou sa violence, la navigation se développa et fit une exploitation toujours plus grande du moteur aérien. On pourrait en mesurer le progrès à l'extension croissante de la voilure dans les marines. Il y avait loin de

(1) Piclet, *Origines indo-europ.*, t. II, p. 187, 8.

la petite voile triangulaire d'écorce, de peau ou de toile
dont s'aidaient les navigateurs des temps primitifs
pour manœuvrer leurs canots, à ces échafaudages de
mâts et d'agrès qui surmontent nos navires et ouvrent
au vent des surfaces dont l'étendue se compte par
milliers de mètres carrés, puissant levier grâce auquel
ils fendent les eaux avec une aisance et une rapidité
merveilleuses. C'est surtout depuis le xvᵉ siècle que la
navigation à voiles a pris hardiment possession des
mers. En 1857, on comptait, chez les peuples civilisés,
un total de 130,000 navires marchant à la voile, jau-
geant près de 17,000,000 de tonneaux et opérant, sous
l'action du vent, d'immenses transports à la surface
des eaux.

Le principal défaut du moteur aérien résulte de son
inconstance, qui expose le navigateur à des retards ou
à des contrariétés sans fin. On s'est appliqué à surprendre, par une étude attentive, ce qu'ont parfois de
régulier les variations des courans de l'atmosphère ;
mais on n'est parvenu qu'assez tard à reconnaître
quelques-unes des lois de la météorologie générale.
L'expérience enseigna les saisons les plus favorables
pour tenir la mer et celles où l'on avait à craindre les
calmes ou les orages. La navigation des anciens,
quoique bornée à une mer intérieure, ne se hasardait à
la parcourir que pendant six mois, de mai à novembre,
et Végèce regarde comme une témérité singulière d'af-
fronter en hiver la furie des vents (1). Mieux aguerris
et plus forts, les modernes naviguent en toute saison,
même dans les plus mauvaises mers.

Une découverte de grand prix fut celle des vents

______

(1) *De re militari*, IV.

alisés qui soufflent, par intervalles, entre les tropiques. Hippale, contemporain de Strabon, signala le premier la périodicité semestrielle des moussons qui, se faisant alternativement sentir entre le golfe Arabique et la mer des Indes, tracent au plus riche commerce du monde sa voie la plus courte et la plus sûre. De nos jours, le capitaine Maury, rapprochant et coordonnant toutes les indications recueillies à cet égard, a pu dresser des cartes nautiques où se trouvent marquées, d'après la direction des vents réguliers (si bien appelés « vents du commerce » *trade winds*, par les Anglais), les routes à suivre pour opérer les plus courtes traversées. Peut-être la connaissance plus approfondie des fluctuations de l'atmosphère mettra-t-elle au service de l'aéronautique l'agent moteur dont le défaut a jusqu'ici arrêté son essor.

L'application de la force du vent à des fonctions industrielles est beaucoup plus récente que la navigation à voiles. Si, en effet, il était facile, même à des sauvages en possession de la barque, d'ouvrir une voile à la brise et de se laisser pousser par elle, il ne fallait pas moins que les artifices d'une mécanique savante pour assujettir cet agent sur place, corriger ses écarts et contraindre une force capricieuse à exécuter des tâches déterminées. Ce difficile problème n'a été résolu que durant les premiers siècles du moyen âge.

Quoique postérieure à la découverte des moulins à eau, celle des *moulins à vent* est plus obscure parce qu'elle date d'une époque peu fertile en écrivains. On ignore où et quand se fit cette ingénieuse invention qui paraît être sortie du grand mouvement de recherches mécaniques inauguré par l'école d'Alexandrie. Elle est probablement due aux Grecs du Bas-Empire. Quel qu'en soit l'auteur, on ne saurait trop admirer ce mécanisme bien supérieur à la roue du moulin à eau et qui, par un système de voiles disposées en hélice, convertit l'action rectiligne du vent en un mouvement circulaire. L'appareil entier, monté sur pivot, peut, à l'aide d'un bras de levier, se tourner dans l'axe du vent et suivre son orientation variable. Cette machine, combinée avec une sagacité rare, est du petit nombre de celles qui, dès le début, ont atteint la perfection, car une pratique de douze siècles n'y pas introduit d'amélioration notable.

De nos jours, cependant, on a cherché à remédier aux inconvéniens qui résultent de la surveillance nécessaire pour changer avec le vent la direction des ailes et augmenter ou diminuer la voilure suivant son intensité. Les moulins dits « automoteurs » (systèmes Durand, Beaume, Aubry, etc.) s'orientent d'eux-mêmes, au moyen d'une girouette, règlent leur vitesse et, si le vent devient excessif, s'arrêtent en se présentant de biais. Mais ces mécanismes, plus curieux qu'utiles, sont trop délicats pour l'industrie. On a proposé encore d'employer, au lieu d'ailes séparées, une roue motrice garnie de lames inclinées du centre à la circonférence, ce qui, en utilisant toute la surface, permet de réduire les dimensions. Enfin, un petit appareil usité comme anémomètre, le « pantanémore » se compose de quatre demi-sphères creuses placées aux extrémités de deux branches en croix. Par suite de sa position horizontale, il se trouve toujours orienté.

La première application industrielle du moteur aérien fut, comme celle du moteur hydraulique, faite au travail de la réduction des céréales en farine, la plus pé-

nible des tâches dans les temps anciens. Une fois les
avantages de la mouture mécanique reconnus, il était
naturel d'employer le vent là où manquaient les rivières, et les nouveaux moulins, destinés à suppléer
les précédens quand on n'en pouvait établir, durent
paraître lorsque ceux-ci furent devenus communs. On
croit que, dès le vii⁰ siècle, des moulins à vent exis-
taient en Orient. Une vieille chronique de Bohême dit
que, en 718, leur usage était général dans ce pays (1).
L'Europe occidentale ne semble pas en avoir eu connaissance avant la première croisade. Le plus ancien
document où ces appareils soient mentionnés est une
charte de Guillaume, comte de Mortain, qui, à la date
de 1105, autorise Vital, abbé de Savigny, à établir des
moulins à vent *(molendina ad ventum)*, dans les dio-
cèses d'Evreux, de Bayeux et de Coutances (2). Néanmoins, jusqu'au xvi⁰ siècle, ces constructions restèrent
clairsemées sur le territoire de la France abondamment
pourvu de cours d'eau. En Espagne, les moulins à vent
dataient de l'époque des Maures ; ils étaient usuels
du temps de Cervantès qui rend son héros victime
d'une plaisante méprise à leur aspect (3). Depuis la
Renaissance, ces utiles établissemens se sont propa-
gés dans toutes les régions de l'Europe où les chutes
d'eau étaient rares, c'est-à-dire dans les grandes plaines
et sur les hauteurs, là justement où l'action du vent se
fait le mieux sentir. La Hollande, qui n'a que des eaux
dormantes, et dont le territoire plat est sans cesse balayé
par les vents, utilise leur force par d'innombrables mou-

(1) Legrand d'Aussy, *Vie privée des Français*, t. I, p. 63.
(2) Mabillon, *Annales de l'ordre de Saint-Benoît*, t. V,
p. 474.
(3) *Don Quichotte*, liv. I, ch. viii.

lins, trait caractéristique des paysages néerlandais. Ils servent à la mouture des céréales, à l'extraction de l'huile, au sciage du bois, au foulonnage et surtout à l'élévation des eaux. Grâce à leur emploi, les mêmes vents qui portent sur la Hollande les nuées pluvieuses de l'Océan, se chargent d'en déverser le produit dans des canaux endigués qui le ramènent à la mer. En 1840, 12,000 moulins à vent étaient ainsi consacrés à l'assèchement des terres en culture. Les *Pays-Bas* doivent à cette industrieuse exploitation du vent le miracle de leur existence sur un sol toujours menacé de submersion et souvent même inférieur à la ligne du niveau qu'atteignent chaque jour les marées. Sans le secours de ces appareils, véritable providence de la contrée, il serait impossible d'assainir des champs périodiquement inondés et de transformer des marécages en riches polders. Un moulin à vent conviendrait comme symbole héraldique à cet étrange et vaillant pays.

Considéré dans son état général d'équilibre, l'air, à raison de sa pesanteur, exerce des pressions et représente de la force. Le poids de l'atmosphère, nul pour nous qui en sommes constamment chargés, fait équilibre à une colonne de mercure de 76 centimètres de hauteur et devient une cause de mouvement pour les liquides lorsqu'on les soustrait par place à son action.

C'est sur ce principe qu'est fondée la théorie du *siphon*. La découverte de cet engin est parfois attribuée à Héron d'Alexandrie; mais il était connu en Egypte dès le temps des Pharaons, et se trouve figuré dans une peinture de Thèbes qui date de la xviiie dynastie (plus de 1750 ans avant notre ère) (1). Les Egyp-

(1) Réné Ménard, *Vie privée des anciens*, t. III, fig. 112.

tiens, obligés de laisser reposer l'eau limoneuse du
Nil avant de la boire, avaient imaginé ce moyen
pour la transvaser sans la troubler. Héron améliora
seulement la disposition du siphon en lui adaptant un
flotteur qui, dans les clepsydres, maintenait la constance du niveau d'écoulement, condition d'une marche
régulière pour ces appareils chronométriques. Quoique
Cicéron (1) et Pollux (2) parlent du siphon, ni les Grecs,
ni les Romains n'en firent un emploi commun, et le
moyen âge en avait laissé perdre la connaissance lorsque, en 1690, Reiselius le réinventa. Il voulut faire
mystère de sa découverte, mais elle fut presque aussitôt devinée par Papin, Davis et Sturmius. On utilise
le siphon pour détourner l'eau des rivières, dans l'exécution des travaux hydrauliques et pour de nombreuses
applications de détail (transvasement des liquides, dé-
gustation des vins, cruchons d'eaux gazeuses, encriers
siphoïdes, etc.).

Nos *pompes* vulgaires tirent aussi parti de la pression atmosphérique pour élever sans effort l'eau des
puits à une faible hauteur. La première machine établie sur ce principe fut l'œuvre de Ctésibius, un des
plus ingénieux mécaniciens de l'école d'Alexandrie
(IIe siècle avant notre ère). Elle se composait de deux
corps de pompe, dont l'un aspirait l'eau et l'autre la
refoulait. Vitruve nous en a laissé la description (3).
Ces appareils *(machina ctesibiana)* étaient surtout employés par les Romains comme pompes à incendie (4).

(1) *De finibus*, II, 8.
(2) *Onomasticon*, VI, 2 et X, 20.
(3) *De architectura*, X, 7.
(4) Pline le Jeune, *Epist.*, X, 35 ; Isidore, *Origines*, XX, 6 ;
Ulpien, *Digeste*, XXXII, 7, 12 ; voy. dans Rich, v. Sipho, le dessin
d'une pompe antique trouvée près de Civita-Vecchia.

Ils n'ont pu se vulgariser que depuis les perfectionnemens apportés à leur construction au milieu du
xviie siècle. Des pompes à puiser l'eau, de systèmes
très divers, sont maintenant partout répandues. La
double pompe, à jet continu, est due à l'ingénieur Per-
ronet et date du siècle dernier.

La *machine pneumatique*, sorte de pompe à air,
fut découverte par Otto de Guéricke, en 1654, et perfectionnée par Robert Boyle. Elle donne le moyen
d'accroître ou de diminuer, dans un récipient hermétiquement clos, la pression de l'air en opérant sa condensation ou sa raréfaction, artifice souvent employé
dans les expériences de laboratoire et d'où peut résulter
une force disponible lorsqu'on laisse l'air lui-même
rétablir son équilibre rompu. On a essayé d'appliquer
ce procédé à la propulsion de convois dans les chemins
de fer dits « atmosphériques ». (Chemin du Pecq à
Saint-Germain, 1844.) Mais, quoique praticable, on l'a
délaissé à cause de la dépense des machines à vapeur
qu'il fallait tenir sans cesse allumées pour ne servir
qu'au moment de l'ascension des trains. La tentative
a été reprise avec plus de succès pour la transmission
des dépêches. La « poste tubulaire, » établie à Paris,
en 1865, par MM. Mignon et Rouart, les envoie dans
un tube de 0^{m}07 de section, avec une vitesse d'un kilomètre par minute, sous une pression de 0^{m}15 à 0^{m}20 de
mercure. Mentionnons enfin les « horloges pneumati-
ques », installées à Paris, sur les boulevards, par
MM. Popp et Resch, et qui sont mues par un système
analogue.

L'air comprimé semble devoir, dans l'avenir, jouer
un rôle important comme intermédiaire des forces
mouvantes. Depuis Papin qui, le premier (1687), eut

l'idée d'une transmission pneumatique de la force, nombre d'inventeurs pensent y trouver le moyen de produire le mouvement à distance, puisque les pressions que subit l'air se transmettent, sans déperdition sensible, dans des conduites de faible section, et agissent au point d'attaque comme elles auraient fait au point de départ. On aurait là une force d'une souplesse et d'une innocuité parfaites, susceptible d'être emmaganisée, conservée, canalisée, facile à détailler au compteur, comme le gaz, et pouvant se plier aux travaux les plus divers. Déjà les machines où l'air agit sous pression avaient été utilisées pour fonder des piles de ponts, aérer les galeries de mines profondes, les scaphandres et cloches à plongeurs, etc. M. Colladon, de Genève, proposa d'employer l'air comprimé pour des travaux plus complexes et ce système fut appliqué d'abord par MM. Sommeillier et Favre au percement du mont Cenis, puis à celui du Saint-Gothard. Ce sont les torrens des Alpes qui, refoulant l'air dans des tubes, ont creusé ces deux tunnels longs, le premier de 12 et le second de 15 kilomètres.

Enfin, depuis un siècle, on a mis à profit la pesanteur de l'atmosphère et la légèreté relative de l'air chaud ou de l'hydrogène pour obtenir une force propre à déterminer l'ascension des aérostats. Imaginés par Montgolfier, en 1783, les *ballons* font une brillante application du principe d'hydrostatique en vertu duquel les corps légers s'élèvent dans les milieux fluides d'une densité plus grande, jusqu'à ce qu'ils s'y trouvent en équilibre. L'air échauffé, auquel on avait d'abord eu recours pour gonfler les *montgolfières*, ne procurait qu'un pouvoir restreint et momentané. Charles lui substitua l'hydrogène, beaucoup plus léger et parfaitement stable. Un mètre cube d'air pesant 1 kil. 299, et un mètre cube d'hydrogène seulement 0 kil. 089, un ballon d'une capacité de 1,700 mètres déplace, gonflé d'hydrogène, un volume d'air du poids de 1,299 kil., tandis qu'il ne pèse en gaz que 89 kil. On a donc un pouvoir ascensionnel de 1210 kil., et, le poids de l'appareil déduit, l'excédent représente la force utilisable. Tous les essais de navigation aérienne reposent sur cette donnée.

Ainsi nous devons aux applications dynamiques de l'air un appoint notable de puissance. Ce moteur est l'agent le plus économique des transports par eau et se prête à des fonctions industrielles variées. Il est malaisé d'évaluer l'ensemble des secours que nous en tirons, à cause de l'indétermination du chiffre afférent à la navigation, qui constitue le mode principal de son emploi. Il faudrait, pour en apprécier l'importance, pouvoir supputer le nombre des tonnes transportées par la marine à voiles et les distances parcourues (1). On n'a de relevés précis que pour les établissemens fixes. En 1836, la France possédait 12,000 moulins à vent, dont le travail représentait la force d'environ 600,000 hommes. Sur un plus petit territoire, la Hollande, avec ses 25,000 moulins à vent, ajoute à sa population un contingent de 1,200,000 ouvriers, supérieur à ce qu'elle pourrait fournir de main-d'œuvre.

Ces chiffres paraîtront peut-être médiocres ; mais il convient de dire que l'appropriation des moteurs aé-

(1) Il y a vingt ans, avant que la marine à vapeur eût pris de grands développemens, la marine à voiles opérait, pour l'Angleterre, un mouvement de 30,000,000 de tonnes, et, pour la France, de 18,000,000. (*Rapports du Jury international*, 1867, t. X, p. 307.)

riens est encore bien récente et qu'elle comporterait
une extension indéfinie. On a proposé, par exemple ,
d'emmagasiner la force, naturellement intermittente,
du vent, et d'en composer des réserves qu'on dépense-
rait d'une façon continue. Il suffirait pour cela d'élever
à une certaine hauteur, à l'aide des moulins usuels,
des quantités d'eau ou de sable qu'on laisserait ensuite
retomber à volonté. On pourrait encore comprimer de
l'air, charger des accumulateurs électriques, etc. L'utilité de ces approvisionnemens de force gratuite serait
manifeste dans un très grand nombre de cas.

En résumé, l'empire que l'homme a su se faire sur
les forces brutes de la nature met à sa disposition un
pouvoir supérieur en étendue à celui des animaux
auxiliaires. L'agitation des milieux ambians, si longtemps inutile et souvent contraire à nos intérêts, maintenant disciplinée, travaille pour nous et contribue à
notre richesse. Si l'on tient compte de tout ce dont la
navigation est redevable à ces agents, de l'assistance
prêtée par eux à l'agriculture, des usines qu'ils mettent
en mouvement et d'une foule d'applications de détail,
on reconnaîtra qu'ils remplissent dans l'ordre de la
civilisation un rôle plus considérable qu'apprécié.
Il ne tient qu'à nous de rendre leur collaboration
plus féconde encore. Nulle part l'accroissement de
notre puissance ne rencontre autant de facilités que
dans cette direction. La conquête des moteurs que le
monde met en action est à peine ébauchée. Nous n'avons
exploité jusqu'ici qu'une part infime de ces forces partout à l'œuvre autour de nous. La nature promène à

nos pieds et sur nos têtes l'offre permanente d'un concours trop parcimonieusement accepté. Liquides ou
aériens, les courans déploient en stériles effets mille
fois plus de puissance que nos industries n'auront
jamais besoin d'en appliquer. Apprenons à faire meilleur usage de cette énergie qui ne coûte rien. Utilisons
le plus possible les fleuves, les rivières, les ruisseaux
même et les marées ; mettons en œuvre les vents,
depuis le souffle de la brise jusqu'aux déchaînemens
de la tempête. Les masses fluides, toujours en effort,
représentent le mouvement universel et perpétuel.
Quand nous nous plaignons de notre faiblesse, c'est
que nous sommes aveugles, car, à notre portée, sous
notre main, se trouvent des puissances infinies et, pour
nous en emparer, il suffit d'un peu d'ingéniosité.

CHAPITRE IV

MOTEURS ARTIFICIELS

Malgré les avantages que présente l'exploitation des
moteurs naturels, en la supposant même aussi étendue
que possible, elle ne saurait suffire à combler toutes
nos exigences d'activité, parce que ces agens ont leurs
lacunes et leurs imperfections.

Comme la puissance des courans résulte d'un mouvement de translation, limité en vitesse, elle est incapable de produire les effets violens et rapides qui seraient nécessaires pour certains travaux. Dans les
emplois mêmes que les cours d'eau et les vents se prêtent le mieux à remplir, ils sont à bien des égards
défectueux. Leur action, locale et accidentelle, ne se
rencontre pas partout où elle serait utile et n'est pas
toujours disponible quand on en aurait besoin. Il faut
aller chercher les chutes dans des vallées souvent
abruptes et sauvages, au pied des cascades et dans le
lit des torrens. Les vents soufflent surtout sur des
hauteurs escarpées et de difficile accès. Ces forces,
subordonnées à la plus inconstante des causes, les
météores, sont comme eux intermittentes et variables.
Leur marche n'a rien de régulier ni leur intensité

d'uniforme. Tantôt elles sont faibles jusqu'à l'inertie et tantôt impétueuses jusqu'à la dévastation. Les rivières ne gardent ni le même niveau, ni la même rapidité. L'ardeur des étés les met à sec, les longues pluies les font déborder, la glace arrête le mouvement des usines, et parfois une inondation ou une débâcle les emporte. Les vents, symbole de continuelle variabilité, exposent, par leurs calmes ou par leur violence, les appareils qu'ils animent à de fréquens chômages ou à de graves dangers. Enfin, leur direction nous échappe et se montre, principalement en mer, plus contrariante qu'utile, car un seul vent pousse le navire dans la voie qu'il voudrait suivre ; tous les autres l'en détournent et lui font obstacle. La navigation trouve dans ces capricieux moteurs autant de périls que de secours et doit leur imputer la plupart des naufrages dont elle est victime. Quand à l'aéronautique, c'est l'action même du vent qui l'empêche de s'établir. Dans une atmosphère tranquille, elle serait déjà constituée.

On voit combien ces forces irrégulières, inégales, souvent gênantes, quelquefois funestes, répondent mal aux désirs d'une activité qui aurait besoin d'être permanente, facultative et pleine de sécurité. Leur appropriation n'avait donc pas le caractère d'un progrès définitif. La civilisation devait souhaiter plus et mieux. Elle demandait des moteurs à la fois puissans et souples, partout et toujours disponibles, aisés à diriger et à régler, capables en un mot de produire des effets utiles où nous voulons, quand nous voulons et comme nous voulons.

Mais de pareils agens ne se rencontraient pas dans le monde et, pour en acquérir la disposition, il fallait les créer. Alors surgit un problème d'une hardiesse singulière, celui de la production artificielle des forces mouvantes. Jusque là, l'homme s'était contenté d'en exploiter de toutes faites, se bornant à incliner, dans le sens de son avantage, quelques-unes de leurs résultantes, sans rien pouvoir sur leurs causes. Ces forces usurpées et pour ainsi dire dérobées ne lui appartenaient pas en propre et ne se pliaient que par contrainte à des fonctions qui les détournaient de leur fin. Il devait en être autrement de forces évoquées pour un but déterminé. Les agens choisis, suscités par nous, ont une grande supériorité d'aptitudes sur les mouvemens fortuits, indépendans et rebelles que nous assujettissons avec peine à nous servir. Ce sont des esclaves qui n'existent que par nous et ne travaillent que pour nous.

L'unique moyen d'appeler à l'activité les puissances cachées et virtuelles que comporte l'ordre du monde, mais qu'il n'a pas réalisées, était de surprendre les lois de la genèse des forces et de les appliquer méthodiquement. Cela supposait bien des connaissances acquises et des industries avancées. Aussi, cette conquête, œuvre de science et de raisonnement, appartient-elle à une époque récente, seule en position de la tenter avec succès.

Malgré ce qu'elle a de profondément original, cette nouvelle évolution dynamique continue logiquement la précédente. C'est encore l'action de fluides aériformes qui va être mise en œuvre, mais d'une façon différente : au lieu d'appliquer la force d'impulsion de gaz en mouvement, on utilise leur force de dilatation au moment où ils se forment. On produit ainsi le vent lui-même.

Tout corps, solide ou liquide, qui se convertit en vapeur, occupe, par suite de ce changement d'état, un

volume incomparablement plus grand et développe
une force expansive capable de produire de puissans effets. Cette loi si simple est la magique formule
qui nous livre un monde d'agens inconnus. Les substances susceptibles d'être aisément vaporisées possèdent, à l'état latent, un notable pouvoir de dilatation. Il suffit, pour le dégager, de les amener à changer
de condition physique, et la production des forces
mouvantes n'est plus qu'une question de vaporisation
par la chaleur.

Suivant que cette transformation s'accomplit d'une
manière soudaine, par déflagration, comme pour les
explosifs, ou lentement, par ébullition, comme pour
l'eau, on obtient deux classes d'effets dont les modes
d'action diffèrent et comportent des applications distinctes. La première, qui déploie en une fois et sur le
champ toute son énergie, donne de brusques décharges et des facilités de projection ou de rupture. La
seconde, dont l'expansion est graduelle, convient surtout aux travaux continus de l'industrie. Comme toujours, la force guerrière et destructive a été mise en
usage avant la force pacifique et féconde. Examinons-
les successivement.

§ I. — EXPLOSIFS

Un mélange détonant de salpêtre, de soufre et de
charbon met entre les mains de l'homme une force à
l'explosion de laquelle rien ne résiste. Pour donner
idée de la puissance de ce moteur, disons que la

combustion de la poudre donne instantanément de 200 à 600 fois son volume en gaz fixes, ce qui représente une pression de 200 à 600 atmosphères, et que la chaleur, développée jusqu'à 3,000 degrés par la combustion, porte ces gaz à plus de 4,000 fois le volume qu'ils occupaient avant (Bunsen). L'action produite équivaut, en définitive, à plusieurs milliers d'atmosphères, c'est-à-dire à une force d'expansion comparable à celle que la nature met en œuvre dans les éruptions des volcans et le soulèvement des montagnes. Armé d'un semblable pouvoir, l'homme peut déterminer dans le monde des effets d'une violence terrible, lancer des projectiles à des distances et avec une vitesse à peine croyables, soulever des masses énormes et briser les corps les plus durs.

La production et l'emploi de matières explosives exigeaient des artifices complexes et n'étaient possibles qu'au sein d'une civilisation très développée. Il fallait, non seulement imaginer des mélanges dont la nature ne fournissait pas d'exemple, mais encore apprendre à contenir et à diriger la redoutable force dégagée par leur combustion. Ces découvertes ont exigé des siècles d'application et des prodiges de sagacité. La locution populaire qui dénie aux simples d'esprit le mérite d'avoir inventé la poudre, exprime, sous forme ironique, une juste admiration pour les génies à qui nous en sommes redevables.

C'est du fond de l'Asie qu'est venue la connaissance de ces mélanges, d'abord très imparfaits et longtemps incapables de produire des effets balistiques. Dès une époque reculée, antérieure à l'expédition d'Alexandre, l'Inde et la Chine faisaient usage à la guerre de composés incendiaires où entraient du naphte, de l'huile de

naphte et d'autres substances très inflammables, unis à
du soufre et à des matières grasses ou résineuses. Ces
préparations comburantes, qui brûlent aisément et sont
difficiles à éteindre, parce que l'eau ne les mouille pas,
s'attachaient aux corps et les consumaient. Un com-
mentaire des *Védas* attribue à Viçvakarma, le Vulcain
de la mythologie hindoue, l'invention d'armes propres à
lancer ces feux, et le recueil des lois sanscrites connu
sous le nom de *Code Gentoo* les prohibe dans un
intérêt d'humanité. Le P. Amiot cite des écrivains
chinois qui mentionnent l'emploi de combinaisons analogues plus de quatre siècles avant notre ère. Ils parlent de « feu dévorant » *(ho-yao)*, de « boîte à feu »
(ho-toung), de « tube à feu » *(ho-toûng)* et de « globes
contenant du feu » *(lien-ho-kieou)* (1).

Quelque chose de ces combinaisons parvint-il à la
connaissance des Romains? On serait tenté de le
croire. D'après Dion Cassius, Caligula pouvait imiter
l'éclair et lancer la foudre, ce qui signifie sans doute
que ses artificiers savaient faire des sortes de fusées et
de pétards. Une description de Jules l'Africain (iiie siècle)
pourrait se rapporter à des composés de même nature.
Claudien mentionne des feux courant sur la terre et
des soleils tournans. La *falarique* des armées romaines,
sorte de javelot incendiaire lancé par des machines
dans les sièges (2), faisait une application de feux
volans.

On est mieux renseigné sur la composition qui, sous
le nom de *feu grégeois*, a joui d'une longue célébrité.
Vers la fin du viie siècle la notion des mélanges incen-

(1) *Supplément à l'art militaire des Chinois ; Mémoires sur
les Chinois*, t. VIII, p. 336.
(2) Lucain, *Pharsale*, VI, v. 198; Végèce, *De re militari*, IV, 18.

diaires usités dans l'extrême Orient, après s'être propagée dans l'Asie centrale, arriva jusqu'aux frontières
de l'Europe. Un architecte syrien, Callinique, en ayant
surpris le secret ou complété la recette (1), en livra la
connaissance aux Grecs du Bas-Empire, sous le règne
de Constantin Pogonat, et y recourut pendant le siège
de Constantinople par les Arabes (673). Grâce à ce
puissant secours, la flotte arabe fut incendiée à Cyzique.
Constantin Porphyrogénète érigea en secret d'État
cette préparation, dont une fabrique fut établie dans le
palais des Blaquernes, et en réserva le privilège aux
descendans de Callinique, regardé comme l'inventeur.

Pendant près de cinq siècles, les Byzantins réussirent à empêcher la divulgation de la précieuse recette
et le feu *grégeois* (grec) leur assura un avantage
signalé dans les sièges et les batailles navales, où,
faute d'armes à longue portée, on devait alors combattre de près. Mais, au commencement du XIII° siècle,
les Arabes parvinrent à pénétrer le secret de la composition byzantine et s'en servirent contre les chrétiens. Ils employèrent aussi ces feux dans les rencontres sur terre. Joinville nous a transmis le récit de
l'impression terrifiante que cet engin déloyal produisait
sur les chevaliers qui prirent part à la croisade de
saint Louis et sur leur chef même : « Toutes les foiz
« que nostre saint roy ooit que ils nous getoient le feu
« grejois, il se vestoit en son lit et tendoit ses mains
« vers Nostre-Seigneur, et disoit en plourant : Biau
« sire Diex, gardez-moi ma gent (2).»

---

(1) Le feu grégeois ne différait des feux incendiaires antérieurs,
à base de poix, de résine, et de soufre que par une addition de
salpêtre, premier pas vers la découverte de la poudre.
(2) *Mémoires*, « Comment Damiete fu prinse ».

Enfin les recherches des alchimistes mirent les Occidentaux en possession de ce composé mystérieux qui devint bientôt vulgaire. Froissart en mentionne plusieurs fois l'emploi dans les guerres du xive siècle, notamment au siège de Romorantin par les Anglais (1356). Au milieu du siècle suivant, la plupart des États de l'Europe, la France, l'Angleterre, l'Espagne, la Hollande, etc., faisaient un usage commun du feu grégeois, et les Turcs même en projetèrent sur les Grecs au siège de Constantinople (1).

A partir de la Renaissance, ce composé tomba si complétement en désuétude que sa formule, alors connue de tout le monde, a pu passer pour perdue. On en possède pourtant des recettes (2). De nos jours même, les Allemands ont lancé par milliers sur Paris, sans beaucoup d'effet, des projectiles incendiaires pleins d'un mélange de salpêtre, de soufre et de résine presque identique au feu grégeois. La science contemporaine ne serait guère embarrassée pour retrouver ce secret, s'il était de quelque prix, ou même pour découvrir des combinaisons supérieures (3). Mais l'oubli où cette préparation, jadis si célèbre, est tombée depuis quatre siècles, tient uniquement à ce qu'elle ne valait pas la peine d'être conservée. Les inventions utiles ne sauraient périr. Au moment où s'efface dans l'histoire la trace du feu grégeois, la civilisation disposait d'un agent bien autrement efficace, la

(1) Ludovic Lalanne, *Mémoire sur le feu grégeois.*

(2) Voy. les recherches de MM. Reynaud et Favé, *Journal asiatique.*

(3) Telles que le *feu fénian*, solution de phosphore dans du sulfure de carbone, qui s'enflamme spontanément à l'air, et le *feu lorrain* de Nicklès, mélange de chlorure de soufre et de sulfure de carbone qui, dès qu'on projette sur lui de l'ammoniaque, brûle avec des flammes intenses....

poudre à canon. Les mélanges comburans ne pouvaient lui être opposés, car elle permettait d'atteindre de loin ceux qui auraient voulu s'en servir de près, et, devenant inutiles, à cause de leur peu de portée, ils furent bientôt abandonnés. Une préférence exclusive s'attacha aux mélanges détonans dont l'emploi devait produire en peu de temps, dans la tactique militaire, une révolution que le feu grégeois, après une pratique de sept siècles, n'avait pas pu déterminer. Cette supériorité du nouvel agent est due à ses applications balistiques.

Deux corps, le soufre et le charbon, qui se consument aisément et se changent en gaz élastiques, associés au salpêtre qui active la combustion en fournissant l'oxygène nécessaire, constituent les élémens de notre explosif le plus usuel. La découverte de composés de ce genre paraît avoir été faite par les Chinois plusieurs siècles avant notre ère ; mais ce peuple peu progressif n'a pas su tirer parti de sa trouvaille. Dans l'immuable Empire du Milieu, l'invention de la poudre qui, comme celles de la boussole et de l'imprimerie devait si rapidement transformer la civilisation en Europe, n'a servi qu'à confectionner des artifices. C'est qu'il faut plus de génie pour féconder une découverte que pour la faire. Le hasard favorise souvent l'inventeur ; mais pour arriver à des résultats sérieux, beaucoup de raisonnement est nécessaire. Des enfans qui jouent peuvent trouver des combinaisons d'effets singulières ; elles seront inutiles et perdues si des hommes ne s'en emparent pour en tirer les conséquences.

Ancienne dans l'extrême Asie où les nitrates abondent, la connaissance des poudres salpêtrées semble être parvenue en Europe en même temps que celle des mélanges incendiaires. Une des trois sortes de feux dont Callinique avait communiqué le secret à Constantin Pogonat, semble s'être rapprochée de la poudre. Marcus Græcus, que l'on croit avoir vécu au IX⁰ siècle, donne une recette pour composer de la poudre avec six parties de salpêtre, une de soufre et deux de charbon de saule. Ce mélange servait, dit-il, à faire des fusées et des pétards (1). Les Arabes, après avoir appris dans l'Inde la fabrication de la poudre (2), introduisirent sa préparation en Egypte où le nitrate est aussi commun. L'Europe, qui n'a connu cette substance qu'assez tard, à titre de produit étranger, et n'a su l'extraire avec quelque abondance de son sol qu'à la fin du XVIII⁰ siècle, n'était pas prédestinée à la découverte de la poudre ; mais elle en a fort amélioré la composition et surtout démesurément étendu l'emploi.

Les premières poudres, chinoises, indiennes ou arabes, faites avec des matières impures et mal préparées, ne produisaient que des effets incertains. Tantôt elles fusaient, tantôt elles détonaient, ce qui déroutait les expérimentateurs et occasionnait des accidens. Pour obtenir, par une déflagration brusque, de puissans effets d'explosion, il fallait employer des substances épurées, et leur traitement impliquait des connaissances au moins empiriques de chimie. Dans le cours du XIII⁰ siècle, on apprit à raffiner le salpêtre en éliminant, à quelques centièmes près, les substances étrangères qui nuisaient à la régularité de la combus-

______

(1) « Tunica ad volandum, » « tunica ad tonitruendum » (*Liber ignium ad comburendos hostes*). Cité par Aug. Demmin, *Histoire des armes anciennes*, 1869.

(2) Ils appellent le salpêtre « neige chinoise ou indienne » (*Thely-sini*). Les Persans le désignent sous le nom de « sel chinois ou indien » (*nemek-tschini*).

tion. Il devint alors possible de fabriquer des poudres vraiment détonantes. L'origine de cette grande découverte est obscure. On y arriva sans doute par une suite de tâtonnemens. Les savans qui essayèrent ou firent connaître la composition de ces mélanges passèrent pour les avoir inventés. Tels furent Roger Bacon (1), Albert le Grand (2), l'Arabe Al-Marco, etc. Mais Roger Bacon, le premier en date, loin de revendiquer la gloire que lui attribue la tradition populaire, se borne à mentionner la poudre comme une curiosité servant à faire, en divers pays, des jouets d'enfans. A partir de la fin du xiiie siècle, la découverte est fixée et de nombreux documens, tant arabes que latins, renseignent sur la fabrication et l'emploi de la poudre.

Néanmoins, pendant plusieurs siècles encore, la composition du mélange fut variable et mal raisonnée. Des expériences répétées et des observations suivies pouvaient seules indiquer la proportion des substances la plus favorable à l'effet qu'on voulait produire, car, pour que la combustion pût s'opérer en lieu clos, le composé devait porter en lui une quantité suffisante d'oxygène (3). Après une période d'essais, la recette de la poudre fut définitivement arrêtée dans le courant du xvie siècle et, depuis elle n'a guère subi de modifications quant à la nature et à la proportion de ses élémens. Nos poudres actuelles de chasse contiennent 78 0/0 de nitre, 11 de soufre et 11 de charbon; nos poudres de

(1) *Opus majus*, antérieur à 1268.
(2) *De mirabilibus mundi*, 1280.
(3) Le mode de préparation avait aussi de l'importance. Au début, on employait la poudre sous forme de galettes massives ou de poussière (d'où le nom de *poudre*). L'invention du grenage est peut-être due à Berthold Schwartz (1354). En France, la production d'une poudre à grains égaux et propres, qui seule donne des effets normaux, n'a officiellement commencé qu'en 1525.

guerre, 75 0/0 de nitre, 13 de soufre et 12 de charbon enfin, la poudre de mine, 65 0/0 de nitre, 20 de soufre et 15 de charbon. Les deux premières l'emportent au point de vue du travail mécanique et de la force vive à communiquer aux projectiles.

Après ces composés, simples mélanges de substances qui ne se combinent qu'en brûlant, sont venus des « composés définis » où les substances associées, intimement unies par une combinaison chimique, détonent sous l'influence d'une réaction interne de leurs élémens. La liste en est déjà longue et s'accroît d'année en année.

Depuis la fin du dernier siècle, on a découvert des explosifs d'une puissance supérieure à celle de l'ancienne poudre. La chimie ayant alors révélé des combinaisons tellement instables qu'elles détonent au moindre choc, on eut aussitôt l'idée d'en tirer parti. Le *chlorate de potasse*, trouvé par Berthollet, en 1786, a une force d'expansion triple de celle de la poudre; mais l'extrême danger de ses manipulations a fait abandonner la pensée de l'employer au chargement des armes de guerre et son usage est limité à la fabrication d'amorces fulminantes. On se sert pourtant de poudres au chlorate de potasse (chlorate 75 0/0, soufre 12,5, charbon 12,5) pour le tir de petits projectiles avec les armes dites « de salon » et pour la confection de bombes infernales. Le *fulminate de mercure*, dû à Howard (1800), est utilisé pour faire des capsules. Citons encore le *picrate de potasse*, résultant d'une combinaison de potasse et d'acide picrique. Ce mélange, expérimenté en 1859 par M. Bobeuf, sert à préparer, avec du chlorate de potasse, des explosifs d'une force extrême, usités pour torpilles.

Le *coton-poudre*, découvert en 1846 par Schonbein, est une combinaison de coton et d'acide azotique. Sa puissance, trois fois plus grande que celle de la poudre, l'aurait rendu précieux pour le chargement des armes de guerre, si sa violence et des accidens de combustion spontanée n'avaient forcé d'y renoncer. Ses propriétés brisantes sont, au contraire avantageuses pour le tirage des mines, depuis qu'un chimiste anglais, M. Abel, l'a rendu maniable par un artifice de préparation. Additionné de chlorate de potasse, le coton-poudre acquiert, par suite de la chaleur de combustion, une prodigieuse énergie.

La *nitro-glycérine*, trouvée par Sobrero en 1847, provient de la réaction de l'acide nitrique sur la glycérine. C'est un liquide d'aspect oléagineux dont la force d'explosion est à celle de la poudre dans le rapport de 10 à 4. L'instabilité de ses élémens fait qu'elle détone sous le choc et rend son emploi dangereux. Cependant, les Anglais, les Suédois et les Américains s'en servent dans les travaux des mines.

Comme les inconvénients de la nitro-glycérine résultent de sa liquidité, l'ingénieur suédois Nobel a imaginé de préparer avec cette substance un composé solide, moins sensible et moins périlleux, la *dynamite*, qui date de 1867. On l'obtient en faisant absorber la nitro-glycérine par des sables poreux, de l'alumine, du sucre, etc. Ce produit concilie une redoutable puissance d'explosion et une sécurité parfaite de maniement. On l'emploie au tirage des mines, pour rompre des roches, des glaces accumulées, des masses de métal, abattre les arbres, renverser des murs, détruire des ponts, etc. En 1877, on estimait à 5,000,000 de kil. la production de dynamite dans le monde entier.

Depuis la découverte de cet explosif foudroyant, on a proposé une multitude de composés analogues, également dérivés de la nitro-glycérine, la *dynamite* n° 2, la *paléine*, la *dualine*, la *scranine*, le *lithofracteur*, etc.; mais la dynamite-type est seule entrée largement dans la pratique courante.

Mentionnons enfin la *panclastite*, dont le nom (qui signifie *brise-tout*) indique la puissance. Elle serait aussi supérieure à la dynamite, que la dynamite l'est à la poudre. Découverte à Paris, par M. Turpin, en 1870, elle se compose d'acide hypoazotique, jouant le rôle de comburant, et d'un corps (pétrole, essence minérale, huile commune...) jouant celui de combustible. Elle a l'avantage de pouvoir être employée liquide et préparée sur place, sans que le transport de ses élémens soit périlleux.

Mais aucune de ces compositions ne paraît devoir supplanter, dans ce que sa fonction a d'essentiel, l'ancienne poudre, restée seule en usage pour les armes de chasse ou de guerre, à raison de sa stabilité relative, qui permet de la manier sans danger, et de la vitesse modérée de sa déflagration qui empêche les effets brisans. Elle est donc, par ses qualités moyennes, la mieux appropriée au mode de tir dont nous allons étudier les développemens.

Dès qu'on eut des poudres capables de détoner, on en fit l'application aux armes de guerre, et le nom même de *poudre à canon* que le mélange porte depuis six siècles, atteste la prépondérance de cet emploi. Le nouvel agent donnait en effet le moyen de lancer des projectiles avec plus de force que ne pouvaient le faire les appareils névro-balistiques. Toutefois sa mise en

œuvre rencontrait de grandes difficultés. Il fallait inventer des engins capables de contenir et d'utiliser
une puissance formidable d'explosion. Ces instrumens
de projection devaient être métalliques pour opposer
de la résistance et tubulaires pour envoyer la charge
vers un but déterminé. La création de ce matériel appartient aux peuples de l'Occident. Si la poudre a été
trouvée au fond de l'Asie, c'est en Europe seulement
qu'elle a reçu des applications étendues, et cette découverte prime l'autre puisqu'elle lui a donné toute sa
fécondité.

Avant nous, pourtant, les Chinois semblent avoir
essayé de s'engager dans cette voie. Au x⁰ siècle, ils
avaient des « chars à foudre, » désignés dans leur langue
par l'onomatopée expressive de *pao*. Plus tard, ces
appareils sont mentionnés dans une expédition du
général tartare Sou-Bou-Tai, et, en 1255, un siècle
avant Crécy, son petit-fils avait un corps d'artilleurs
chinois (1). Mais l'interprétation de ces engins paraît
contestable. Marco-Polo qui, au milieu du xIII⁰ siècle,
parcourut la Chine et y fit un long séjour, qui même
assista, devant San-Fiu, à un siège de trois ans, ne
parle pas de bouches à feu. D'après sa relation, la ville
ne se rendit que lorsque les assiégeans eurent, sur ses
indications, construit trois grandes catapultes. Malgré
les tentatives mentionnées à diverses époques dans ses
annales, la Chine n'a jamais réalisé de progrès en artillerie, et quand, au xvi⁰ siècle, la poudre, ayant fait le
tour du monde, revint aux lieux d'où elle était originaire, il fallut enseigner à ses premiers inventeurs la
manière de s'en servir. Duhalde rapporte que, en 1621,

____

(1) Ampère, *la Science et les Lettres en Orient*, p. 69.

les Chinois, ayant reçu des Portugais de Macao trois canons de marine « avec leurs servans, » les employèrent pour effrayer les Tartares. Bientôt après, le jésuite Adam Schéel, étrange missionnaire, leur apprit à fondre des canons. Néanmoins, les Européens ont pu s'assurer naguère que les soldats du Céleste Empire étaient encore novices dans le maniement des armes à feu, et, durant la campagne de 1862, les batteries chinoises faisaient courir plus de dangers à leurs artilleurs qu'aux Anglo-Français.

Quelques documens assez vagues font attribuer aux Arabes les premières applications balistiques de la poudre en Europe. D'après l'historien espagnol Conde (1), ils auraient fait usage de canons au siège de Niebla, en 1259. Des canons arabes figurent de nouveau dans l'histoire au siège de Baeça, autre ville espagnole, en 1323. A l'imitation des Arabes, les peuples chrétiens adoptèrent ces engins dont le bruit frappait les ennemis d'épouvante. En 1301, « une grande bouche à feu » est confectionnée à Amberg (Allemagne). Gand avait des « pierriers » en 1313. En 1325, la république de Florence fait fabriquer des canons de métal et des boulets de fer pour la défense des châteaux-forts (2). L'ordre Teutonique possédait de « grands canons » en 1328. On voit paraître des canons à l'attaque de Cividale (1331), au siège de Puy-Guillem, en Auvergne (1338); une fabrique de canons est établie à Cahors en 1345, etc. Depuis lors, les mentions historiques abondent, attestant un emploi devenu fréquent de l'arme nouvelle. Dès la fin du xive siècle, elle avait pénétré jusqu'en Russie (1389) et en Suède (1400).

(1) *Histoire de la domination des Arabes en Espagne.*
(2) Aug. Demmin, *Histoire des armes anciennes.*

Ces canons ou *bombardes* (du bas latin *bombus*, bruit) furent d'abord associés aux vieilles machines de siège, balistes et catapultes. Le *Livre des faits d'armes et de chevalerie*, écrit sous Charles VI par Christine de Pisan, fait figurer dans les combats de l'époque, avec des bouches à feu déjà nombreuses, des mangonneaux, de grandes arbalètes et d'autres engins qui sans doute valaient les canons puisqu'ils trouvaient place à côté d'eux. Mais ceux-ci, progressant plus vite, ne tardèrent pas à prendre le premier rôle et accaparèrent le nom « d'artillerie » attaché dans le principe à la classe des appareils névro-balistiques dont l'usage, néanmoins, persista jusqu'au xvie siècle.

L'artillerie nouvelle, parcourant les mêmes phases d'évolution que l'ancienne, après avoir été comme elle stationnaire au début et limitée aux opérations de siège, devint mobile et fut transportée sur les champs de bataille. L'initiative de ce progrès qui devait exercer une influence décisive sur l'art militaire, fut prise par les Anglais. Les trois canons de Crécy (1346) sont les premiers qui aient paru dans un combat en rase campagne et, suivant l'historien Villani, contribuèrent au résultat de la journée. Les autres peuples durent se conformer à cet exemple et, à dater du milieu du xive siècle, la plupart des armées sont accompagnées de canons.

Enfin, en 1376, les navires de guerre et de commerce commencèrent à se munir d'artillerie. Son emploi introduisit dans les luttes maritimes une puissance de destruction plus effrayante encore que sur terre parce qu'elle menaçait à la fois les combattans et leur fragile support.

Ainsi, en moins d'un siècle, la poudre à canon avait

envahi en Europe tout le théâtre de l'action militaire. Etudions maintenant la disposition des armes à feu.

Bien avant la connaissance des mélanges explosifs, on s'était servi de tubes pour assurer la rectitude du tir. Des sauvages mêmes, dans l'Amérique du Sud et les îles de la Sonde, font usage de sarbacanes pour lancer de petites flèches. Les Romains avaient des catapultes dont le bras, après sa détente, venait heurter un projectile en forme de boulet et le chassait dans un tube. De même, le moyen âge, en perfectionnant l'arbalète, était arrivé à des « arquebuses » où la gorge ouverte de la première se trouvait remplacée par un canal. Enfin, au IXe siècle, les Byzantins et, plus tard, les Arabes, projetaient le feu grégeois à l'aide de tubes de bronze. Il y avait peu à faire pour adapter ces armes au moteur nouveau. Toute la difficulté consistait à leur donner une force de résistance supérieure à la puissance d'explosion de la poudre, de manière que la force vive passât dans le projectile.

Jusqu'au milieu du XIVe siècle, les canons se composèrent d'un assemblage de bandes de fer renforcées par de gros anneaux, mode de construction le plus défectueux qui se puisse imaginer. Ces pièces, forgées et cerclées, étaient ouvertes aux deux extrémités et se chargeaient à l'aide d'une culasse à boîte qu'on calait avec soin à chaque charge. D'aussi périlleux engins étaient fort exposés à éclater. Un *Traité de canonnerie*, publié en 1561, recommande au canonnier « d'honorer « Dieu et de craindre un peu plus de l'offenser que nul « homme de guerre; car, toutes les fois qu'il fait jouer « sa pièce, il a son mortel ennemi devant luy » (1). Pour

____

(1) Général Susane, *Histoire de l'artillerie française*, p. 94.

prévenir le danger, les canonniers se mettaient sous la
protection de sainte Barbe, invoquée à titre de patronne, sans qu'on en sache la raison, sinon que, d'ordinaire, elle est représentée dans une tour.

Un progrès notable fut réalisé quand on sut faire
d'une seule pièce des canons, d'abord fondus, puis
forés. Ce perfectionnement semble appartenir à l'Allemagne, alors un des pays les plus avancés de l'Europe
dans la pratique de la métallurgie. Un document découvert à la Bibliothèque de Paris, en 1838, attribue
la découverte du bronze à canons à Berthold Schwartz,
cordelier de Fribourg, qui l'aurait faite en 1354. Le
procédé pour fondre les canons fut porté par lui à Venise,
en 1378, et les Vénitiens se servirent de ses pièces au
siège de Chiozza (1380). On fait maintenant des canons
d'acier, moins lourds et plus résistans.

Le progrès des bouches à feu s'est développé dans
une double direction, suivant qu'on recherchait en elles
la puissance ou la mobilité. On n'est parvenu que très
tard à concilier ces deux avantages qui semblaient
s'exclure.

Destinés d'abord à l'attaque ou à la défense des places fortes, les canons devaient surtout valoir par le
poids et la portée de leurs projectiles. En conséquence,
on s'appliquait à faire des pièces aussi grandes que
possible. Les historiens du xve siècle en mentionnent
de proportions étonnantes. Au Mont-Saint-Michel, on
voit encore deux énormes pièces, « *les Michelettes*, »
en place depuis 1423. Mais on reconnut vite que l'effet
de ces canons monstrueux n'était pas en rapport avec
leur taille et la difficulté des manœuvres fit qu'on y
renonça bientôt. Néanmoins, les canons de rempart,
de siège et de marine ont toujours conservé des dimen-

sions supérieures. Actuellement, on arme les navires cuirassés de canons gigantesques, longs de dix mètres, pesant jusqu'à 100 et même 120 tonnes (sans compter l'affût qui en pèse plus de 80), et pouvant lancer avec des charges de 300 à 350 kilog. de poudre, des projectiles de plus de 1,000 kilog. dont la vitesse initiale atteint 600 mètres par seconde et développe une force vive capable de percer des plaques d'acier de 1 mètre d'épaisseur à peu de distance de la bouche ou de 0^m75 à 2,500 mètres. Mais les frais de ces pièces colossales ne sont pas moins énormes qu'elles et chacun de leurs coups revient, suivant la nature des projectiles, à 2 ou 3,000 francs.

Les petites pièces destinées à suivre les armées en campagne devaient, au rebours, être peu lourdes, afin de rester mobiles, et l'on diminua leur poids autant qu'on put le faire sans nuire à leur solidité. L'usage s'en répandit promptement. Dès la fin du xɪvᵉ siècle, les annalistes les dénombrent par milliers dans les opérations militaires. Selon Froissart, les Anglais avaient 400 de ces canons à l'assaut de Saint-Malo (1376). En 1411, l'armée du duc d'Orléans comptait, d'après Juvénal des Ursins, 4000 « que canons, que coulevrines ». Enfin, Philippe de Commines rapporte qu'à la bataille de Morat (1476), les Suisses n'avaient pas moins de 10,000 coulevrines. Comme leur nombre et leur nom même l'indiquent (1), c'étaient là des bouches à feu assez légères pour pouvoir être portées à bras, dressées sur un affût en forme de fourche, et d'un calibre comparable à celui des mousquets de rempart. Elles ne lançaient qu'une ou deux livres de plomb, alors que les

---

(1) *Canon* dérive de *canne*, *coulevrine* de *couleuvre* et *serpentine* de *serpent*.

bombardes du XIVe siècle projetaient des boulets de 200 livres.

Jusqu'au XVIe siècle, les pièces de siège furent montées à demeure sur des échafaudages de charpente, et leur manœuvre, exécutée au moyen de cabestans, souvent à l'aide de bœufs ou de chevaux, s'effectuait avec tant de lenteur qu'à peine pouvaient-elles faire feu plus d'une fois en un jour. On lit dans la *Chronique de Metz* que, en 1437, un bombardier qui pouvait tirer sa pièce trois fois le jour fut accusé d'art magique et envoyé à Rome pour se faire absoudre (1). Les petites pièces de campagne n'avaient guère un tir plus expéditif. Il ressort d'une assertion positive de Machiavel que, de son temps, un canon ne pouvait pas être déchargé plus de deux fois dans une bataille. Les historiens de l'époque rapportent comme un fait notable que, en 1546, les cent bouches à feu de l'armée de la ligue de Smalcade tirèrent, durant un combat de neuf heures, 750 boulets, ce qui implique, pour chaque pièce, un intervalle moyen d'une heure et quart entre deux coups.

Encore ces décharges faisaient-elles généralement plus de bruit que de mal. Le sceptique Montaigne écrit : « Sauf l'estonnement des aureilles à quoy desormais « chacun est apprivoisé, ie crois que c'est une arme « de fort peu d'effect et espère que nous en quitte- « rons un iour l'usage (2). » De même, Montluc, parlant dans ses *Commentaires* des piques, hallebardes et épées à deux mains, les juge préférables aux arquebuses et dit : « Ce sont les plus furieuses armes, car « s'amuser à ces escopeteries, c'est temps perdu. » Cette appréciation est reproduite par un homme doué

(1) Général Susane, *Histoire de l'artillerie française*, p. 65.
(2) *Essais*, liv., I, ch. 48.

du génie politique le plus clairvoyant : Machiavel regarde l'artillerie comme une arme insignifiante contre des soldats aguerris et bonne seulement pour effrayer les poltrons par de bruyantes pétarades (1). Gardons-nous, néanmoins, de triompher avec trop d'orgueil du démenti infligé par le temps à ces opinions. Un peu de modestie ne messiérait pas aux modernes. Dans les batailles d'autrefois, quand on s'abordait corps à corps, à l'arme blanche, presque tous les coups portaient. Depuis qu'on se bat de loin, avec des armes à feu, la plupart des projectiles se perdent. Il résulte d'un travail fait en France, en 1846, que le nombre des soldats atteints est à celui des cartouches brûlées dans la proportion de 1 à 10,000. Ainsi à la prise d'Alger, 3,000,000 de coups de fusil furent tirés pour mettre hors de combat 300 hommes ! On calcule que chaque soldat tué par l'ennemi lui coûte à peu près son poids en plomb...

C'est principalement à partir du XVIIe siècle que l'artillerie, constituée à l'état d'arme spéciale, prend une organisation distincte et réalise de grandes améliorations. On régularise le calibre des pièces, très divers à l'origine, ce qui compliquait les approvisionnemens et le service ; on accroît la portée et la justesse du tir ; enfin, on cherche à rendre moins difficiles le transport et la manœuvre des canons. L'idée de les établir sur affûts à roues et de les suspendre par des tourillons, d'où résulte le pouvoir de les diriger dans tous les sens, paraît remonter à la fin du XVe siècle. Lorsque, en 1494, Charles VIII descendit en Italie, il conduisait avec lui un équipage de 140 canons en bronze, montés sur affûts

____

(1) *Discours sur Tite-Live*, liv. II, ch. 17.

roulans, qui fit l'admiration et l'effroi des Italiens. Mais la création d'affûts à la fois légers et solides, présentait de telles difficultés qu'on parvint seulement à les surmonter au XVIIIᵉ siècle, grâce à Vauban, à Frédéric II et surtout à Gribeauval (1765). Depuis lors, l'artillerie, ayant la même liberté de mouvemens qu'une armée en marche, a vraiment mérité le nom de *volante*. De ce moment aussi elle a pris dans la stratégie une importance capitale, et l'emploi de cette arme préférée a procuré aux grands victorieux du XIXᵉ siècle leurs triomphes les plus signalés.

Au point de vue de la portée et de la rectitude du tir, notre âge a introduit dans la disposition des bouches à feu un perfectionnement très avantageux en substituant aux anciens canons, à âme lisse, des canons munis intérieurement de rayures en hélice qui imposent aux projectiles, enveloppés d'une chemise de plomb et forcés, une direction précise. Ce système est dû à MM. Tamisier et Treuille de Beaulieu, dont les expériences datent de 1842. Essayés d'abord dans la campagne de Kabylie (1856), les canons rayés contribuèrent, la même année, au succès des armées françaises en Italie. Tous les peuples civilisés se sont empressés de les imiter.

Au progrès des bouches à feu devait correspondre celui des projectiles. A l'origine, on employait fréquemment des boulets de pierre (marbre, grès, lave, granit...), et les pièces qui les lançaient prirent le nom de « pierriers ». Froissart parle de « ces pierres d'engin qui « baillaient de si bons horions qu'il semblait à vrai « dire que ce fût foudre qui chût du ciel quand elles

« frappaient contre les murs du châtel (1). » Pourtant,
dès le xve siècle, on savait fondre des boulets de
métal, qui, à raison de leur densité, avaient plus de
portée et d'action. Sous Louis XI, on trouva le moyen
de les faire en fonte. Rabelais décrit en se jouant une
artillerie de « canons, serpentines, coulevrines, bom-
« bardes, basilics, jectans boulletz de fer, de plomb,
« de bronze, pesans plus que grosses enclumes,
« moyennant une composition de poudre horrifique,
« de laquelle nature même est esbahie... (2) ».

L'invention des boulets rouges est ancienne. César
raconte que les Gaulois, assiégeant un camp romain,
« y lançaient des boules d'argile rougies au feu (3)
« pour incendier les huttes des soldats couvertes en
« chaume, à la mode du pays, et mirent ainsi le feu
« partout. » Ce furent encore les Français qui, assiégés dans Cherbourg, en 1418, envoyèrent les premiers
boulets rouges dans le camp des Anglais. Un manuscrit du xve siècle, de la collection d'Ambras, à
Vienne, montre, dans une miniature, un canonnier
qui charge sa pièce par la culasse, avec des boulets rougis sur un brasier (4). — Les boulets ramés
furent imaginés de bonne heure pour ravager la mâ-
ture et les agrès des vaisseaux. — Dès le xve siècle,
on sut fabriquer des projectiles explosifs. Les bombes,
dont peut-être les Vénitiens avaient essayé l'usage au
siège de Jadra (1376), passent pour avoir été inventées
par un prince de Rimini, au nom prédestiné, Malatesta,
mort en 1457. Elles furent employées, en France, au

(1) *Chroniques,* année 1344.
(2) *Pantagruel,* liv. IV, ch. LXI.
(3) « *Ferventi fusili ex argila glandes.* » (*Guerre des Gaules,*
liv. V, ch. XLIII.)
(4) **A.** Demmin, *Histoire des armes anciennes.*

siège de Mézières (1521) et perfectionnées pendant les
guerres de Flandre, en 1588. Les bombes et obus se
sont graduellement substitués, à partir du xviie siècle,
aux anciens boulets pleins et les remplacent presque
entièrement aujourd'hui, sauf quand il s'agit de battre
des fortifications ou de couler des vaisseaux. — Le tir
à mitraille qui, à de petites distances, produit des
effets terribles en couvrant d'une pluie de fer des troupes
serrées, paraît dater du xvie siècle. D'après quelques
auteurs, on y aurait eu recours à Marignan, au siège
de Vérone, etc.; suivant d'autres, Gustave-Adolphe en
aurait le premier fait emploi dans la guerre de campagne.
Récemment, on a cherché à régulariser le tir à mitraille par l'invention, due à M. de Reffye, des *mitrail-
leuses* ou canons à balles, qui envoient à 2,000 mètres
de distance des séries de petits projectiles et fauchent
une largeur d'horizon. — Enfin, les canons rayés se
chargent avec des boulets ogivo-cylindriques, munis
d'ailettes, et qui, perçant l'air par un mouvement de
rotation sur leur axe, conservent une extrême justesse
de direction.

Les méthodes de projection ont été modifiées en vue
d'obtenir des effets divers à l'aide de feux, soit directs,
soit courbes. On ne connut d'abord que le tir horizontal des canons, le projectile étant lancé à pleine
portée. Vauban découvrit le *tir à ricochet* (dont
il fit le premier usage au siège d'Ath, en 1697), et
démontra par expérience qu'un boulet tiré avec une
charge réduite, fait plus de mal, en rebondissant par-
dessus un obstacle, que s'il était envoyé de plein fouet
pour le pénétrer. En 1822, Paixhans opéra dans l'artillerie de marine une révolution analogue par l'invention
de canons-obusiers qui portent son nom et dont les

projectiles creux, animés, à raison d'une moindre charge, d'une force de pénétration plus faible, sont pourtant plus redoutables.

Au tir horizontal des canons vint se joindre le tir parabolique des bombardes et mortiers qui lancent les projectiles en hauteur, sous un angle plus ou moins rapproché de 45°. L'emploi des bombes paraît avoir été plusieurs fois tenté, puis abandonné, leur tir étant incertain et périlleux. Au xviiᵉ siècle, la théorie de ces projectiles fut régularisée par l'étude géométrique des courbes que décrivent leurs trajectoires.

Dès les premiers temps où se constituèrent les armes à feu, on s'efforça de les rendre portatives et de généraliser leur emploi ; mais le succès en ce sens était plus malaisé que la création de pièces d'artillerie, parce qu'il fallait unir, sous des dimensions réduites, la légèreté, la solidité et la précision.

Dans la seconde moitié du xivᵉ siècle et plus fréquemment au xvᵉ, les historiens mentionnent des pièces de petit calibre, appelées *canons à main* ou *coulevrines*. Il ne faut pas voir autre chose dans ces *canons* qui figurent parfois en si grand nombre sur les champs de bataille du temps. Ces armes, un peu améliorées, prirent le nom d'*arquebuses*. Elles n'étaient pas encore très répandues au commencement du xviᵉ siècle, lorsque la bataille de Pavie, dont le résultat fut en partie dû aux arquebusiers espagnols, appela sur elles l'attention. Brantôme rapporte que la mère de François Iᵉʳ, régente du royaume, « envoya par toute la France et « principalement ès bonnes villes, tant de frontières que « autres, des commissaires... pour leur recommander « entre autres choses surtout qu'ils eussent à se pourvoir

« et garnir de bons *haquebus*, armes seules et propres
« dont les ennemis s'en étaient si bien pourvus et aidés
« à défaire le roi et son armée en cette bataille. A quoi
« obéirent les villes et le pays, non pour en user, mais
« pour en faire leur provision seulement, car ils demeu-
« rèrent longtemps sans s'en pouvoir accommoder,
« tant ils aimaient leurs arbalètes. Du depuis, il y a
« environ soixante ans, ils s'en sont si bien accommo-
« dés qu'ils en font leçon aux autres (1). » L'arme
nouvelle se propagea vite en Europe et la Russie même
l'adopta. Le corps des *Strélitz*, organisé par Iwan IV
en 1553, était une compagnie d'arquebusiers.

Les *canons à main* du XIVe siècle se réduisaient à un
tube, sans fût ni batterie, simplement percé d'une
lumière pour mettre le feu. Les arquebuses à *croc*, qui
leur succédèrent, étaient montées sur un fût droit,
muni d'un crochet en forme de fourche. Ces armes,
longues d'un mètre et demi et pesant de 25 à 30 kilog.,
exigeaient pour leur manœuvre deux servans, dont
l'un visait, tandis que l'autre allumait au moyen d'un
« boute-feu ». On ne tarda pas à imaginer des mécanismes pour remplacer l'aide et mettre le coup à la
disposition du visant. L'arquebuse à *mèche*, déjà plus
portative, se plaçait également sur un support fourchu,
mais partait par un mécanisme à détente qui abaissait
sur l'amorce une mèche allumée. Comme la nécessité
d'avoir constamment du feu pour faire usage de l'arme
la rendait souvent inutile, on inventa (Nuremberg, 1515)
les arquebuses à *rouet* où la mèche était remplacée par
un rouet d'acier cannelé qui provoquait l'explosion en
produisant des étincelles sur un silex. Ainsi modifiée,

(1) *Vie des grands capitaines*, ch. CXXXVIII.

l'arquebuse porta le nom de *mousquet*. Selon Brantôme, l'usage s'en établit dans les Pays-Bas, sous le gouvernement du duc d'Albe. En 1621, les gardes à cheval du roi Louis XIII ayant été armés de mousquets, furent appelés *mousquetaires*. Enfin, vers le milieu du XVIIe siècle (de 1630 à 1670), on substitua en France une platine en acier au rouet incommode des anciens mousquets, et ces arquebuses à *fusil* (c'est-à-dire à pierre (1), furent bientôt appelées simplement *fusils*. Malgré sa supériorité, le fusil à pierre se répandit lentement. Le premier régiment de *fusiliers* en France date de 1701. Peu après (1703), Vauban fit armer de fusils toute l'infanterie française dans les mains de laquelle les piques avaient jusqu'alors prédominé, comme le montrent les compositions de Callot. L'exemple fut si promptement suivi qu'à la bataille de Blenheim (1704), où combattirent des contingens français, anglais, impériaux, prussiens, danois, hollandais, hessois et bavarois, toutes les troupes de pied étaient armées de fusils.

Un siècle et demi après leur invention, les fusils à *pierre* subirent une transformation nouvelle et se changèrent en fusils à *percussion*. Lorsque Berthollet eut découvert le chlorate de potasse qui détone sous le choc, l'idée vint d'appliquer cet explosif à la confection d'amorces fulminantes. Le fusil à *marteau* ou à *piston* qui les utilise, est dû à l'armurier écossais Forsith, dont le brevet date de 1807. L'artifice des capsules en cuivre destinées à contenir la substance détonante, fut imaginé par Prélat. Ces fusils perfectionnés, moins exposés aux influences hygrométriques que les fusils à pierre, furent d'abord des armes de luxe et ne servirent qu'en

---

(1) Le *briquet* s'appelait autrefois *fusil* de l'italien *fucile*. dérivé de *focus*, feu.

1840 à l'armement des troupes françaises. Le fusil à *aiguille*, ainsi nommé parce qu'il fait partir plus sûrement la charge au moyen d'une amorce placée à l'intérieur de la cartouche, a été inventé par Dreyse en 1827 et adopté par la Prusse en 1841.

C'était beaucoup que de pouvoir tirer à volonté ; mais, pour atteindre sûrement le but, il fallait donner à l'arme de la précision. Deux arquebusiers allemands de la fin du xve siècle, Zöllner de Vienne et Koller de Nuremberg, passent pour avoir imaginé les *carabines*. Le premier eut, dit-on, l'idée de creuser à l'intérieur du canon des arquebuses des rainures droites afin de maintenir le projectile dans une direction fixe, et le second aurait découvert l'avantage d'incliner les rainures en spirale, afin de mieux assurer l'équilibre du projectile en lui donnant un mouvement de rotation sur son axe. Toutefois, ces indications exigeaient, pour entrer dans la pratique, plusieurs améliorations de détail, et le système des balles forcées ne fut presque d'aucun usage jusqu'au commencement du xviiie siècle où l'on essaya de nouveau de l'appliquer. La difficulté du chargement, qui était le principal obstacle, a été tournée par l'artifice, dû à Pauly (1813), des armes se chargeant par la culasse, et par l'emploi de balles cylindro-coniques qui se forcent d'elles-mêmes au moment où l'explosion se produit. Nos carabines, munies d'échelles de graduation pour corriger l'abaissement du tir à raison de la distance, sont des armes d'une portée et d'une justesse remarquables. Les fusils d'infanterie actuellement en usage dans les armées européennes (systèmes Gras en France, Mauser en Allemagne, Werndl en Autriche, Martini-Henry en Angleterre, Vetterli en Suisse et en Italie, etc.) portent à

plus de 1,500 mètres, c'est-à-dire presqu'aussi loin que
s'étend le regard du tireur. Les progrès futurs devront
s'appliquer à rendre ces armes aussi légères que possible , sans trop accroître les effets de recul (dont l'intensité est inversement proportionnelle au poids de
l'arme), et à diminuer leur calibre, afin de réduire la
charge des approvisionnemens.

Les *pistolets* datent du XVIe siècle. Henri Estienne
nous renseigne sur l'origine de l'arme et l'étymologie
du mot : « A Pistoye, dit-il, se souloient faire de petits
« poignards , lesquels estant par nouveauté apportés
« en France, furent appelés du nom du lieu d'abord pis-
« toyers, puis pistoliers et, en la fin, pistolets. Quelque
« temps après estant venue l'invention des petites ha-
« quebuses, on leur transporta le nom de ces petits poi-
« gnards (1). » L'origine paraît en être allemande. « Il
« faut, dit un autre écrivain de la même époque,
« Lanoue, donner aux reîtres l'honneur d'avoir mis
« en usage les pistoles que je pense être très dange-
« reuses quand on s'en sait bien aider (2). » Sous
Henri II, des compagnies de reîtres portaient le nom
de *pistoliers*. On a beaucoup diversifié la forme de ces
armes destinées au tir à courte distance (pistolets
d'arçon, de combat, de tir, de poche, de salon, etc.)

Enfin, le désir de disposer d'une série de coups, sans
subir les lenteurs de recharges successives, et d'avoir,
pour ainsi dire, plusieurs armes en une seule, a fait inventer les pistolets à *révolution (revolvers)*, dus au
colonel américain Samuel Colt, dont le brevet date
de 1835. Leur vogue a été rapide. On s'est efforcé,
sans avoir jusqu'à présent réussi, d'appliquer le même

(1) *De la conformité du langage françois*, 1569.
(2) *Discours politiques et militaires*, XVIII, 1587.

artifice aux carabines et aux canons. Il existe bien
des fusils à *répétition* (système Henry-Winchester...),
qui peuvent tirer, en moins de 15 secondes, 12 balles
contenues dans la crosse ou dans le fût ; mais les avantages en sont contestés. On leur reproche de déséqui-
librer l'arme, de rendre les recharges difficiles, de
n'être utiles que dans de rares occasions, etc. Nos
fusils actuels seraient à la rigueur suffisans, puisqu'on
peut, avec eux, tirer de 7 à 10 coups par minute en
visant et 14 sans viser.

L'idée de confectionner par avance les cartouches,
afin d'avoir les charges toutes préparées, fut mise en
pratique par les Espagnols en 1569. Leur emploi en
France est postérieur de près d'un siècle. L'usage en
est maintenant général. Elles activent le tir et préviennent les irrégularités inséparables de chargemens
précipités.

Après avoir exercé contre ses semblables, toujours
ses plus grands ennemis, la puissance de destruction
que la poudre mettait dans ses mains, l'homme a dirigé
ces mêmes armes contre les animaux, incapables de
lui en opposer de pareilles et sans défense contre un
adversaire qui les foudroie de loin sans péril. L'application de ces engins à la chasse, plus décisive encore
qu'à la guerre, parce qu'elle se fait d'un seul côté,
nous assure un ascendant sans égal sur les espèces
les plus redoutées et voue à une mort inévitable tous
les êtres que poursuit notre haine ou notre cupidité.

Une ordonnance de François Ier, datée de 1515 et
qui interdit, à moins de permission particulière, l'usage
des « haquebuses » et « échopètes » dans les forêts
royales, atteste que, dès lors, on tournait les armes à

feu contre le gros gibier. En 1599 et 1603, Henri IV renouvela ces prohibitions; mais, en 1604, il dut autoriser pour les nobles l'emploi des arquebuses à la chasse. Cependant cette arme peu maniable, au tir incertain et lent, ne pouvait pas être d'un grand secours; aussi l'arbalète conserva-t-elle encore quelque temps son ancienne prééminence, et la chasse au faucon, qui continua d'être usitée sous Louis XIII et Louis XIV, montre qu'on n'avait pas de moyen plus sûr d'atteindre les petits gibiers. Le fusil de chasse devint usuel durant la seconde moitié du XVIIe siècle, après la découverte des platines à silex. On le faisait d'abord simple. Les fusils doubles parurent en 1750 et furent adoptés avec empressement, car la disposition de deux coups à tirer avait également des avantages pour les chasseurs maladroits et pour les habiles. — Depuis, les fusils de chasse se sont répandus à tel point qu'il n'est pas maintenant d'arme plus vulgaire. En France, 500,000 chasseurs ou braconniers font à toutes les sortes de gibiers une guerre acharnée et tellement destructive que, sans des lois protectrices, leurs espèces disparaîtraient en peu d'années.

Selon le genre de chasse, on emploie divers projectiles. Les plus petites proies sont atteintes avec du menu plomb ou de la grenaille de fonte qui les enveloppe d'un réseau meurtrier. Le procédé pour fabriquer le plomb de chasse, trouvé sous Henri IV, ne devint que sous le règne de Louis XIV l'objet d'une fabrication suivie. Un ouvrage spécial de la fin du XVIIe siècle (1) fait mention, pour la chasse du petit gibier, de « *dragées* » et de « *larmes* » de plomb. Les

____

(1) *Ruses innocentes pour toutes sortes d'oiseaux et de bêtes,* par le solitaire inventif (1688).

animaux de taille moyenne sont frappés de balles ou de chevrotines. Enfin, on attaque les grandes espèces avec des balles d'acier et même des balles explosives, obus en miniature qui éclatent dans le corps de l'animal et le tuent dès qu'il est touché.

Ainsi armé d'une puissance souveraine et n'ayant même pas besoin de combattre pour vaincre, l'homme n'a plus désormais d'adversaires à craindre dans la faune terrestre. Il ne trouve en face de lui que des victimes et les décime à son gré. D'ici à peu de temps, la diffusion des armes à feu dans toutes les régions du globe achèvera par l'anéantissement des principales espèces nuisibles ou seulement sauvages, la révolution zoologique que, depuis l'origine de la civilisation, la race humaine poursuit par tous les moyens et qui, dans un monde épuré, ne doit plus laisser subsister que des serviteurs ou des tributaires.

Revenons aux applications militaires de la poudre. Outre les armes à feu, construites pour lancer des projectiles, différens artifices ont été imaginés pour utiliser sa force de destruction. Ces applications comprennent les *fusées*, les *grenades*, les *mines*, les *machines infernales* et les *torpilles*.

Les fusées de guerre remontent aux premiers temps de la connaissance de la poudre. Chez les Grecs du Bas-Empire, elles étaient usitées sous le nom de χειροσίφωνα. Des engins de même nature, appelés *rochettes*, sont mentionnés en Occident par des auteurs du xive siècle. Le perfectionnement des armes à feu les avait fait abandonner et presque oublier lorsque, à la fin du xviiie siècle, lord William Congrève les reprit, améliora leur confection et les remit en crédit. Ces fusées, dites à *la Congrève*, avaient d'assez grandes dimensions pour pouvoir enlever une grenade, un petit obus ou des matières incendiaires. Les Anglais, s'en servirent à Boulogne en 1806 et à Copenhague en 1807. De nouveaux essais ont été poursuivis en France, sous le second empire, en vue d'accroître la puissance de ces engins, et l'on était arrivé à lancer jusqu'à 7 kilomètres des bombes de 60 kilogr. Mais, l'irrégularité et même les dangers du tir ont empêché les fusées de guerre de devenir usuelles. Les fusées communes n'ont d'utilité que comme signaux. — N'oublions pas de mentionner les *fusées de sauvetage (rocket-apparatus)* qui, dues à une meilleure inspiration des Anglais, envoient à la distance de 300 mètres en mer, aux navires en perdition sur les côtes, des cordes de salut avec lesquelles on organise un va et vient. En 1863, 329 marins ont été sauvés de la sorte sur les rivages de la Grande-Bretagne. Le nombre des existences, ainsi préservées par la poudre, est sans doute bien petit en comparaison de celui des meurtres qu'elle a servi à commettre ; pourtant, des faits de ce genre consolent la raison en montrant que les forces les plus funestes peuvent devenir bienfaisantes quand elles passent des mains de la haine dans celles de la charité.

Suivant l'historien de Thou, les grenades furent employées pour la première fois au siège de Wachtendonk, en 1588. Bientôt après, on établit des compagnies de *grenadiers*. C'étaient, au commencement du XVIIe siècle, des corps d'éclaireurs placés en tête des troupes et munis de sacs de grenades qu'ils lançaient à la main dans les rangs des ennemis.

L'art de creuser des mines pour pénétrer par surprise dans les villes assiégées paraît être fort ancien.

Les représentations assyriennes montrent des soldats
occupés à percer des murailles de brique crue (1), et,
d'après Quinte-Curce, Alexandre enleva, par un expédient pareil, la plus forte place du roi Sabus (2). Au
moyen âge, on faisait écrouler les fortifications en
ouvrant sous leur base des excavations soutenues
à l'aide d'étais de bois auxquels on mettait le feu
quand on voulait donner l'assaut. L'emploi de la
poudre devait beaucoup ajouter à l'efficacité de cet
artifice. Au xiiie siècle, Gengis-Khan avait dans ses
armées des ingénieurs capables de faire sauter les
murs d'enceinte des villes au moyen de mines chargées. En Europe, Pedro Navarro, lieutenant de Gon-
zalve de Cordoue et le plus grand ingénieur militaire de la fin du xve siècle, y eut le premier recours.
Après avoir infructueusement tenté de faire jouer des
mines en 1487, il y réussit au château de l'Œuf, à
Naples, en 1503, et, depuis lors, cet expédient fait partie
tie de la tactique des sièges. Les récits de guerre du
xvie siècle contiennent de vives descriptions de la
terreur inspirée par un moyen de destruction qui, sou-
levant le sol sous les pieds des combattans, les projetait violemment en l'air ou les ensevelissait sous des
amas de décombres. Depuis un quart de siècle, la pratique des mines a été beaucoup perfectionnée par
l'emploi de fils électriques pour déterminer de loin et
à volonté l'explosion.

Dans les guerres maritimes, les torpilles jouent
un rôle analogue à celui des mines sur terre, mais
plus redoutable encore. Les Russes en ont inauguré

(1) Layard, *Monuments of Niniveh*, série I, planches 19, 20,
66.

(2) *Histoire d'Alexandre*, liv. IX, ch. viii.

l'usage pour défendre l'entrée du port de Cronstad, à l'époque de la guerre de Crimée. On les dispose soit en batteries sous-marines dans les passes des ports de guerre où, éclatant au moindre choc, elles sont pour les vaisseaux ennemis un piège terrible, soit en appareils mobiles que des bateaux *torpilleurs* vont traîtreusement attacher aux flancs des navires ou qu'ils lancent à leur rencontre.

Il nous reste à dire quelques mots de l'application, la plus tardive de toutes, mais non la moins importante par ses résultats, des explosifs aux arts industriels. Leur puissance expansive ne convenait en effet pas moins pour rompre des masses compactes que pour lancer des projectiles de guerre. Grâce à l'emploi de ces agens, il est peu d'obstacles provenant de la cohésion que nous ne puissions vaincre dans le monde si longtemps incoercible des corps bruts. L'exploitation des mines et carrières, tous les travaux à exécuter dans les roches, même les plus dures, sont aussi faciles avec la ressource des mélanges détonans que difficiles sans leur secours. Depuis la naissance des arts jusqu'à une époque voisine de nous, on ne pouvait attaquer les matériaux résistans qu'avec des outils de métal, tâche aussi longue que pénible, ou en s'aidant de l'action du feu brusquement suivie d'affusion d'eau froide (1), ou enfin par l'artifice plus simple et plus ingénieux de coins de bois sec enfoncés dans des rainures et qui, mouillés, déterminaient l'éclatement. Mais c'étaient là des moyens fort insuffisans

----

(1) Lucrèce semble faire allusion à ce procédé :
« Dissiliuntque fero ferventia saxa vapore. »
                    (De rer. nat. I, v. 492).

pour une extraction active et rapide. Le tirage des
mines, beaucoup plus expéditif, ne remonte pas plus
haut que la fin du XVIIᵉ siècle et c'est de nos jours
seulement que la pratique en est devenue générale. Il
consiste, comme on sait, à percer dans les massifs pierreux, avec de longs ciseaux d'acier, des trous de charge
dont l'explosion fait voler la roche en éclats. Dans les
grandes entreprises, l'opération est conduite méthodiquement. On sait ce qu'il faut employer de force pour
surmonter une résistance donnée ; des acides énergiques servent à ronger, dans les matières calcaires, les
cavités destinées à recevoir la charge ; parfois même
des puits de mine sont substitués aux simples trous de
tarière. Diverses substances explosives, plus brisantes
que la poudre, le coton-poudre, la nitro-glycérine, la
dynamite.., d'autant plus efficaces que leur ressort est
plus prompt, déterminent des actions puissantes.
Enfin, à l'aide de fils électriques, on peut enflammer
simultanément et sans risque des séries de mines et
disloquer des masses énormes de matériaux. Les ingénieurs américains ont fait sauter récemment, dans
l'East-river de New-York, le rocher de Hallet's point,
dont le volume cubait 43,000 mètres. Ils y avaient foré
223 mètres de galeries et 7,000 trous de mine. 427
charges de dynamite, qui représentaient en tout 23,000
kilog. ont fait explosion au même instant, supprimant
d'un coup cet écueil et projetant des gerbes d'eau à 40
mètres de hauteur.

L'application usuelle des explosifs aux travaux des
mines a eu des conséquences économiques très étendues. D'une part, l'extraction de la pierre à bâtir
étant devenue aisée et peu dispendieuse, l'emploi des
moellons a pu se généraliser dans les constructions

civiles où, contre toutes les lois du confort et de l'hygiène, le bois et le torchis avaient si longtemps prédominé ; de l'autre, la civilisation a pu entreprendre et exécuter en peu de temps, à travers toutes sortes de massifs pierreux, les gigantesques trouées qu'exigeaient la recherche des métaux, les tranchées ou tunnels des chemins de fer, le creusement des canaux et des ports, etc.

Enfin, la poudre est si complètement asservie qu'on a fait de son bruit et de ses lueurs un divertissement populaire. Ce fut même là le plus ancien de ses emplois. Les Chinois, peuple enfant, n'ont connu, pendant des siècles, que cette manière d'en tirer parti. Maintenant encore, les voyageurs les dépeignent comme passionnés pour les fusées et les pétards (1). Le goût de ces artifices se répandit de bonne heure dans l'Asie centrale. Le juif Benjamin de Tudèle, qui voyageait en Perse au xii⁰ siècle, parle de fusées de joie et d'une grande quantité de soleils ou fusées tournantes (2). Nous avons vu, par le témoignage de Roger Bacon, que, dans les premiers temps, la poudre ne servait également en Europe qu'à confectionner des fusées et pétards pour amuser les enfans.

Malgré sa parfaite inutilité, l'art de fabriquer des feux d'artifice a progressé comme tous les autres. La pyrotechnie professionnelle s'est constituée aux xvii⁰ et xviii⁰ siècles, mais n'a atteint que de notre temps une incomparable perfection, grâce aux ressources que lui offre la chimie pour produire des feux colorés à l'aide de divers oxydes. Nos artificiers, en tête desquels se

(1) Huc, *Empire chinois*, t, II, ch. viii.
(2) *Relation* de ses voyages, 1160.

place la dynastie des Ruggieri, savent composer avec des étincelles d'éblouissans spectacles dont la magie est toujours l'effet le plus admiré des réjouissances publiques.

Par suite d'applications si nombreuses et si étendues, il se fait, chez tous les peuples civilisés, une consommation croissante de composés explosifs. Comme indication de son importance, disons que, en France, le produit de la vente des poudres figure au budget de 1883 pour la somme de 15,236,000 fr. et le droit de fabrication de la dynamite pour celle de 2,857,000 fr. En 1877, l'industrie des mines employait chez nous 3,340,000 kilog. de poudre. Les guerres modernes en dépensent de prodigieuses quantités. Au siège de Sébastopol, les armées alliées ont brûlé 4,000,000 de kilog. de poudre à canon pour lancer sur la ville plus de 2,000,000 de projectiles.

La grandeur de l'usage ressort au reste du nombre des armes à feu dont se compose le matériel de guerre des peuples européens. En 1860, la France comptait dans ses arsenaux pour le service de son artillerie 21,965 bouches à feu (8,882 canons, 2,775 canons-obusiers, 3,223 mortiers, 4,045 obusiers, tous en bronze) et 19,938 affûts. En fait d'armes à main, elle possédait 74,785 carabines, 1,668,928 fusils, 170,524 mousquetons, 227,135 pistolets, toutes armes à percussion, plus 1,799 carabines, 958,206 fusils, 15,541 mousquetons et 4,487 pistolets, munis de platines à silex, soit, en tout, 2,141,372 armes à percussion et 980,033 à pierre, ensemble 3,121,405 armes à feu. Cet immense matériel, propre à l'armée de terre, était évalué 355,907,471 fr. (1).

(1) *Compte rendu général du matériel de la guerre,* 1863.

Il faut ajouter à ces chiffres ceux de l'effectif naval, savoir, en 1862 : 7,837 bouches à feu en fonte et 2,015 en bronze, 71,361 fusils, 6,804 mousquetons et 21,565 pistolets (1). Enfin, si l'on y joignait les armes de chasse et celles que les particuliers possèdent pour leur défense personnelle, on arriverait à un formidable total.

Les applications balistiques de la poudre, qui constituent le principal de ses emplois, ont exercé sur la civilisation une influence difficile à mesurer tant ses résultats s'étendent loin. La prépondérance des armes à feu dans la tactique militaire en a changé toutes les lois. A côté de ces engins puissans, les anciens instrumens de combat ont perdu presque entièrement leur utilité. La substitution d'armes à longue portée et manœuvrées sans effort aux armes à main qui imposaient l'abord immédiat et un déploiement de force physique, a transformé l'art de la guerre en donnant à l'intelligence l'avantage qu'avait la vigueur et en faisant dépendre le sort des batailles d'une stratégie de positions et de mouvemens. Au lieu d'engager de confuses mêlées où chaque combattant choisissait son adversaire et l'attaquait corps à corps, on oppose des masses à distance et, sur l'échiquier de la guerre, plein de combinaisons savantes, la victoire appartient au plus habile, au mieux inspiré. Dès lors, la puissance politique se déplace et quelques siècles suffisent pour renverser un ordre social fondé sur la force matérielle. La féodalité maintenait ses privilèges à l'abri de ses armures et de ses donjons. L'arme à feu, égalitaire et niveleuse, mit la vie du plus puissant seigneur à la merci du dernier manant. Plus de châteaux-forts im-

(1) *Compte rendu du matériel de la marine.*

prenables ; battues en brèche par les canons, les tours
les plus hautes sont le plus vite ruinées. Le droit des
foules prévaut et la déchéance des aristocraties s'accomplit.

Avec l'admirable instinct des égoïsmes menacés, la
noblesse pressentit dès le début le rôle de ces inventions révolutionnaires. Déjà, lorsqu'avaient paru l'arbalète et l'arquebuse, qui frappaient de loin et terriblement, elle les avait qualifiées d'armes de vilains et
de lâches, « ennemies de prouesse ». Les armes à feu
perfectionnées atteignaient plus sûrement encore la
chevalerie expirante, et l'Arioste nous en a transmis
les malédictions contre ces engins félons et traîtres,
inspirés par l'enfer (1). Dans ses *Commentaires*, Montluc dit de l'arquebuse, avec une rancune d'écloppé :
« Que plust à Dieu que ce malheureux instrument
« n'eust jamais été inventé ; je n'en porterois les mar-
« ques, lesquelles aujourd'hui me rendent languissant,
« et tant de braves et vaillants hommes ne fussent
« morts de la main, le plus souvent des plus poltrons
« et des plus lasches, qui n'oseroient regarder au
« visage celui que de loing ils renversent de leurs
« malheureuses balles, par terre, mais ce sont des
« artifices du diable pour nous faire entretuer. » A
entendre ces représentans d'un autre âge, les seules
armes dignes des preux auraient été la lance, l'épée
et autres pareilles qui, exigeant l'approche, assuraient
le triomphe à la vaillance et à la vigueur. Cela était bon
à dire pour des gens bien équipés, vêtus de fer, armés
d'acier et passant leur vie à s'exercer aux combats. Les
vilains, maladroits à ces jeux guerriers et massacrés

---

(1) *Roland furieux*, ch. IX, stances 89 à 91.

en toute rencontre, préféraient attaquer de loin, et les
protestations de l'aristocratie féodale, loin de leur faire
tomber les armes des mains, leur en enseignèrent tout
le prix. Au surplus, l'emploi des nouveaux engins de
guerre n'a pas été mortel à la vraie valeur ; les soldats
de l'âge moderne le font assez voir. On pourrait même
demander si, quand ils se tiennent, sans autre protection qu'une tunique de drap, sur un champ de bataille
sillonné de feux meurtriers, ils ne font pas preuve
d'une plus réelle intrépidité que le baron du moyen
âge qui, avant de s'exposer au danger, avait soin de
se couvrir de pied en cap d'une armure sous laquelle
il était presque invulnérable. En somme, l'adoption
des armes à feu a transformé le courage, discipliné la
fougue aveugle et fait concourir à des tâches collectives une foule de héros obscurs.

Au point de vue du progrès le plus général, la civilisation trouve dans cette manière scientifique de combattre, dont elle a le monopole, sa sauvegarde assurée
et un pouvoir irrésistible d'expansion. Soumis, comme
tous les êtres, à la loi darwinienne de l'universelle
compétition, les peuples luttent pour la vie ou du
moins pour la prépotence et l'avantage appartient au
mieux armé. Si jadis, dans ses conflits avec la barbarie qui l'assiégeait de toutes parts, la civilisation a été
souvent vaincue ; si, malgré sa forte organisation, l'empire romain a succombé sous les coups des hordes barbares ; si même, au moyen âge, l'Europe chrétienne a
failli être submergée par les Arabes au VIIIe siècle, puis
par les Tartares et les Turcs, c'est que les modes d'armement ne différaient pas assez pour rendre invincibles
les nations civilisées. A l'occasion, l'énergie brutale, le
fanatisme religieux, l'enthousiasme guerrier ou d'ar-

dentes convoitises pouvaient l'emporter sur les ressources et les défaillances d'une culture raffinée.
Désormais, pareil danger n'est plus à craindre. Avec
nos armes à longue portée et à tir rapide, de petits
corps de troupes, bien équipés et méthodiquement con-
duits, sont en état d'exterminer des masses de sauvages ou de barbares, avant même que ceux-ci atteignent
la zône où leurs moyens d'agression seraient de quelque efficacité. Il n'y a donc plus à redouter de retour
offensif de la part des races inférieures qui, partout où
une rivalité surgit, sont assujetties, refoulées ou déci-
mées. Ainsi armée d'une écrasante supériorité, sûre
d'avancer toujours et de ne plus reculer, la civilisation
marche à la conquête du monde et lui imposera, dans
un avenir prochain, le bienfait de son hégémonie

---

§ II. — VAPEUR

Comme toute la puissance des explosifs se dépense
brusquement, en une fois, elle ne comporte que des
effets momentanés dont les applications sont restreintes. Leur violence, précieuse pour lancer des projectiles de guerre ou rompre des masses compactes,
excelle à détruire, mais serait impropre à fournir les
mouvemens réguliers et continus dont a besoin la production économique. Elle ne remplit bien qu'une fonction déterminée. Cette force conquise, il restait à en
trouver une autre capable de satisfaire les exigences
plus étendues et plus variées de l'industrie. L'agent

souhaité devait être apte à tout faire, comme l'ouvrier, docile comme l'animal, mais plus robuste et facile à multiplier, peu coûteux comme les moteurs naturels, sans être subordonné comme eux à des conditions de localisation ou d'alternance, enfin facultatif dans son emploi et irrésistible comme la poudre, mais plus maniable et moins passager. En un mot, la civilisation réclamait une force supérieure par ses qualités moyennes à toutes les autres et qui offrît leurs avantages réunis sans aucun de leurs inconvéniens particuliers.

Au point où se trouvaient portées, dans l'âge moderne, l'étendue et la multiplicité des tâches, l'exploitation d'un agent pareil devenait la condition de tout progrès ultérieur. Parmi les forces que nous avons jusqu'ici examinées, aucune ne pouvait en effet convenir ou suffire à la vaste série de travaux que l'activité humaine entreprenait d'aborder. C'étaient des mines profondes à débarrasser de leur eau d'infiltration, des montagnes de minerais à extraire, des masses de métaux à forger et à façonner, des industries sans nombre à vivifier, des transformations sans fin à opérer dans les choses pour dégager pleinement leur utilité, le domaine agricole à étendre et à féconder, d'immenses transports à organiser sur terre et sur eau avec une puissance et une célérité inconnues... Par quels déploiemens d'efforts subvenir à tant de travaux qui semblaient mettre l'homme aux prises avec l'infini ? Les anciens moteurs étaient ou trop débiles, ou trop dispendieux, ou inapplicables, ou accaparés par des tâches d'un intérêt plus pressant. Il fallait nécessairement recourir à quelque auxiliaire nouveau, car, sans accroissement de puissance, il n'aurait pas été possible d'aller plus avant.

A partir d'une certaine phase de développement industriel, le problème d'un moteur à la fois énergique et souple, partout disponible et très économique, s'imposait donc aux recherches. Le besoin de le résoudre fut surtout senti aux XVIIe et XVIIIe siècles, dans les pays où la grande industrie travaillait à se constituer sur la base d'une exploitation minérale active, d'une fabrication variée et d'un commerce universel. Des données suffisantes et d'amples ressources se trouvant d'ailleurs préparées, la découverte de ce moteur spécial était imminente, on pourrait dire inévitable. Les inventeurs se mirent à l'œuvre et la civilisation fut dotée d'un pouvoir merveilleux d'action, la vapeur. La conquête de cette force marque, dans l'histoire humaine, une date mémorable et semble inaugurer une ère nouvelle.

Envisagée dans ses effets dynamiques, la réduction de l'eau en vapeur sous l'influence du feu, phénomène du même ordre que l'inflammation des explosifs, développe comme elle, par suite d'un changement d'état physique, une force considérable sous forme de gaz élastiques. L'eau, vaporisée à 100°, occupe 1,700 fois plus de volume que liquide, à la température de 4° 1 où est son maximum de densité. Pour peu même que la température s'élève, la tension de la vapeur augmente rapidement. Elle devient décuple à 181° 6 et mille fois plus grande à 516° 76. Alors qu'à la température normale d'ébulition, 100°, la pression est seulement de 1[k] 033 par centimètre carré, elle arrive à 10[k] 33 à 181° 6, et atteint 1,033[k] à 516° 76 (1). A ce degré, qu'on peut

(1) Pouillet, *Physique*, t. I, p. 290.

encore dépasser, la force de dilatation de la vapeur ferait équilibre à 1,700,000 atmosphères et ne trouverait guère d'obstacles dans la nature. On peut, au surplus, reconnaître la grandeur de sa puissance dans les éruptions des volcans, déterminées par la tension de gaz intérieurs, et dans les tremblemens de terre qui semblent avoir pour cause des éruptions étouffées.

Cette force, presque illimitée en intensité virtuelle, a sur les brusques explosions des composés détonans l'avantage de se développer d'une façon mesurée et graduelle, ce qui la rend maniable et docile. La transformation de l'eau en vapeur et le degré d'échauffement de celle-ci sont aisés à régler par les applications du feu. Ce principe d'énergie est donc pleinement dans nos mains. Nous pouvons à notre gré susciter son action, l'accroître, la ralentir et la suspendre.

En outre, sa production est tellement économique qu'elle approche de la gratuité. Une fois l'appareil construit, la génération de la vapeur exige seulement de l'eau et des combustibles, c'est-à-dire deux des élémens les plus communs à la surface du globe. Aussi, à égalité de puissance, ce moteur est-il un des moins coûteux. Cinq kilog. de houille donnent une quantité de vapeur suffisante pour exécuter le même travail qu'un homme dans une journée de dix heures. Or, dans certains districts houillers, le quintal métrique de charbon vaut à peine 1 fr. L'emploi de la vapeur réduit ainsi le prix de revient d'une journée d'ouvrier à 0 fr. 05 ou celle d'un cheval à 0 fr. 35.

Enfin, par la facilité avec laquelle cette force se laisse diriger, discipliner et plier aux fonctions les plus diverses, soit comme puissance, soit comme célérité, soit comme délicatesse, elle répond à toutes les exigences du travail industriel.

Quoique la conversion de l'eau en vapeur, dans l'ordre de la nature ou par l'effet de nos artifices, soit un phénomène des plus vulgaires, comme l'action dynamique se dissipe dans l'atmosphère sans occasionner de mouvemens appréciables, l'attention n'était pas attirée de ce côté et dut se porter de préférence sur le pouvoir mieux caractérisé des cours d'eau et des vents. D'innombrables générations ont vu l'eau se changer en vapeur sans soupçonner qu'il y eût là le principe d'une force capable de modifier les conditions de l'activité humaine et de renouveler la civilisation.

Ceux même qui les premiers pressentirent la puissance de cet agent, furent longtemps incapables d'en tirer parti. L'application d'une force expansive à des tâches déterminées présentait en effet des difficultés de bien des sortes et constituait un problème des plus complexes. Il ne suffisait pas de la produire ; rien n'était plus aisé que de vaporiser l'eau, et le premier sauvage qui la mit en ébullition dans un vase allant au feu, avait trouvé le point de départ de la machine à vapeur, la chaudière génératrice de la force ; il fallait capter cette force qui se dégageait peu à peu et l'empêcher de se perdre dans l'océan aérien. Cela impliquait, outre l'appareil producteur, facile à établir, un appareil récepteur hermétiquement clos et assez solide pour résister à de fortes pressions. Seuls, les métaux, habilement travaillés, devaient permettre de construire des récipiens de ce genre. Après avoir produit et emmagasiné la vapeur, il fallait encore assigner à son énergie une direction précise, alors qu'elle tend à se disperser de tous côtés, et contraindre une force diffuse à se résoudre en mouvemens réguliers. Enfin, le moteur ainsi asservi avait besoin d'être adapté à une multitude d'outils, afin de pouvoir s'acquitter des tâches variées dont on voulait le charger, résultat qui n'était possible qu'avec le secours d'une mécanique très perfectionnée.

Il y avait donc, pour réaliser une pareille conquête, des séries de découvertes à faire, des combinaisons à imaginer, et ces progrès en supposaient beaucoup d'autres accomplis. L'exploitation de la vapeur n'était praticable que dans un âge de civilisation avancée, riche de science, fertile en ressources et exercé dans les industries métallurgiques. Cela explique la date tardive où la découverte s'est effectuée. Cette force, si supérieure aux précédentes et qui, en moins d'un siècle les a toutes dépassées, devait être la dernière acquise parce qu'elle était la moins apparente et la plus difficile à mettre en action.

Même à l'époque de leur plus brillante culture, les anciens n'ont pas entrevu le rôle réservé à la vapeur. A peine ont-ils soupçonné qu'elle pouvait être une cause de mouvement. Aristote, dans sa *Météorologie*, et Sénèque, dans ses *Questions naturelles*, avaient bien expliqué théoriquement les tremblemens de terre par la formation, dans les cavités du globe, de grandes quantités de vapeurs ; mais il n'y avait pas là l'idée d'une force à conquérir et la nature même des phénomènes excluait toute possibilité d'imitation. Les seules indications qui nous soient venues de l'antiquité sur la puissance de la vapeur, sont les ingénieux mécanismes imaginés par Héron d'Alexandrie (vers 120 avant notre ère). Il avait construit l' « éolipyle », ou boule d'Éole, qui tournait par un effet de recul dû à l'échappement de la vapeur, une fontaine où l'eau contenue dans un vase se déversait sous la pression de sa propre vapeur, et un appareil pour ouvrir automatiquement les portes d'un temple en allumant du feu sur l'autel (1). C'étaient là de simples jouets de physique amusante à l'usage des curieux. Leur inutilité n'annonçait pas la force appelée à changer la face du monde.

Au moyen âge, on ne trouve guère que la mention d'un orgue établi par Gerbert à Reims et actionné par l'air sortant sous pression d'un vase où chauffait de l'eau (2).

Mais, à partir de la renaissance, les recherches se portent activement sur la force d'expansion des gaz mise en évidence par les effets de la poudre. L'universel Léonard de Vinci s'occupa un moment de construire un *architonnerre* pour lancer des projectiles au moyen de la vapeur. Un manuscrit espagnol, exhumé en 1825 des archives royales de Simancas, mais dont l'authenticité semble contestable, raconte qu'en 1545 Blasco de Garay, capitaine de mer, fit, dans le port de Barcelone, en présence de Charle-Quint, marcher un navire à l'aide de deux roues mues par « une machine où il y avait du feu ». Vers la fin du xvie siècle, deux traités de mécanique, publiés en France par Jacob Besson et Agostino Ramelli, appelèrent l'attention sur les propriétés dynamiques de la vapeur (3). Peu après (1601), Porta, reprenant les expériences de Héron, imagina la fontaine à vapeur qui porte son nom. Salo-

(1) Héron, *Spiritualia seu pneumatica* ; et Vitruve, *De architectura*, I, 6.
(2) Malmesbury, cité par Thurston, *Histoire de la machine à vapeur*, t. I, p. 10.
(3) Thurston, *id.*, p. 11, 12.

mon de Caus à décrit (1), parmi des inventions de toute espèce, un petit appareil où l'eau d'un ballon de verre s'élevait dans un tube en vertu de la pression exercée sur elle par la vapeur. Enfin, un demi-siècle plus tard (1663) le marquis de Worcester mentionne dans le catalogue de ses inventions (2) une machine propre à lancer un jet d'eau à 40 pieds de hauteur sous l'influence de la vapeur; mais sa description est vague et pleine d'obscurité.

Ainsi, pendant la longue période qui va de Héron à Worcester, les recherches sur la force motrice de la vapeur n'étaient pas sorties de la spéculation pure. On avait proposé ou tenté des expériences sans arriver à des résultats sérieux. Mal définis et peu concluans, les essais de ces éclaireurs perdus n'avaient abouti à rien de pratique. L'intervalle d'un siècle qui sépare Papin de Watt voit enfin se produire une juste idée des applications de la vapeur et s'établir des combinaisons en vue d'utiliser sa puissance.

Par l'importance de ses travaux, Denis Papin mérite d'inaugurer cette phase nouvelle. Son appareil marque le vrai point de départ de nos machines à vapeur. Déjà Huyghens avait indiqué le mécanisme propre à convertir la force expansive des gaz en un mouvement alternatif et régulier, par le va-et-vient d'un piston dans un tube, idée-mère qu'ont appliquée toutes les machines ultérieures; mais le moteur faisait défaut. En 1678, l'abbé Hautefeuille proposa d'employer des explosions de poudre pour élever et abaisser tour à

(1) *Les Raisons des forces mouvantes*, 1615.
(2) *A century of the names and scantlings of inventions by me already practised.*

tour le piston. Huyghens essaya d'appliquer ce moyen
et, en 1680, il présentait à l'Académie des sciences un
mémoire sur un appareil où le mouvement résultait d'une
succession de décharges, premier exemple de machine
à gaz. Toutefois, l'expédient était peu pratique, à cause
de la violence de l'agent et de son prix élevé. Il fallait
trouver une force plus maniable et moins dispendieuse.
Papin songea d'abord à faire le vide au-devant du piston
à l'aide de pompes mises en jeu par des chutes d'eau ;
enfin il eut recours à la vapeur, tantôt pour développer
la puissance par la conversion de l'eau en vapeur, et
tantôt pour l'anéantir par la réduction de la vapeur en
eau, de manière à obtenir une série de mouvemens (1).
L'appareil disposé d'après ces données constituait le
type qui devait universellement prévaloir. Une solution
initiale était dès lors acquise ; il n'y avait plus qu'à en
tirer les conséquences. Papin sut même prévenir les
dangers du nouveau moteur par la découverte de la
« soupape de sûreté » (1680) qui maintient la force
expansive entre des limites déterminées de pression.
On doit en outre à ce grand inventeur, méconnu de son
temps, le fusil à vent, le digesteur et un essai de navigation à vapeur sur la Fulda (1707).

A la fin du XVIIe siècle, les recherches des mécaniciens en Angleterre étaient dirigées vers la découverte
d'un moyen d'élever à peu de frais les eaux dans les
mines de houille, car avec les profondeurs qu'atteignaient les exploitations, le principal obstacle se trouvait être la nécessité d'empêcher leur envahissement
par suite d'infiltrations. Certains puits, où il fallait

______

(1) Papin, *Nova methodus ad vires motrices validissimas
levi pretio comparandas*, dans *Acta eruditorum*. Leipzig,
juin 1690.

employer des équipages de 500 chevaux attelés à des manèges pour tirer des seaux, avaient peine à couvrir leurs frais. D'autres, qu'il était impossible de défendre, devaient être abandonnés, quelle que fût leur richesse. Il importait donc beaucoup de découvrir un mode efficace d'épuisement. On ne tarda pas à reconnaitre que la vapeur conviendrait pour cet office. Worcester l'avait pressenti. En 1683, Samuel Morland décrivit une machine à vapeur disposée en vue de ce résultat et capable de fonctionner (1). Mais Savery réussit le premier à rendre l'invention pratique. Sa machine *(fire engine)*, brevetée en 1698, et améliorée en 1702, rendit quelques services pour élever l'eau dans les mines peu profondes. On ne pouvait pas l'employer dans les autres, à cause de la tension périlleuse que la vapeur aurait dû prendre ou de l'obligation d'établir plusieurs étages d'appareils et d'augmenter ainsi la dépense.

Bientôt après Savery, le serrurier Newcomen, perfectionnant l'appareil, construisit (1705) la *machine atmosphérique* où le piston, soulevé par la vapeur, redescendait par l'effet de la pression de l'atmosphère. Ce type nouveau et vraiment usuel, isolait la chaudière et faisait agir la vapeur dans un récipient distinct, de manière à spécialiser les deux fonctions, la chaudière restant toujours chaude, et le récipient pouvant être refroidi sans arrêter le développement de la force. Savery, devenu l'associé de Newcomen, eut l'idée heureuse d'accélérer la réduction de la vapeur par des aspersions d'eau froide, d'abord à l'extérieur de l'appareil, puis, mieux encore, au dedans. Ainsi

(1) *Elévation des eaux par toutes sortes de machines.* Paris, 1683, voy. Thurston, t. I, p. 29-31.

modifiée, la machine atmosphérique ou *pompe à feu* se répandit, à partir de 1712, dans les districts houillers et, grâce à elle, les puits de mine purent être creusés à une profondeur double de celle où l'on s'arrêtait avant. On l'utilisait aussi pour dessécher des terrains humides et fournir d'eau quelques villes.

Entre Newcomen et Watt, un demi-siècle s'écoule sans amener de progrès notable dans la construction des machines à vapeur. Mentionnons seulement une petite amélioration dont l'origine montre quels peuvent être à l'occasion, les collaborateurs des grandes inventions. Dans le principe, la manœuvre des deux robinets qui réglaient l'arrivée et l'arrêt, soit de la vapeur, soit de l'eau froide, était confiée à un jeune apprenti chargé de veiller en permanence au fonctionnement de la machine. L'un d'eux, Humphrey Potter, pressé d'aller jouer, sut attacher des ficelles au balancier et contraindre la machine à exécuter sa tâche par des mouvemens automatiques (1713). Ce trait de sagacité d'un enfant ne fut pas perdu et le mécanicien Beigton remplaça les ficelles de Potter par des tringles de métal (1718). L'application de ce mécanisme de déclic appelé, en souvenir de son inventeur, *scoggan* (le paresseux), permit à la machine de Newcomen de donner quinze ou seize coups de piston par minute, au lieu de huit ou dix. — Citons encore l'artifice des *flotteurs*, dû à Brindley (1760), et qui sert à régulariser l'entrée de l'eau dans les chaudières. Enfin, les travaux de John Smeaton engagèrent l'art du constructeur de machines dans une voie d'exactitude et de précision. L'heure de l'invention décisive était venue. Tout était prêt. Il ne manquait plus qu'un homme de génie et, comme toujours, en pareil cas, il ne se fit pas attendre.

C'est James Watt qui eut la gloire de donner à la mise en action de la vapeur son organisation définitive. Il débuta par la découverte du *condenseur isolé* (breveté en 1769), c'est-à-dire par l'adjonction aux appareils en usage d'un récipient spécial où vint s'opérer la réduction de la vapeur, sans qu'on eût à refroidir le corps de pompe, inconvénient capital de la machine de Newcomen. L'obligation de reporter, quinze à vingt fois par minute, le cylindre et le piston de la température de l'eau froide à celle de la vapeur, entraînait en effet une perte énorme de calorique et une dépense de combustible qui, pour chaque machine, ne s'élevait pas à moins de 75,000 fr. par an. Watt évita ces frais en localisant l'opération. Associé à un grand administrateur, Boulton, dont le nom mérite de prendre place à côté du sien, il put offrir gratuitement ses machines aux propriétaires de mines, en se réservant, pour toute redevance, le tiers de la valeur du combustible économisé par leur emploi. La convention était encore tellement lucrative qu'ils réalisèrent en peu d'années de très grands profits.

Ainsi se trouva constitué l'organisme de la machine à vapeur. Dans les premiers essais, tels que les fontaines de Héron et de Porta, toutes les attributions étaient confondues, l'appareil, à récipient unique, devant servir à la fois de chaudière, de cylindre et de condenseur. Worcester commença par séparer la chaudière; ensuite, les organes se différencièrent de plus en plus dans les machines de Savery, de Newcomen et surtout de Watt. Comme il fallait à la fois produire de la vapeur, contenir son expansion, et la condenser après l'avoir utilisée, il y avait

avantage à distribuer ces divers rôles entre des parties
distinctes en leur laissant une indépendance relative,
afin qu'elles pussent s'entr'aider sans se nuire. On
en vint de la sorte à charger uniquement la chaudière de la production de la vapeur, le cylindre de sa
direction, le condenseur de son élimination, et des organes spéciaux de la transmission des mouvemens.

Bientôt Watt, faisant subir à la machine atmosphérique de Newcomen une modification plus profonde,
établit la *machine à simple effet* où, sans plus rien
emprunter à l'atmosphère, la vapeur produisait seule
le mouvement. Le brevet de cette machine, la première qui ait vraiment justifié le titre de machine à vapeur, date de 1769.

Un peu plus tard, (1776-1781), il construisit la *machine à double effet* qui diffère de la précédente en ce
que la vapeur, venant alternativement agir sur l'une
et sur l'autre face du piston, double sa puissance de
mouvement.

La rare ingéniosité de Watt sut compléter par une
foule d'heureux artifices, l'organisation des nouveaux
appareils. Parmi les plus utiles de ces découvertes de
détail, il convient de ranger la *détente de la vapeur*
(brevetée en 1782), qui consiste à laisser la vapeur se
détendre comme un ressort, au lieu de la refroidir
brusquement quand elle a produit tout l'effet voulu.
Pour cela, il suffit d'arrêter son arrivée lorsque le piston a parcouru la moitié de sa course et d'abandonner
celui-ci à l'impulsion décroissante de la force alors en
action. Par ce moyen, on réalise une notable économie
de vapeur, de combustible et de frais d'entretien, parce
que, grâce au jeu modéré de l'appareil, on évite les
détériorations qu'entraînait le mouvement sans dé-

tente. — Mentionnons encore le *régulateur à boules*, mécanisme dont l'action centrifuge corrige les irrégularités de marche de la machine et assure au mouvement une vitesse uniforme, son effet étant de le ralentir quand il s'accélère et de l'accélérer quand il se ralentit. — Le *parallélogramme articulé* fut imaginé par Watt pour guider la tige du piston et la maintenir dans une direction constante, etc.

Par ces inventions capitales et nombre d'autres accessoires, Watt constitua la machine à vapeur et la rendit pleinement usuelle. A cette période d'organisation qui remplit le dernier tiers du xviiie siècle a succédé une période de perfectionnement qui se continue de nos jours. Seulement les traits principaux de l'appareil étant arrêtés, les améliorations ne pouvaient porter que sur le détail et la tâche s'est partagée entre une multitude d'inventeurs. Comme les brevets pris par Watt et Boulton expiraient avec la dernière année du xviiie siècle, l'invention tomba dans le domaine public et, librement modifiée par les constructeurs, ne tarda pas à produire les types les plus divers. Sans ajouter à l'admirable création de Watt aucun organe essentiel, on a varié à l'infini les proportions de la machine, l'agencement de ses parties, la forme des chaudières, la disposition des soupapes, les distributeurs et régulateurs de la force. Pour répondre à certains besoins, il a fallu réduire les dimensions et les poids, compliquer ou simplifier l'organisme, construire des appareils avec ou sans condenseur, à détente ou sans détente, à basse ou à haute pression, avec ou sans balancier, horizontaux ou verticaux, rotatoires, oscillans, etc., de manière à obtenir dans des conditions données

tous les degrés voulus de puissance ou de vitesse.
Nous ne pouvons entreprendre l'histoire de ces progrès dont l'exposé remplirait des volumes de technologie spéciale. Contentons-nous de citer l'invention du
tiroir, postérieure à Watt et qui a singulièrement assoupli le jeu des machines à vapeur. Cet artifice règle
avec une grande précision l'entrée et la sortie de
la vapeur qui doit agir alternativement sur les deux fa-
ces du piston, sans que les pressions opposées se trouvent jamais en conflit, ce qui évite les pertes de force.

Divers organes d'indication et de contrôle ont dû
être adjoints aux machines à vapeur en vue de prévenir
les dangers qui pourraient résulter des irrégularités de
fonctionnement. Les manomètres signalent l'intensité
de la force; les plaques et soupapes de sûreté prému-
nissent contre les excès de pression. Des tubes et
robinets de jauge marquent le niveau de l'eau; des
flotteurs à sifflet d'alarme avertissent quand elle est
sur le point de manquer, etc. Différens moyens ont été
proposés pour empêcher, à l'intérieur des chaudières,
l'incrustation des sédimens terreux, résidu de l'évaporation des eaux, dont la présence expose à de redoutables explosions.

Depuis un demi-siècle, le perfectionnement des machines à vapeur s'est surtout opéré dans le sens des hautes pressions et des larges détentes, d'où résulte une
grande économie de combustible. La pompe à feu de
Newcomen n'employait guère la vapeur qu'à la tension
d'une atmosphère et consommait 8 kilog. de charbon par
heure et par cheval. Watt, faisant usage de pressions
supérieures, parvint à ne brûler que 3 kilog. Aujour-
d'hui, on dépense à peine 1 kil. 50, et même, dans les
machines à double cylindre, la quantité de combustible

s'abaisse à 0 kil. 90 (1). Néanmoins, il y aurait encore beaucoup à désirer sous ce rapport, puisque la théorie indique la possibilité de produire la force d'un cheval avec 80 grammes de charbon par heure, soit moins du dixième du minimum actuel. Les progrès accomplis enseignent dans quelle voie on peut en chercher de nouveaux.

Du moment où la machine à vapeur fut mise par le génie de Watt en état de rendre toute espèce de services, son histoire se confond avec celle de ses applications. Le type initial a dû en effet être modifié diversement pour se plier aux différentes fonctions qu'on voulait lui faire remplir et dont les principales sont l'élévation de l'eau, l'actionnement des machines industrielles, la locomotion sur terre, la navigation et l'agriculture. Examinons brièvement ces attributions.

Au début, et pendant près d'un siècle, la machine à vapeur n'avait été qu'une pompe à feu destinée à épuiser l'eau d'infiltration dans les mines. On a perfectionné le mécanisme des pompes à vapeur et accru leur puissance au point de pouvoir débiter d'énormes volumes de liquide et même opérer en peu d'années le dessèchement de grands lacs. Après avoir ainsi supprimé, de 1848 à 1853, la mer de Harlem, qui couvrait 18,000 hectares, les Hollandais projettent de conquérir le Zuiderzée, c'est-à-dire d'enlever, sur près de 200,000 hectares, une profondeur moyenne d'eau de 3^m, 50, soit 7,000,000,000 mètres cubes. La dépense de l'opération s'élèverait à 400,000,000 de francs, mais le profit couvrirait amplement les frais.

____

(1) Thurston, t. II, p. 247.

D'abord réduite à la plus simple des tâches, celle
d'élever les eaux, la vapeur a vu s'augmenter par degrés le nombre de ses emplois, et, appliquée à une foule
de travaux où il était besoin de force, de précision et
de régularité, elle tend à supplanter les anciens moteurs en faisant preuve sur eux d'une incontestable supériorité.

L'introduction de cet agent dans les forges et fonde-
ries a renouvelé les industries métallurgiques. C'est la
vapeur qui broie les minerais et les embrase dans les
hauts fourneaux en faisant mouvoir des souffleries gigantesques. C'est elle encore qui bat, étire, lamine les
métaux et les dispose de toute façon à leur élaboration
finale. Dans les grandes forges, elle élève en un instant, à 5 mètres de hauteur, des marteaux-pilons qui
pèsent jusqu'à 50,000 kilogr. et les laisse retomber avec
une docilité si grande qu'on peut à volonté couper des
poutres de fer ou briser la coquille d'une noisette sans
en écraser le fruit. Il y avait loin des percuteurs de
l'âge de la pierre à ces formidables engins dont l'établissement coûte plusieurs millions de francs.

C'est surtout la machine d'atelier, créée par Watt,
qui se prête à d'innombrables fonctions. Mieux que
les cours d'eau et les vents, la vapeur convertit les
grains en farine, manipule les pâtes, scie le bois et les
pierres, pétrit l'argile, réduit les chiffons en bouillie,
fabrique le papier..... Adaptée par Watt au travail des
industries textiles, elle file et tisse toutes sortes de
substances avec une promptitude et une perfection à
défier les plus habiles et les plus adroites mains. Non
moins étonnante par sa délicatesse que par sa force,
elle tord avec un égal succès les filamens impalpables
qui servent à composer les plus fins tissus et l'énorme

câble qui doit retenir sur ses ancres le vaisseau de ligne battu par la tempête. Chassant la navette à travers la trame des métiers, elle exécute les modes de tissage les plus divers, tricote, broche, fabrique la dentelle, les filets de pêche, etc. — Enfin élevée à des fonctions pour ainsi dire esthétiques ou intelligentes, la vapeur imprime nos livres et nos journaux, tire nos gravures, orne de dessins et de couleurs les tissus et les papiers de tenture....

Chaque année voit s'étendre la liste des emplois dont se charge le plus complaisant et le plus infatigable des moteurs. Après avoir accaparé les tâches les plus pénibles, la machine à vapeur envahit de proche en proche les industries spéciales et leur communique sa fiévreuse activité. Prête à tout faire, elle accomplit aisément quelque travail que ce soit, susceptible de se résoudre en opérations déterminées. Le moteur étant donné, le problème se réduit à trouver un mécanisme approprié d'exécution, et, grâce aux ressources dont les ingénieurs disposent, cette transformation de mouvemens devient de plus en plus facile.

Pour la plupart des industries, la substitution d'une force puissante, rapide et économique, aux anciens moteurs, faibles, lents et dispendieux, a modifié profondément l'organisation des manufactures et les conditions de la production. Aux petits ateliers succèdent les grandes usines. A mesure que se répandent les machines à vapeur, un déclassement s'opère parmi les ouvriers et un nouveau régime de travail s'établit. De pareilles transformations ne s'accomplissent pas, il est vrai, sans trouble, et de là provient une partie des souffrances de notre âge ; mais, une fois achevée, l'évolution ne sera plus que féconde, car elle assure à l'avenir une im-

mense supériorité d'action et un accroissement indéfini
de richesse.

A raison de ses avantages comme puissance et rapidité d'effets, la vapeur convenait à merveille aux besoins de la locomotion et devait enfin procurer à l'homme,
si longtemps captif dans l'étendue, le libre parcours de
la surface du globe. Le XIXe siècle a fait l'application
de la force nouvelle aux transports par terre et à la
navigation.

En 1680, Newton avait imaginé un petit jouet de physique, simple variante de l'éolipyle, où une chaudière,
montée sur roues et projetant en arrière sa vapeur,
avançait par un effet de recul. Cette inutile curiosité
de cabinet ne faisait guère pressentir la locomotive moderne. Un siècle après Newton (1770), Cugnot fabriqua une voiture à vapeur que possède le
Conservatoire des arts et métiers de Paris. L'entreprise était alors prématurée, car, pour s'adapter à
cette fonction, la machine à vapeur devait non seulement être constituée dans ses organes essentiels,
mais encore réaliser un type spécial, qui permît de produire la vapeur à haute pression et sans condensation
ultérieure, ainsi que l'américain Evans en donna l'exemple (1800). Durant les vingt-cinq premières années du
XIXe siècle, les inventeurs s'efforcèrent de créer des
machines routières, sans y pouvoir réussir, à cause de
l'état défectueux des surfaces de parcours. Le succès
n'était possible que sur rails et les recherches ne tardèrent pas à s'engager dans cette direction en Angleterre. En 1804, Trévithick établit, pour le service d'une
mine, la première *locomotive* qui ait transporté du charbon. Mais la principale part, dans la création de cet

appareil, appartient à Georges Stephenson, ancien
ouvrier mineur devenu le plus grand ingénieur de
son temps. Il commença par construire à Killingworth
(1814) une machine capable de traîner 30 tonnes avec
une vitesse de 4 milles à l'heure. C'était à peine égaler
l'allure des chevaux de roulage. Un peu plus tard (1825),
Stephenson exécuta, pour le chemin de fer de Stockton
à Darlington, une machine moins défectueuse avec laquelle fut inauguré le transport par voie ferrée des
voyageurs et des marchandises. Enfin, à un concours
proposé en 1829, il remporta le prix avec sa locomotive
la Fusée qui, après avoir servi plus de vingt ans, est
conservée, à titre de monument historique, au Musée
des brevets de South-Kensington. Dès lors, la grande
industrie des chemins de fer était née, et, en moins
d'un demi-siècle, elle a pris de prodigieux développemens.

Durant cet intervalle, l'organisme complexe de la
locomotive a subi de nombreuses modifications d'où sont
provenus des types distincts suivant que l'on recherchait
en eux la célérité ou la puissance de traction, l'adhé-
rence aux rails et l'aptitude à gravir les pentes. Les
machines pour trains de voyageurs à grande vitesse
(système Crampton) traînent seulement 120 tonnes et
filent à raison de 75 kilomètres à l'heure. La locomotive Engerth, à 8, 10 ou 12 roues couplées, pèse plus
de 45,000 kilog. et ne parcourt que 28 kilomètres à
l'heure ; mais elle remorque de lourds convois de 450
tonnes, même sur de fortes rampes, et peut desservir
les pays de montagnes.

Une des causes qui avaient le plus retardé cette
application de la vapeur était la difficulté d'en produire beaucoup dans un temps très court. Ainsi la

voiture à vapeur de Cugnot ne pouvait marcher qu'un quart d'heure. Elle s'arrêtait ensuite essoufflée afin de laisser se reconstituer sa provision de vapeur. La circulation rapide et continue sur nos chemins de fer n'aurait pas été possible sans la découverte d'un artifice propre à étendre les surfaces de chauffe dans les générateurs. On a obtenu ce résultat par l'invention des *chaudières tubulaires*, indiquées dès 1788 par Read, puis essayées en 1793 par Barlow, qui prit un brevet en France, et dont l'appareil est conservé à Paris dans la collection des arts et métiers. Mais le système ne devint usuel qu'après les artifices de construction introduits par Séguin en France, Booth et Stephenson en Angleterre (1828-1829). Les chaudières des locomotives, que traversent des tubes nombreux où passent la flamme et la fumée, arrivent à développer, malgré leurs dimensions réduites, une surface de chauffe d'environ 100 mètres carrés, qui a pour effet de produire très rapidement la quantité de vapeur dont on a besoin. — Mentionnons encore le procédé, dû à Stephenson, pour accroître, quand il le faut, le tirage de la cheminée et contraindre, sans soufflerie, la flamme à venir chauffer toutes les parties de la chaudière. Il consiste à projeter dans la cheminée et à laisser se répandre dans l'air, avec la fumée, la vapeur qui sort du cylindre. Elle se condense, fait le vide et appelle énergiquement la flamme par une sorte d'aspiration.

C'est dans son application aux transports par eau que la machine à vapeur devait réaliser ses dispositifs les plus puissans et les plus parfaits. Il y avait, pour la navigation, un tel avantage se soustraire, par l'emploi d'un moteur facultatif, au supplice de la rame ou aux caprices du vent que, dès le début des recherches, les inventeurs essayèrent d'utiliser la vapeur. Il suffit de rappeler les tentatives attribuées à Blasco de Garay (1545) et les expériences plus authentiques de Papin sur la Fulda (1707), de Périer en 1775, enfin, du marquis de Jouffroy qui, en 1783, fit marcher un *pyroscaphe* sur la Saône, à Lyon. A la même époque, nombre d'inventeurs (Ficht, Rumsay en Amérique, Miller, Taylor, Bell, en Angleterre), également préoccupés de l'importance du problème, en cherchaient la solution. Mais, quelle que fût la sagacité de ces précurseurs, leurs essais prématurés n'aboutirent à rien de pratique. Venu après les grandes inventions Watt, Fulton fut plus heureux. A lui appartient le mérite de la découverte parce que, au rebours de ses devanciers, il poursuivit ses recherches jusqu'à la réussite. Rebuté en Europe, il construisit en Amérique et lança sur l'East-River, à New-York, en 1807, le *Clermont*, avec lequel, sans recourir à la voile, il accomplit le trajet d'Albany, aller et retour. Peu après (1811 et 1812), Bell construisit en Angleterre le premier steamer qui, en Europe, ait servi au transport des voyageurs. Bientôt les Stevens établirent sur les eaux de la Delaware une flotte de bateaux à vapeur. En 1816, ce mode de navigation fut inauguré sur les grands lacs de l'Amérique du Nord, et, l'audace croissant avec le succès, on osa (1819) traverser l'Atlantique (voyage du « Savannah », de Savannah (Géorgie) à Saint-Pétersbourg). Néanmoins, la navigation transatlantique n'a pris d'extension sérieuse qu'à dater de 1840, époque où la Compagnie Cunard organisa un service régulier entre Liverpool et New-York. Aujourd'hui (1882), on compte sur cette seule ligne 50 steamers d'une puissance totale de 50,000 chevaux, et les traversées, qui jadis duraient des mois, s'effectuent en moins de huit jours. En 1881, l'Angleterre possédait 4,088 navires à vapeur, d'une capacité totale de 2,922,000 tonneaux.

Pour mouvoir la masse énorme de nos transatlantiques actuels ou de nos cuirassés d'escadre, il a fallu développer une puissance proportionnelle à leur poids. Disons comme exemple que le cuirassé *le Lepanto*, de la marine italienne, lancé en 1883, dispose d'une force de 18,000 chevaux-vapeur. Or, le cheval-vapeur représente deux chevaux comme puissance effective de mouvement, et six à raison de sa continuité d'action. En outre, la force réelle des machines atteint au besoin le quintuple de leur force nominale. Si l'on tient compte de ces données, on voit que la propulsion d'un seul navire, peut, à certains momens, mettre en œuvre une énergie supérieure à celle des corps de cavalerie qui figurent dans les plus grandes armées européennes.

Jusque vers 1840, les bateaux à vapeur ont été généralement mus par des roues à aubes. L'emploi, beaucoup plus avantageux, de l'hélice, indiqué par Hooke, en 1681, puis recommandé par Bernouilli au milieu du xviiie siècle, ne fût adopté qu'après les persévérans efforts de Sauvage en France, d'Ericsson aux États-Unis et en Angleterre. Six steamers en 1841, trente en 1842 furent pourvus d'hélices et, depuis, ce système a universellement prévalu. Mais la substitution du nouvel organe aux roues antérieures nécessitait une transformation de l'appareil moteur. On dut alors remplacer les machines lourdes et à mouvemens lents des premiers steamers par des machines légères et à mouvemens accélérés. Les ingénieurs y ont réussi et, maintenant, on ne connaît plus que des bâtimens à hélice.

Le XIXe siècle aura donc vu s'accomplir, sous l'influence de la vapeur, la plus grande révolution de l'histoire en ce qui concerne les moyens de locomotion par terre et par eau. Désormais, la civilisation dispose d'une liberté de mouvemens, d'une facilité de transports et d'une célérité de parcours qu'aucun des âges précédens n'aurait pu prévoir ni osé rêver.

Il reste aux applications de la vapeur une dernière conquête à faire, celle du travail agricole, dont les résultats ne seront pas moins importans. Adapter sous diverses formes le nouvel agent aux occupations rustiques, c'est là un progrès dont la recherche s'impose, car les moyens d'action de l'agriculture ne sont plus en rapport avec ses besoins, ni ses profits avec la cherté croissante de la main-d'œuvre. Le plus grand obstacle au développement de sa production est l'insuffisance, de jour en jour mieux constatée, des moteurs anciens. La tâche de défricher les continens et de fertiliser le globe dépasse les forces réunies de l'homme et des animaux. Trop d'autres fonctions, d'ailleurs, les réclament. Il faut leur substituer un auxiliaire plus robuste, moins limité dans son extension, la vapeur. Dès que nous aurons réussi à lui passer le rude labeur de la ferme, les conditions de culture seront transformées, comme lorsque, au début du cycle agricole, le travail des animaux vint s'adjoindre à celui de l'homme. Alors il deviendra possible d'exploiter à peu de frais de vastes surfaces, de défoncer profondément le sol, de lui donner des façons multipliées, d'enlever rapidement les récoltes et de faire subir aux diverses sortes de produits les élaborations nécessaires. Quand la charrue à va-

peur, traçant quatre sillons à la fois, aura remplacé
l'antique araire, lentement traîné par des bœufs, comme
au temps de Cérès et de Triptolème ; quand la même
force, appliquée à différents outils, fera marcher la
herse, la houe, le rouleau, le semoir, la faux, le fléau,
le van, etc., instrumens arriérés d'une agriculture
élémentaire, l'industrie rurale, plus forte et mieux raisonnée, pourra entreprendre les grands travaux devant
lesquels notre impuissance recule, et nul doute que l'in-
tervention de la vapeur, tirant un meilleur parti des
élémens de fertilité de la nature, n'augmente rapidement nos richesses. Déjà tout un matériel mécanique,
mis par elle en action, supplée en partie la main-
d'œuvre. Aux États-Unis, de grandes exploitations,
qu'on pourrait appeler des usines agricoles, font valoir, par ces procédés expéditifs, les vastes plaines
du Far-West et manufacturent le blé avec une telle
économie que, malgré des frais de transport qui entrent
pour moitié dans le prix de vente, leurs produits
viennent faire aux nôtres une concurrence ruineuse (1).
Sans doute, un pareil système d'agriculture exige des
capitaux considérables et une organisation spéciale
de la propriété ; mais il présente de si grands avantages que, partout où il est praticable, il finira par
s'imposer. Le jour n'est pas loin, peut-être, où l'agriculteur, se faisant industriel et possédant un cheptel
de machines, tant fixes que mobiles, pourra relé-
guer à l'étable et consacrer à la production du lait
ou de la viande l'espèce bovine, dispensée désor-

(1) Du 1ᵉʳ juillet 1882 au 30 avril 1883, les États-Unis, après
avoir assuré l'entretien de leurs 50,000,000 d'habitans, ont pu
exporter 34,481,741 hectolitres de froment, valant 582,057,199 fr.,
et 7,881,335 barils de farine, valant 247,570,911 fr., soit ensemble
une valeur de 829,626,110 fr. (Rapport officiel.)

mais d'épuiser en efforts sa fécondité. On peut du moins prédire que, grâce à ce nouvel appoint de force motrice, la partie de la population humaine vouée aux travaux des champs, verra décroître par degrés son importance numérique. Il est facile de s'en assurer en comparant des peuples pris à divers stades de l'évolution entre le régime agricole pur et l'état industriel le plus avancé. Alors qu'en Russie la population rurale compose plus des neuf dixièmes de la population totale, en France elle n'en représente que trois cinquièmes ; la proportion s'abaisse à moins d'un tiers en Angleterre, et se réduit à un dixième en Amérique. Cela suffit aux États-Unis, non seulement pour satisfaire leurs besoins locaux, mais encore pour subvenir à de larges exportations, et l'excédent des travailleurs reste disponible pour d'autres emplois.

Appropriée au service de l'agriculture, la machine à vapeur constitue un dernier type, la *locomobile* qui devait avoir de petites dimensions pour être facilement transportable. Susceptible d'être utilisée d'une foule de façons, elle sert à actionner des charrues, des batteuses, des hache-paille, des coupes-racines, des vans, des pressoirs, etc. On l'emploie aussi à faire marcher des scieries, des dragues, des excavateurs, des rouleaux compresseurs sur les routes, des concasseurs, des malaxeurs, etc. En réalité, elle est applicable partout où l'on a besoin, par occasion et pour peu de temps, d'une force de quelque puissance. Une de ses formes les plus connues dans les villes est la pompe d'incendie à vapeur, d'origine américaine (New-York, 1841). Elle projette, avec continuité, un jet d'eau à 66 mètres de hauteur et à 90 de distance horizontale, tandis que l'ancienne pompe à bras arrivait à peine au tiers.

Ainsi la vapeur, dont l'emploi ne date guère que d'un siècle, a pris de vastes développemens et s'est pliée à toutes sortes d'attributions. Cette force, la dernière soumise, prime déjà toutes les autres dont la croissance a rempli la longue durée de la phase historique. Ses progrès si rapides et leur accélération continue, indice du grand besoin que notre âge a de secours, montrent quelle carrière il lui reste à parcourir. Quelques chiffres donneront, mieux que des considérations générales, une idée du rôle que remplit la vapeur dans notre ordre économique et feront pressentir celui, plus considérable encore, que lui réserve l'avenir.

L'Angleterre, qui a eu la principale part à la découverte, est entrée la première dans la voie que lui ouvrait le génie de ses inventeurs et doit à l'exploitation du nouvel agent l'étonnante prospérité de son industrie. En 1810, elle ne comptait que 5,000 machines à vapeur. En 1849, une statistique parlementaire dénombrait dans la Grande-Bretagne 108,113 machines fixes, dont le travail équivalait à celui de 30,000,000 d'hommes, chiffre que n'atteignait pas alors sa population réelle. D'après l'ingénieur Fairbain, l'Angleterre employait, en 1865, 450,000 chevaux-vapeur dans ses mines et usines, 1,350,000 dans ses manufactures, 1,000,000 pour le service des chemins de fer et 850,000 pour la navigation, soit en tout 3,650,000 chevaux-vapeur (1). Comme, en général, les machines travaillent au triple de leur valeur nominale, la force qu'elles mettaient en action représentait 11,000,000

---

(1) Le *cheval-vapeur*, unité dynamique de convention, exprime une force capable d'élever 75 kilogrammes à 1 mètre de hauteur en 1 seconde de temps, et par conséquent presque double de celle d'un cheval qui, dans les mêmes conditions, n'élève que 42 kilogrammes.

d'animaux ou, à raison de 7 hommes par cheval, 77,000,000 de travailleurs, chiffre équivalant à la partie valide d'une population de 250,000,000 d'âmes. Ces nombres augmentent d'année en année et, en 1878, l'Angleterre comptait 4,500,000 chevaux-vapeur, ou 100,000,000 d'hommes de force.

Les autres pays ont suivi, d'un pas inégal, l'exemple donné par l'Angleterre. En 1800, la France ne possédait que 6 machines à vapeur d'une force totale de 169 chevaux. Malgré les efforts de l'académicien Périer, l'emploi du nouveau moteur se répandit lentement et, dans un opuscule publié en 1810, il constatait que l'empire français, dont les limites comprenaient la moitié de l'Europe, ne pouvait opposer que 200 machines à vapeur aux 5,000 qu'utilisait alors l'Angleterre. En 1820, la France diminuée se trouvait réduite à 65 machines à vapeur. Les nombres s'élèvent ensuite à 616 en 1830, à 6,832 en 1850, à 17,873 en 1859, enfin à 56,031 en 1881, savoir : 44,100 machines de 576,424 chevaux pour l'industrie privée, 9,189 machines de 2,684,616 chevaux pour les chemins de fer, et 2,832 machines de 347,454 chevaux pour les bateaux à vapeur (non compris les bâtiments de guerre) ; soit un total de 3,600,000 chevaux-vapeur, dont l'emploi réalisait sur la main-d'œuvre une économie de plus de 6,000,000,000 de francs.

Des progrès analogues accomplis dans toutes les contrées industrielles, expliquent le prodigieux essor qu'a pris la force productrice des peuples civilisés et le rapide accroissement de la richesse publique. Aucune autre période de l'histoire n'a vu s'opérer dans un temps si court des gains aussi importans. Grâce à la vapeur, notre pouvoir d'action sur la nature peut prendre une extension indéfinie. On raconte que Watt, présenté à Georges III et interrogé par lui sur le genre de ses travaux, répondit : « Sire, je fais une chose dont « les rois sont très friands, de la puissance (*power*). » Nul plus que lui n'aura contribué à investir l'homme de cette royauté qu'il aspire à exercer dans le monde.

Il semble que, maîtresse d'une force aisée à développer et douée d'aptitudes universelles, l'industrie n'ait plus qu'à en étendre les applications ; mais l'ambition est insatiable par nature, et la vapeur, malgré ses inappréciables avantages, ne comble pas tous les désirs. L'expérience a fait reconnaître en elle des défauts difficiles à corriger parce qu'ils tiennent à son essence, et le seul moyen d'y porter remède serait de découvrir d'autres moteurs mieux appropriés à certaines destinations.

Il y aurait, en effet, lieu d'adresser aux machines à vapeur de sérieux reproches : elles sont encombrantes par leur volume, dispendieuses par leurs conditions d'établissement et d'entretien, incommodes par leur fonctionnement. La production de la vapeur exige des quantités de combustibles qu'il faut souvent tirer de loin, et des approvisionnemens dont le poids absorbe en pure perte une partie notable de la capacité de chargement des paquebots. En outre, quelque maniable et docile que soit cette force, elle a ses révoltes imprévues et terribles que la prudence la plus attentive ne réussit pas toujours à prévenir. Enfin la puissance qu'elle développe ne peut pas se subdiviser assez pour répondre aux besoins de la petite industrie, petite seulement de nom, car les métiers où l'homme travaille, soit isolé, soit en famille, occupent le plus de bras ; d'autre part, le régime des manufactures, imposé par la concentration de la force, a de graves inconvéniens au triple point de vue moral, politique et social.

Il importerait donc de trouver de nouveaux moteurs, moins défectueux, occupant peu de place, faciles à détailler et parfaitement inoffensifs. Aussi, sans attendre que la vapeur ait tenu toutes ses promesses et rempli la mesure de son utilité virtuelle, s'est-on mis en quête d'autres agens. De même qu'après la poudre à canon, l'esprit d'invention a su découvrir une foule d'explosifs qui se prêtent mieux à des usages déterminés, il cherche, indépendamment de la vapeur, des forces expansives comme elle, et mieux en état de satisfaire des exigences données.

La plupart des tentatives se sont produites dans le même ordre d'idées, c'est-à-dire en appliquant la force de dilatation des gaz, mais dans des conditions dont le détail comporte une extrême diversité d'effets. Parmi ces moteurs nouveaux, citons l'*éther*, le *chloroforme*, la *vapeur régénérée*, la *vapeur surchauffée*, l'*eau surchauffée*, l'*air chaud* et le *gaz*. — Dans la construction des appareils destinés à les mettre en action, on a surtout visé à éviter la perte de chaleur latente que l'eau absorbe quand elle se convertit en vapeur, et qu'on ne retrouve pas quand la vapeur a servi, soit qu'on la réduise en eau dans les machines à condenseur, soit qu'on l'élimine dans les machines à haute pression. L'éther, qui bout à 37° et le chloroforme à 60°, peuvent être vaporisés par l'eau attiédie et servir à mouvoir d'autres appareils (machines Tremblay); mais l'emploi de ces fluides n'est pas sans danger, à cause de leur grande combustibilité. — Dans le même but, on a essayé de régénérer la vapeur et, au lieu de

la condenser pour la rejeter sous forme d'eau, en per-
dant sa chaleur latente, de lui rendre la chaleur perdue
pendant le travail, en lui faisant traverser des tubes
fortement chauffés où elle reprend sa tension. — Les
machines Pascal emploient la vapeur surchauffée afin
d'économiser le combustible en profitant des hautes
pressions que procure l'élévation de température.

Pour éviter, dans les rues des villes, les inconvéniens de la fumée, les Américains ont imaginé de faire
marcher les locomotives des tramways au moyen d'eau
surchauffée, contenue sous pression dans des chaudières sans foyer, et dont la vapeur s'échappe quand
on lui donne issue. Ces appareils, construits aux
États-Unis, par M. Lamm, en 1872, et perfectionnés
en France par M. Francq, emploient des chaudières
où l'eau, emmagasinée à une température de 200°,
émet une vapeur dont la tension équivaut à 15 atmosphères. Utiles pour de petits parcours, ils fonctionnent
sans feu tant que l'abaissement de température n'a pas
réduit la vapeur à une tension moindre de 5 atmosphères. On peut même alors réchauffer l'eau sans
combustible en projetant la vapeur dont on s'est servi
sur une solution concentrée de soude caustique qui
s'échauffe en s'hydratant et remplit l'office de foyer
(système Honingmann).

Ericsson a longtemps cherché à remplacer la vapeur
par l'air chaud. Son appareil, fondé sur l'échauffement
et le refroidissement alternatifs d'un courant d'air à
travers une éponge métallique, a été diversement modifié (systèmes Franchot, Dum, Boucherot, etc.) Mais
ces machines, objet d'une sorte d'engouement aux
États-Unis, n'ont pas répondu aux espérances qu'elles
avaient fait concevoir. Elles dépensent plus que les

machines ordinaires et se sont montrées, jusqu'ici, peu capables d'en soutenir la concurrence.

Enfin, la machine à gaz, dont le principe avait été posé par Lebon, l'initiateur de l'éclairage au gaz, mais dont la construction est due à M. Lenoir, date de 1860. Mieux que les précédentes, elle a résisté à l'épreuve de la pratique et pris rang parmi les moteurs usuels. Il en existe de plusieurs types (systèmes Hugon, Otto, Bischopp, Clerke...). Tous sont mis en mouvement par la combustion d'un gaz qui est lui-même une source de chaleur, et actionnés au moyen d'un inflammateur électrique chargé de provoquer, tantôt au-dessus, tantôt au-dessous du piston, l'explosion d'un mélange détonant de 5 parties de gaz d'éclairage et de 95 parties d'air. Ces appareils semblent avoir résolu, d'une manière satisfaisante, le problème des machines à air chaud et présentent sur les machines à vapeur des avantages spéciaux. Comme ils fonctionnent sans chaudière et sans fourneau, ils évitent les risques d'explosion et d'incendie. Leur volume, peu encombrant, trouve aisément place dans l'atelier le plus exigu, dans le logement même de l'ouvrier. Ils n'exigent aucun approvisionnement de combustibles et peuvent être mis en action partout où existe une canalisation de gaz. Au besoin, ils seraient susceptibles de marcher à la vapeur d'hydrocarbures quelconques. Ils détaillent la force, depuis un demi-cheval, selon les besoins les plus limités de l'industrie. Le moteur Bischopp descend à un homme et même à un demi-homme (de 3 à 9 kilogrammètres). Enfin, leur maniement est facile et leur mise en train s'opère, comme leur arrêt, instantanément. Reste la question du prix de revient, décisive en cette matière. Les moteurs Lenoir consomment, par heure et par cheval, 2,500 litres de gaz valant de 0,80 à 0,90 centimes.

Mentionnons encore la machine Dowson qui, au lieu d'employer le gaz d'éclairage, d'un prix élevé, fabrique elle-même son gaz, non éclairant, mais combustible, par la réaction de la vapeur d'eau sur du charbon incandescent. — Les appareils Million (1865) sont établis sur le principe de la conversion du charbon en oxyde de carbone dont la combustion sert ensuite à échauffer l'air destiné à produire le mouvement. On utilise ainsi, en le transformant, tout le combustible. Cette machine combinerait les avantages des machines à gaz et des machines à air chaud, sans avoir leurs inconvéniens.

L'avenir fixera, par une expérimentation plus complète, la valeur de ces différentes inventions. Sans doute aussi, connaissant mieux les causes et les relations des phénomènes dynamiques, il saura faire jaillir d'autres sources de puissance. Le monde est plein de forces latentes ou à peine soupçonnées. Il suffit d'étudier les lois du développement et de la transformation des effets physiques pour susciter des agens nouveaux. Partout autour de nous se dissimulent des forces mystérieuses dont le concours serait sans prix. Ce sont là nos esclaves en expectative, comme ces génies des contes arabes qui attendent, invisibles et silencieux, les ordres du maître dont les enchantemens auront le pouvoir de les évoquer et de les contraindre à livrer des trésors cachés.

CHAPITRE V

CONSIDÉRATIONS GÉNÉRALES

SUR LES FORCES MOUVANTES ET SUR LES MACHINES

On voit quelle extension a prise la puissance motrice de l'homme depuis sa condition de débilité native qui le réduisait à la ressource de ses membres, jusqu'à l'époque actuelle où s'étant subordonné des animaux auxiliaires, les cours d'eau, les vents, des explosifs et la vapeur, il les fait travailler sous sa direction et en tire d'immenses secours.

Loin de faire double emploi et de s'exclure, ces divers moteurs se complètent réciproquement, car chacun d'eux, doué d'aptitudes spéciales, répond à des exigences particulières, et tous sont nécessaires pour assurer tous les services. — Aux forces humaines, seules disponibles à l'origine et toujours les plus précieuses, incombe la fonction d'entretenir la foule des professions manuelles par lesquelles a débuté l'industrie et qui tiennent dans l'ordre économique une place essentielle. Propres à tout, elles accomplissent une infinité de petits travaux qui réclament plus de clairvoyance que de vigueur. Partout où il s'agit d'exécuter une tâche complexe et variée, rien ne vaut une main qui raisonne. C'est en outre l'effort humain qui doit conquérir, mettre en œuvre, régler et gouverner tous les agens auxiliaires. — Si les animaux n'ont pas l'initiative et l'intelligence de l'homme, ils se laissent assujettir, par le dressage, à des tâches très simples dont les principales sont le transport des fardeaux et les travaux de l'agriculture. Pour ces emplois, qui n'exigent qu'une puissance bornée, ils nous offrent la force au degré convenable de division et une docilité facile à diriger. — Par leur continuité d'action et leur gratuité, les moteurs naturels, cours d'eau et vents, devaient avoir pour attribution d'effectuer les transports par eau et de remplir des fonctions élémentaires comme moudre les céréales, scier le bois ou la pierre, élever des eaux, etc. — Les explosifs, dont la puissance se déploie en un instant, étaient surtout aptes à lancer des projectiles de guerre et à vaincre les effets de la cohésion. — Enfin, la vapeur, par son expansion graduelle, se prête excellemment à toutes les tâches industrielles définies, c'est-à-dire susceptibles de se résoudre en opérations déterminées.

Ainsi les différentes sortes des moteurs jouent sur le théâtre de notre activité des rôles distincts. Comme chacun d'eux est appelé à satisfaire des séries fort étendues de besoins, ils se sont développés tous ensemble et leur importance va sans cesse grandissant. Nous voyons par exemple que l'homme, loin de se reposer sur les collaborateurs qu'il a su se faire est, de nos jours, plus actif et plus laborieux que jamais. Les sauvages, dépourvus de toute assistance, ne travaillent pas autant que les civilisés, qui disposent de nombreux auxiliaires. Nous demandons à nos animaux plus de services que les nations barbares dont ils composent l'unique secours. Les chutes d'eau et les vents sont mieux utilisés d'âge en âge. Enfin les explosifs et la vapeur suivent une progression constante...

L'ordre dans lequel s'est accomplie l'exploitation de ces agens marque leur degré comparatif de puissance. L'homme est le plus débile des moteurs et, s'il domine les autres, ce n'est point par la supériorité de sa force sur leur faiblesse, mais par celle de sa raison sur leur cécité. Les animaux dont il se fait aider sont déjà plus robustes que lui. Les cours d'eau et les vents déploient incomparablement plus de puissance que ne peuvent le faire les êtres animés parce que leur principe d'action n'est pas limité dans sa cause et que, ne connaissant pas la fatigue, ils n'ont pas besoin de repos. Nos forces artificielles sont, pour certains effets, supérieures aux forces naturelles. Les projectiles lancés par la poudre atteignent dans leur fuite les animaux les plus rapides et nos explosifs font éclater les corps les plus durs. La vapeur surmonte toutes les résistances. Nos steamers marchent contre le vent, remontent le cours des fleuves et bravent les plus mauvais états de mer....

Même différence entre les moteurs en ce qui concerne leur extension facultative. Les forces humaines sont, pour chaque région, limitées par le chiffre de la population dont l'accroissement dépend de causes complexes qu'il n'est pas en notre pouvoir de faire agir ou de modifier. Dans un pays donné, chaque génération ne dispose que d'une quantité restreinte de bras et, si l'on a quelque latitude pour les déplacer ou les grouper, on ne peut guère en élever le total absolu. — Il est déjà plus facile d'augmenter le cheptel des animaux auxiliaires, à raison de leur croissance rapide et de leurs moindres besoins. Cependant, leur multiplication est aussi arrêtée par des conditions de reproduction et de subsistance. — Les cours d'eau et les vents pourraient mieux être exploités dans la mesure de nos convenances et tiennent à notre disposition plus de force que nous n'en utiliserons jamais. Toutefois, la localisation de ses agens et leur capricieuse intermittence circonscrivent encore les applications. Seules, les forces artificielles, produites par nous, sont susceptibles de s'étendre indéfiniment. L'emploi des explosifs n'est borné que par l'abondance de leurs élémens. La vapeur qui exige simplement de l'eau et des combustibles, peut être développée sans mesure, suivant les exigences de l'industrie, comme en témoigne, depuis un siècle, sa progression rapide.

Si l'on considère la docilité relative des moteurs, ils sont encore à classer dans le même ordre. L'homme est le plus incertain de tous, le plus enclin à la désobéissance, versatile et trompeur parce qu'il est personnel et volontaire, exposé à une foule d'influences perturbatrices qui résultent de ses besoins, de ses passions, de l'usage ou de l'abus qu'il fait de sa liberté. — Quoique plus soumis, les animaux nous opposent encore les tendances d'un indestructible égoïsme et les révoltes d'instincts contrariés. — Les forces brutes n'ont pas les inconvéniens de la personnalité. Leur passivité, qui était un obstacle pour les conquérir, devient un avantage après leur asservissement. Néanmoins, celles que nous empruntons à la nature, détournées de son ordre, mais toujours assujetties à ses lois, ont leurs irrégularités, leurs déchaînemens et leurs périls. — Les plus maniables et les plus souples sont celles que nous suscitons par nos artifices. Comme leur puissance apparaît, se déploie, se ralentit et s'arrête par l'effet de notre action, elle nous est entièrement subordonnée et nous en faisons ce qui nous plaît.

Enfin, eu égard au prix de revient du mouvement, la différence n'est pas moins sensible entre les moteurs. L'homme est le plus dispendieux parce qu'il a le plus de besoins. Son emploi, pour un travail de force, coûte environ dix fois plus cher que celui des animaux. — Ceux-ci ont moins d'exigences. Pourtant comme nous ne pouvons appliquer leur activité à notre profit qu'en nous chargeant du soin de leur subsistance, l'entretien de ces auxiliaires ne laisse pas d'être onéreux. — Malgré leur gratuité naturelle, les cours d'eau et les vents imposent encore des frais, puisqu'il faut aller les utiliser sur place, et surtout des pertes de temps, lorsque leur puissance fait défaut. — A force égale, dans les conditions ordinaires, la vapeur est le plus économique des moteurs. En Angleterre, on ne peut guère évaluer à moins de 3 fr. par jour la subsistance d'un ouvrier. Or, celle d'un cheval, qui vaut 7 hommes, ne revient qu'à 2 fr. et un cheval-vapeur, qui représente deux chevaux, est obtenu avec une quantité de houille dont le prix ne dépasse pas 0 fr. 40. Une machine à vapeur fait donc ressortir à quelques centimes le coût d'une journée d'ouvrier. — On réalise encore indirectement des économies par suite de moindres nécessités de surveillance à mesure qu'on emploie des moteurs plus puissans dont l'effort est mieux centralisé. Dans leurs travaux collectifs, les hommes ont besoin de contre-maîtres qui les dirigent, et les surveillans eux-mêmes ont parfois besoin d'être surveillés à leur tour. Quant aux animaux, comme il faut sans cesse les conduire, les exciter ou les contenir, chaque attelage de deux bêtes, de quatre au plus, exige un conducteur spécial. La manœuvre des bâtimens à voiles occupe des équipages nombreux. Un mécanicien et un chauffeur suffisent pour faire marcher un train de chemin de fer ou un paquebot qui exécute le travail de milliers de chevaux.

Sous quelque rapport que l'on compare les divers moteurs, ils marquent donc les stades d'une progression continue et l'ordre de leur acquisition est aussi celui de leur importance, de leur extension virtuelle, de leur économie et de leur commodité.

Il nous reste à examiner le rôle général des machines dans l'application des forces mouvantes. Des artifices mécaniques étaient la condition de l'emploi d'agens dynamiques, puisqu'il fallait les contraindre et les détourner de leur but pour les plier à nos fins. L'unique moyen d'adapter le mouvement à des fonctions particulières consistait à commander sa direction, graduer son intensité, régler sa vitesse et gouverner ses effets, de manière à utiliser juste ce que nous voulons de puissance, où nous voulons, quand nous voulons et comme nous voulons. Destinées à mettre les forces en œuvre et à modifier leur action en vue de résultantes déterminées, les machines décomposent le mouvement, accroissent la vitesse en sacrifiant de l'intensité, ou l'intensité en sacrifiant de la vitesse, accumulent une force lente pour un brusque et puissant effet ou répartissent graduellement les effets d'une force brusque, enfin changent la direction des mouvemens et les rendent à volonté alternatifs ou continus, rectilignes ou circulaires. Faisant ainsi le meilleur emploi de la force, elles épargnent soit de la puissance dans la cause, soit de la dépense dans la matière, soit du temps dans l'exécution. Les machines constituent donc une part intégrante de notre domination sur les forces et leur perfectionnement a suivi, avec un parallélisme constant, le développement des moteurs.

Les forces humaines, dont l'application à l'aide des seuls organes avait une efficacité si bornée, ont été rendues capables de tout faire grâce à d'innombrables outils dont les plus simples datent de l'établissement des industries primordiales. Lorsque, plus tard, on voulut tirer parti des animaux auxiliaires, on dut imaginer le bât, le chariot, la charrue et le manège. L'appropriation des cours d'eau et des vents nécessita des combinaisons plus ingénieuses encore, la voile et le gouvernail des navires, la roue hydraulique et les ailes en hélice du moulin à vent. Les emplois balistiques de la poudre ont exigé un matériel d'armes à feu dont la construction, pleine de difficultés, s'est lentement améliorée. Enfin, pour utiliser la vapeur, il a fallu créer des appareils très complexes, chefs-d'œuvre de mécanique savante dont la machine de Watt, la locomotive, la locomobile et l'outillage de la grande industrie donnent suffisamment idée. A travers la succession de ces phases, une évolution logique a fait se développer les instrumens de travail dans le sens d'une complication et d'une perfection croissantes.

Toutes les combinaisons de la mécanique procèdent d'un petit nombre d'élémens que même la théorie réduit à trois, le levier, la roue et le plan incliné. C'est avec ces ressources, si restreintes en apparence, mais

susceptibles d'agencemens infinis, qu'on a pu composer des machines de toute forme et de tout usage, où
l'on ne sait qu'admirer le plus, de la simplicité des
moyens mis en usage ou de la fécondité des résultats
obtenus.

Le levier qui, par le choix du point où il fait agir la
puissance, permet à la moindre force de surmonter de
très grandes résistances, comporte les applications les
plus étendues. A l'exemple de la nature dans le plan
des organismes, nous y avons continuellement recours
dans la disposition de nos outils et la construction de
nos machines. Mais l'emploi raisonné du levier ne remonte pas au-delà d'Archimède qui, le premier, en
établit la théorie et en démontra la puissance.

La roue est l'élément le plus progressif de la mécanique. Faisant levier, elle sert à soulever des poids
(treuil, cric, cabestan..); appliquée aux transports, elle
facilite le mieux la traction (chariots, camions,
brouettes, voitures, locomotives, wagons...) ; employée
pour changer la direction des forces, elle convertit, au
moyen de la manivelle, des mouvemens rectilignes en
mouvemens circulaires, des mouvemens alternatifs en
mouvemens continus, ou opère les transformations
inverses. Le progrès général des machines pourrait se
mesurer au nombre des applications de la roue. Depuis
un siècle et demi, une foule d'industries ont vu singulièrement accroître leur puissance productrice par la
substitution de cylindres à rotation rapide, à des plaques d'une manœuvre lente et intermittente.

Quoique la roue simple soit immémoriale dans l'ancien monde, la roue dentée, organe essentiel des machines composées, ne paraît pas antérieure à l'époque
d'Aristote dont la *Mécanique* en fournit la première

mention. Les savans de l'école d'Alexandrie vulgarisèrent son emploi. Le moyen âge s'en servit pour la
construction des horloges. Au xviie siècle, la pratique
des engrenages fut beaucoup perfectionnée par la
découverte de la machine à diviser les dents des roues,
dont la précision est nécessaire pour assurer la régularité de marche des appareils, et par l'application à
ces dents, jusque là carrées, de courbes en épicy-
cloïdes qui diminuent les frottemens.

La poulie simple, très anciennement connue en
Egypte et en Assyrie, et la machine funiculaire, à poulies multiples, que l'on croit avoir été inventée par
Archimède, sont des engins utiles dans une foule de
cas et de première nécessité dans la marine. Il suffit
de dire que le gréement d'un navire de dimensions
moyennes n'exige pas moins d'un millier de poulies.
On doit à l'ingénieur français Brunel, le moyen de les
fabriquer mécaniquement.

L'artifice de la vis paraît aussi dater d'Archimède.
Les clous à vis, qui en font l'application la plus commune, et si précieux pour pénétrer dans le bois par
pression douce, n'ont pas été connus des anciens. Leur
emploi n'est devenu vulgaire que depuis l'invention
des machines à fileter. Nous avons dit combien la
disposition des vis de pressoir a été améliorée par la
substitution du fer au bois et celle de pas carrés aux
anciens filets triangulaires.

Au coin se rattachent tous les outils perçans et
tranchans.

Enfin le plan incliné donne le moyen de neutraliser
ou d'utiliser les effets de la pesanteur. Toutes nos voies
de transport sont établies pour en procurer l'avantage
et visent à réaliser le plan idéal sur lequel la moindre

force ferait rouler ou glisser les plus lourds fardeaux.

Mais, si la connaissance des élémens de la mécanique est fort ancienne, leur application méthodique est récente et, tandis que les outils les plus simples remontent à l'origine de la civilisation, il ne semble pas qu'on ait essayé, avant la période alexandrine, de construire des machines composées. Chez les peuples de l'antiquité classique, il n'y avait aucune fabrication courante de ces engins complexes dont l'importance est si grande maintenant, et nulle part il n'est fait mention d'une profession analogue à celle de nos *mécaniciens*. Quelques savans seuls s'occupaient de mécanique, par curiosité d'esprit plus qu'en vue de résultats utiles, et l'insouciance d'Archimède pour les inventions admirables qu'il avait faites en se jouant montre que ni ses contemporains ni lui n'en mesuraient exactement la valeur. Cassiodore, postérieur de plusieurs siècles, donne de la mécanique cette définition singulière : « c'est, dit-il, la science de construire des machines « merveilleuses dont les effets semblent renverser l'or- « dre de la nature », quelque chose comme la sorcellerie du moyen âge ou les prestiges de la physique amusante. A la fin du xe siècle, le pape Gerbert fut suspecté de magie pour s'être adonné à des recherches de mécanique. Des combinaisons ingénieuses, dont l'objet était d'étonner les foules et nullement de faciliter le travail purent être, dès l'antiquité, trouvées dans des collèges de prêtres ou des écoles de savans, mais elles ne contribuèrent en rien aux progrès de l'industrie.

Vers l'époque d'Aristote, on entrevit la matière d'une science dans ces tentatives qui n'avaient jusqu'alors été guidées que par l'empirisme. Les *Questions de mécanique* qu'on lui attribue en offrent une première ébauche. Néanmoins Archimède doit être considéré comme le véritable fondateur de la mécanique. Il donne la théorie du levier, établit les principes de la statique et fait plus de quarante inventions dont quelques-unes seulement ont été décrites par les auteurs. Après lui, Ctésibius imagine les pompes, Héron les clepsydres à roues, etc. La découverte des moulins à eau et celle des manèges paraissent dater de la même époque. Continuant ce mouvement de recherches, le moyen âge trouve les moulins à vent, les horloges, les armes à feu... Cependant, la théorie du mouvement était en retard sur la pratique lorsque Galilée, Descartes, Huyghens et Newton vinrent enfin instituer la science sur un fondement mathématique. Depuis lors, l'industrie, pouvant raisonner toutes ses combinaisons, a su construire les appareils si nombreux et si divers grâce auxquels des forces aveugles exécutent la plupart de nos travaux. Pour faire apprécier l'importance de cette production, disons que, en 1860, la construction des machines occupait à Paris 9,000 ouvriers et créait pour 49,000,000 fr. de produits (1). En 1881, l'Angleterre a exporté pour 248,000,000 fr. de machines (2).

Nous ne pouvons aborder le détail infini de ces inventions. Bornons-nous à quelques indications sommaires sur leur utilité dans les principales industries qui toutes s'appliquent, avec un succès croissant, à faire exécuter par des machines, sous l'impulsion de moteurs assujettis, ce que leur tâche a de plus pénible.

Le rude travail des mines s'accomplit en partie à

(1) *Enquête sur l'industrie parisienne,* 1860.
(2) Maurice Block, *Annuaire de l'économie politique,* 1883.

l'aide de procédés mécaniques. Des appareils spéciaux ouvrent les galeries, les aèrent, les assèchent, descendent et remontent les mineurs, élèvent les minerais, les broient, les trient... D'autres forent les puits artésiens, percent les tunnels, draguent les ports, creusent les canaux, enlèvent les déblais... Des perforatrices à pointes de diamant pénètrent dans les couches les plus dures, telles que des lits de quartz, sur lesquels s'émousseraient les outils d'acier...

L'industrie métallurgique, où naguère encore tout se faisait à la main, comme du temps des Cyclopes, emploie maintenant des mécanismes qui forgent, coupent, laminent, tréfilent les métaux et les réduisent en barres, plaques, feuilles et fils de toute grosseur. Les anciens, obligés de battre au marteau les métaux usuels, n'en pouvaient faire, sous ces formes simples, qu'une application des plus restreintes, à cause de la lenteur du travail. Le *laminoir* et la *filière* leur donnent cette façon expéditivement et à peu de frais. On croit que l'art d'étirer les métaux fut trouvé à Nuremberg, au commencement du xv⁰ siècle. L'Angleterre dut sa première tréfilerie à des Allemands, en 1568, et n'acquit le laminoir qu'un siècle après (Shew, 1669). Dès 1553, Antoine Brukner l'avait introduit à la monnaie de Paris. Depuis qu'a prévalu la méthode anglaise pour le traitement du fer, l'emploi de ces deux machines est devenu général. Nos laminoirs peuvent également fournir les plaques massives qui servent à blinder les bâtiments cuirassés et des feuilles de tôle de moins de 1/150⁰ de millimètre d'épaisseur.

Les *machines-outils*, d'origine plus récente, sont au nombre des plus précieuses créations de l'industrie

contemporaine. Comme leur nom l'indique, elles font
agir mécaniquement les outils manuels, mais avec plus
de puissance et de régularité. Leur établissement, dont
on est surtout redevable à M. Witworth, de Manches-
ter, procure d'incomparables facilités pour donner
aux matières métalliques ou ligneuses quelque forme
déterminée que ce soit. Elles rabotent, scient, tournent,
taraudent, mortaisent, poinçonnent, cisaillent, liment,
boulonnent, martellent les métaux, régularisent les
surfaces, planes ou courbes, creusent les filets, décou-
pent les rouages à l'emporte-pièce, taillent les engrenages cylindriques ou coniques, etc. Grâce à leur
secours, il devient aisé de façonner d'énormes pièces
de fer ou d'acier, comme les arbres de couche de la
marine à vapeur qui pèsent jusqu'à 30,000 kilog., et
de confectionner les organes des machines composées, avec une précision dont ne pourrait appro-
cher la main de l'homme simplement munie de la lime
et du ciseau. Une des principales difficultés que Watt
eut à surmonter au début de ses recherches, fut de
trouver des ouvriers assez habiles pour aléser des
cylindres et ajuster, avec une exactitude suffisante,
les diverses parties de ses appareils. L'outillage faisait
défaut à l'idée. Pareil obstacle n'arrête plus nos mécaniciens. Les machines-outils, instrumens dociles de la
pensée qui les a conçus, fabriquent séparément les pièces des mécanismes les plus compliqués, réduisant la tâche finale de l'ouvrier à un assemblage facile. Citons
comme exemple les mouvemens de montre qu'on est
arrivé à pouvoir livrer, tout prêts à être montés,
pour la somme de moins de 5 fr. Sans l'aide de
ces procédés expéditifs, la fabrication économique
des machines industrielles, qui intéresse toutes les bran-

ches de la production, n'aurait pas été possible, et le
fonctionnement même de celles que l'on construirait
à grand frais, avec le plus de soin, serait toujours défectueux parce que, dans le détail, les formes manque-
raient de correction.

La mise en œuvre du bois, si longtemps et si grossièrement accomplie au moyen de la hache, de la
scie et d'autres outils d'un effet laborieux et lent,
s'opère aujourd'hui dans des usines, où, avec la moindre déperdition de matière, des troncs gigantesques
sont, en peu d'instans, débités en poutres, madriers,
planches ou feuillets d'ébénisterie d'un demi-millimètre
d'épaisseur. Les façons plus délicates de la menui-
serie, depuis les huisseries jusqu'aux persiennes et aux
parquets, la confection même des meubles sont exécu-
tées par des machines-outils avec autant de promptitude
que d'économie. On peut ainsi fabriquer à la mécanique
toutes les pièces dont se compose une maison de bois
et son ameublement complet.

Nous avons indiqué l'utilité générale des moulins
mus par l'eau, le vent ou la vapeur, pour réduire les
céréales en farine. Dans les mieux aménagés, le travail
automatique se règle avec une telle perfection que le
grain est broyé sous la meule, la farine blutée, ensachée
et pesée sans qu'il soit besoin de main-d'œuvre, et le
visiteur peut parcourir un de ces établissemens modèles en pleine activité sans y rencontrer un ouvrier.
Comme dans les contes de fées, le travail se fait de lui-
même et n'exige qu'une surveillance intermittente. Les
moulins servent en outre à exprimer l'huile, à convertir les chiffons en pâte à papier, etc.

Le concours d'engins mécaniques a transformé, en
moins d'un siècle, les antiques procédés des industries

textiles. Ce n'est plus la main de diligentes ouvrières, ce sont des machines qui approprient les matières premières, cardent et peignent la laine, épluchent le coton, teillent le chanvre et le lin, dévident les cocons... Arkwright a appris aux machines à filer (1769). D'autres inventeurs ont vaincu l'indocilité des textiles les plus rebelles. Le métier automoteur exécute le tissage et même les modes les plus compliqués du tissage. Le métier à bas fabrique les tricots ; celui de Jacquard les étoffes brochées ; d'autres font la dentelle, les filets, etc. La machine à coudre effectue avec rapidité toutes sortes de points.....

L'agriculture s'efforce de subtituer des appareils perfectionnés à son outillage rudimentaire. Des charrues mieux établies, actionnées par de robustes attelages ou par la vapeur, labourent et défoncent les terres. La machine à semer, moins incertaine que la main du semeur, dépose chaque grain à la distance et à la profondeur convenables. Elle économise un tiers de la semence et facilite les sarclages par la culture en lignes. Les moissonneuses (Patrick Bell, 1826, Mac-Cornick, 1831), faucheuses (Rob. Salmon, 1814) et faneuses abrègent singulièrement le travail de la faux, de la faucille et de la fourche. Dans l'Amérique du Nord, les grands États producteurs de céréales employaient en 1867, pour enlever en peu de jours les récoltes sur une surface de 7 à 800,000 hectares, 175,000 moissonneuses, tenant lieu de 1,500,000 ouvriers qu'il aurait été impossible de recruter, et épargnant plus de 100,000,000fr. sur le prix de la main-d'œuvre. (1). La machine à battre (Meiffren, 1733 — Meickle, 1786) dispense les batteurs

(1) Michel Chevalier, *Introduction* aux *Rapports* sur l'Exposition de 1867, p. 120, et *Rapports* t. XII, p. 11.

en grange de leur pénible corvée. D'autres engins vannent, criblent, trient les semences, égrènent le maïs, décortiquent le riz, hachent la paille, coupent les racines, bottellent le foin, pressent les fourrages, etc. On économise ainsi bien des bras et l'assistance de ces ouvriers mécaniques permet à l'agriculture contemporaine d'augmenter sa production avec une population rurale stationnaire ou même décroissante.

L'art du constructeur, empruntant à la mécanique d'utiles secours, emploie ses combinaisons pour enfoncer des pilotis, amener à pied d'œuvre, élever et mettre en place des matériaux pesans, pétrir l'argile, mouler des briques, corroyer des mortiers, etc.

Considérés dans leur ensemble, nos appareils de transport, par terre et par eau, constituent un outillage puissant faute duquel la plupart des élémens de richesse, stérilisés sur place, ne pourraient pas être mis à portée des besoins qui les réclament en tous lieux.

Dans le détail, les machines se prêtent à exécuter un nombre infini d'opérations. Nous leur faisons pétrir le pain, baratter le beurre, tourner des broches, moudre du poivre (1) et du café, triturer du cacao, casser du sucre, boucher et déboucher des bouteilles, frapper des timbres, régler des registres, tondre les gazons, balayer et arroser les rues, etc. La petite industrie serait à pourvoir, comme la grande, de mécanismes appropriés à toutes sortes d'emplois et que pourraient actionner de faibles moteurs. Il y a, de ce côté, des multitudes d'inventions à faire.

On est même parvenu à investir les machines de fonctions dont une main d'œuvre intelligente semblait seule

---

(1) Le *Satyricon* de Pétrone, mentionne un moulin à moudre le poivre (*mola buxea*, § 74).

susceptible de s'acquitter. Nous en avons qui gravent, guillochent, modèlent, réduisent avec la perfection d'artistes consommés (procédés Colas, Savage, etc.). Les orgues et boîtes à musique jouent des morceaux moins mal que bien des exécutans. Mieux que la plume ou le roseau du scribe, la presse à imprimer vulgarise les œuvres de l'esprit humain. Des compteurs et enregistreurs mécaniques notent avec une scrupuleuse exactitude toutes les quantités qu'on a intérêt à constater. Ces instrumens d'indication et de contrôle sont utiles pour mesurer le débit de l'eau et du gaz, la longueur en mètres des pièces de coton soumises au calandrage, supputer les coups de piston battus par une machine à vapeur, les tours de roue d'un véhicule, apprécier la vitesse d'un train à tous les instans de son parcours, compter, dans les ateliers monétaires, les pièces frappées par le balancier, vérifier le nombre des billets pris aux guichets des chemins de fer, celui des visiteurs admis aux expositions, etc. Nos horloges, pendules, montres et chronomètres sont des compteurs qui marquent le cours du temps avec plus de régularité que les mondes, puisqu'ils indiquent le temps moyen, alors que ceux-ci nous donnent seulement le temps vrai, variable suivant l'époque de l'année. Les machines à calculer (arithmomètres), conçues par le génie de Pascal et rendues pratiques de nos jours, (Thomas de Colmal, Babbage...) exécutent des opérations très complexes plus vite et plus sûrement qu'un calculateur exercé. Nombre d'hommes pourraient se tenir pour humiliés de voir des machines faire aisément des choses dont ils seraient incapables, et l'on se demande, avec une sorte d'inquiétude, où s'arrêteront les empiétemens de la mécanique dans le domaine jusqu'ici réservé de l'intelligence. Lorsque Vaucanson fut nommé membre de l'Académie des sciences on lui rapporta que les algébristes ne lui avaient pas été favorables, parce qu'il n'était pas arrivé à ses inventions par la voie de l'analyse. — « Que ne le disaient-ils, répondit le constructeur d'automates, je leur aurais fabriqué un géomètre! »

La création de ce vaste matériel mécanique est assurément une des œuvres qui font le plus honneur à l'ingéniosité humaine et pourrait caractériser, conformément à l'étymologie du mot « machine », le génie même de l' « invention » (1). Ces appareils qui, autrefois, faisaient s'émerveiller l'ignorance de la foule, méritent l'admiration réfléchie de l'homme de science, par les lois qu'elles appliquent, et celle de l'économiste, par l'utilité de leurs résultats. Quelque chose de la puissance qui a organisé la matière semble avoir passé dans ces combinaisons où la nature est imitée et dépassée. Nos machines, si variées de forme et d'emploi, représentent l'équivalent d'un règne nouveau, intermédiaire entre les corps bruts et les corps vivans, qui a la passivité des uns, l'activité des autres et les exploite tous à notre profit. Ce sont des contrefaçons d'êtres animés, capables d'imposer à des substances inertes un fonctionnement régulier. Leur ossature de fer, leurs organes d'acier, leurs muscles de cuir, leur âme de feu, leur souffle haletant de vapeur ou de fumée, le rythme de leurs mouvemens, parfois même leurs cris stridens ou plaintifs qui expriment l'effort et simulent la douleur, tout contribue à leur donner une

____

(1) Machine, *machina*, du grec μηχάνη, invention.

animation fantastique, fantôme et rêve d'une vie inorganique. Ces créatures dont la force égale la docilité épuisent à nous servir une existence qu'elles tiennent de nous. Sous nos ordres, elles étreignent la matière entre leurs bras puissans, la brisent, la broient, la pétrissent, la façonnent et la transforment au gré de nos désirs. Nous avons en elles des légions d'esclaves robustes, infatigables, d'une agilité, d'une adresse merveilleuses, dont nous pouvons abuser sans scrupule et entendre les gémissemens sans remords.

L'âge industriel, qui commence à peine, verra s'accomplir le triomphe général de la mécanique. Toutes nos machines composées sont d'origine récente ; la plupart même ont été construites durant le siècle qui s'achève. Il reste beaucoup plus à faire qu'il n'a été fait jusqu'ici. Nous marchons vers un idéal où l'immense labeur de l'industrie s'effectuera mécaniquement sous l'action des forces brutes. Comme tout ce que font aujourd'hui les machines s'est exécuté jadis à la main, le jour viendra où tout ce qui se fait encore à la main sera exécuté par des machines. Il suffira de décomposer les tâches en autant d'opérations spéciales qu'il y a d'élaborations distinctes et de combiner des engins en vue de mouvemens appropriés. Ces petits problèmes n'embarrasseront guère les constructeurs à mesure que le besoin d'une solution se fera sentir.

Comparée à la fabrication manuelle, la fabrication mécanique offre d'inappréciables avantages comme économie de force et de temps, régularité du travail et bon marché des produits. Les outils appartiennent à l'âge de la petite production, lente, inégale et dispendieuse ;

les machines inaugurent celui de la grande production, rapide, précise et peu coûteuse.

Les machines économisent la force parce qu'elles en appliquent juste ce qui est nécessaire pour un travail donné. Dans la plupart des fonctions dont s'acquitte la main de l'homme, une faible partie de sa force est réellement utilisée ; le surplus reste inemployé et augmente d'autant les frais. Les mécanismes proportionnent mieux la dépense de force à l'effet utile ou l'effet à la force utilisable.

Elles économisent aussi le temps parce qu'il est facile d'obtenir d'elles une incomparable célérité de mouvemens. Ainsi nos locomotives, qui, en train express, battent de 1000 à 1200 pulsations par minute, parcourent l'étendue avec une vitesse de 70, même de 100 kilomètres à l'heure, qu'aucun animal ne pourrait atteindre ou soutenir.

Bien des travaux sont exécutés par des machines avec une perfection que l'homme serait incapable d'égaler. La main s'égare vite quand elle veut apprécier des poids en les soupesant ; moins faillibles, nos balances, romaines, bascules, etc., donnent avec précision la mesure de la pesanteur et les plus délicates peuvent tenir compte de fractions de milligramme. Façonner à la main un vase circulaire de forme parfaite serait impossible ; rien n'est plus facile à l'aide d'un tour. L'ouvrier le plus adroit obtiendrait malaisément une surface rigoureusement plane ou courbe, ou des engrenages symétriques ; quelques artifices mécaniques rendent ces ouvrages d'une extrême simplicité. Comme les mouvemens des machines échappent aux influences perturbatrices de la sensibilité, ils se reproduisent avec une constante uniformité, alors que ceux des organismes varient continuellement. Nous devons à cette cause la régularité de production qui caractérise l'industrie moderne. Les ouvriers anciens, réduits au travail manuel, n'auraient pas pu fournir une multitude d'objets pareils, presque identiques, comme le sont nos pièces de monnaie, nos armes, nos livres, nos gravures, etc. La fabrication mécanique, supprimant les accidens de dissemblance qu'entraîne l'emploi de la main d'œuvre, multiplie à profusion des articles exécutés dans les mêmes conditions et tellement conformes à un modèle commun qu'on a peine à les distinguer les uns des autres.

Elle encourt souvent de ce chef le reproche de banalité : — Autrefois, objecte-t-on, quand tout se faisait à la main, chaque ouvrage, portant la marque d'une inspiration personnelle, avait, à titre d'œuvre d'art, une valeur originale. C'est ce qui donne aux moindres objets de l'antiquité ou du moyen âge une grâce inimitable. Au contraire, la production par les machines est vulgaire, uniforme, sans choix et sans goût... — On pourrait répondre que de tout temps il a dû y avoir une majorité d'ouvriers malhabiles, et que les anciens ont sûrement connu, comme nous, la *camelotte* et la *pacotille* dont les spécimens, moins dignes d'être conservés, ne sont pas venus jusqu'à nous. De plus, rien n'empêche de corriger les défauts d'une fabrication imparfaite, d'abord en ne faisant exécuter par les machines que des types choisis, ensuite, en perfectionnant les mécanismes de manière à les rendre non seulement automatiques, mais encore « raisonnans », c'est-à-dire capables de s'arrêter au moindre dérangement ou de rejeter les produits défectueux.

Enfin, l'économie réalisée sur le prix de revient résulte de ce que la machine, mue par une force peu coûteuse, travaillant vite et n'exigeant pas de repos, accomplit la tâche de nombreux ouvriers. Quelques chiffres, empruntés aux industries principales, feront comprendre le prodigieux accroissement de puissance productrice dont la civilisation est redevable à l'emploi des procédés mécaniques.

En ce qui concerne la métallurgie, on admet que le travail d'un ouvrier représente actuellement celui de trente avec les outils dont on disposait il y a six siècles. Telle usine de nos jours produit et met en œuvre plus de fer que tout l'empire romain.

Pour élever sa pyramide, où sont entrés 2,521,000 mètres cubes de matériaux, Chéops dut employer, pendant trente ans, 100,000 hommes qui se relayaient tous les trois mois. — Il a suffi de 500 ouvriers environ, relevés trois fois par jour, pour percer en dix ans le tunnel du mont Cenis, cubant 600,000 mètres de roche vive. Le creusement du canal de Suez, qui a nécessité le déplacement de 74,000,000 mètres cubes de terre ou de sable, a été exécuté plus vite par de puissantes machines (dragues, excavateurs, élévateurs, locomotives, etc.) qu'il n'aurait pu l'être par les bras des fellahs qu'on avait d'abord consacrés à ce travail. Le percement de l'isthme de Panama, dont le déblai doit s'élever à 100,000,000 mètres cubes, s'effectuera en peu d'années, sans nécessiter de grandes agglomérations de travailleurs.

Durant toute l'antiquité, la réduction des céréales en farine fut une des tâches les plus absorbantes. Homère, décrivant le palais d'Ithaque, dit que « douze femmes « étaient sans cesse occupées à broyer le grain nour-

« ricier (1). » Si l'on suppose la maison d'Ulysse composée de 300 personnes, on aurait la proportion d'une esclave de meule pour vingt-cinq bouches. — Or, le moulin de Saint-Maur près de Paris, moud, avec un personnel de vingt ouvriers, 100,000 rations par jour. Un ouvrier entretient donc 5,000 consommateurs, et sa puissance de production est 200 fois supérieure à celle de l'esclave antique. L'économie de prix n'est pas moindre que celle de force : avec les procédés d'autrefois, la mouture à bras de 36 hectolitres de blé occuperait 150 hommes à 2 fr. par jour et coûterait 300 fr., tandis que le moulin fait ce travail pour moins de 10 fr., tous frais compris.

On sait avec quelle désespérante lenteur s'opère la conversion des textiles en fils au moyen de la quenouille. Quoique l'antiquité n'ait guère utilisé que la laine, presque toutes les femmes devaient tourner sans relâche le fuseau. Dans l'Inde, où l'on récoltait le coton, la consommation restait locale à cause de l'impuissance où l'on aurait été d'étendre la fabrication. Tout ce que peut faire l'ouvrier hindou, c'est d'éplucher, dans sa journée, un demi-kilogramme de coton. La machine, inventée en 1793 par l'américain Whitney, épluche avec un cheval et deux aides, 450 kilog. par jour. — Le gain est plus sensible encore dans l'industrie de la filature. Une *mull-Jenny*, dirigée par un ouvrier, fait le travail de 500 bonnes fileuses du siècle passé, et, en 1867, on calculait que si tout le coton filé dans la Grande-Bretagne avait dû l'être à la main, il n'aurait pas exigé moins de 91,000,000 d'ouvrières (2).

(1) *Odyssée*, ch. XX, v. 105.
(2) Michel Chevalier, *Rapports du jury international, 1867*, Introduction, p. 22.

Les métiers à tisser automatiques (*self-acting*) tiennent lieu d'un nombre considérable de tisserands. Avec le métier circulaire à tricoter, une femme exécute jusqu'à 480,000 mailles par minute et remplace, conséquemment, 6,000 tricoteuses à l'aiguille, dont chacune n'en pourrait faire que 80. Deux épisodes de l'histoire économique montrent la grandeur de la révolution opérée par les machines dans l'industrie des tissus : En 1700, lorsque l'Angleterre s'essayait timidement au travail du coton, le Parlement dut rendre une loi pour interdire l'entrée des toiles de l'Inde dont ses manufactures n'auraient pas pu supporter la concurrence. En 1831, les rôles se trouvaient intervertis et c'était l'Inde qui, malgré le triple avantage de recueillir sur place la matière première, de disposer d'une main-d'œuvre dix fois moins chère et de consommer directement ses produits, demandait à être protégée contre la concurrence, devenue ruineuse pour elle, des cotonnades anglaises qui lui arrivaient grevées des frais d'une double traversée. Entre ces deux dates, les découvertes de Watt et d'Arkwright avaient renversé la situation. L'industrie européenne doit à son outillage perfectionné une supériorité qui, malgré le taux élevé des salaires, lui permet d'inonder le monde de ses produits et de les répandre à bas prix dans les pays mêmes où la main-d'œuvre ne coûte presque rien.

Quelles légions de portefaix ne faudrait-il pas à l'Europe pour remplir, sans tenir compte des avantages de célérité, l'office des chemins de fer ! Une locomotive, conduite par un mécanicien et un chauffeur, traîne un poids utile de 300,000 kilog. à la distance moyenne de 150 kilomètres en un jour. Le même travail, exécuté par des hommes (à raison de 700 kilog. transportés sur un sol uni à 1,000 mètres de distance en un jour) exigerait 64,000 porteurs. Les 20,000 locomotives que comptait l'Europe en 1869 remplaçaient donc 1,280,000,000 d'hommes (1).

Enfin, une presse à vapeur, qui imprime par heure plus de 20,000 exemplaires d'un journal de grand format, fait un travail dont un million de copistes ne fourniraient pas l'équivalent. Si tout ce qui s'imprime en France, en Angleterre, en Allemagne et aux États-Unis devait, comme avant Gutemberg, s'écrire à la main, ces pays n'auraient pas assez de toute leur population, sans cesse occupée à faire des copies, pour suffire à une tâche dont s'acquitte aisément la corporation des typographes.

On peut apprécier, par ces exemples, l'étendue des secours que nous prêtent les machines. La somme totale de leurs avantages, s'il était possible de l'établir exactement, s'exprimerait, même pour des régions restreintes, par des chiffres surprenants. En 1860, on estimait que la production des machines industrielles dans la Grande-Bretagne représentait le travail de 1,200,000,000 d'ouvriers, c'est-à-dire beaucoup plus que l'humanité actuelle (comprenant environ 1,400 millions d'êtres) ne pourrait fournir de main-d'œuvre, défalcation faite des non-valeurs; et chaque année voyait ce recrutement d'auxiliaires augmenter de plusieurs dizaines de millions d'hommes de force la puissance productrice du pays.

Une pareille extension d'activité mécanique ne se traduit pas seulement en accroissement de richesse;

(1) A. Perdonnet, *Notions générales sur les chemins de fer*.

elle a aussi pour effet d'assurer la libération progressive des travailleurs. La nature, en imposant à
l'homme une continuelle dépense d'efforts, l'avait fait
esclave de ses besoins, condamné, pour y subvenir, à
la fatigue et à la douleur. Sa rédemption graduelle
s'accomplit par la conquête des forces et le développement des machines. Chaque application qu'il en fait
l'exempte de quelque tâche pénible, l'affranchit de
la servitude du travail musculaire, la plus humiliante pour un être intelligent. Passant aux machines
ce que son labeur a de grossier et faisant exécuter par des forces brutes la partie brute de sa tâche,
il n'en retient que la partie intellectuelle, moins
répugnante à la raison et conciliable avec sa dignité.

Il est facile de suivre dans le passé les phases de cet
affranchissement séculaire. Les fonctions les plus rebutantes et les plus rudes de l'industrie primitive, celles
qui exigeaient seulement de la vigueur, sont aujourd'hui accomplies par des machines. Avec nos moyens
perfectionnés de transport, des légions de portefaix
ne sont plus astreints à tenir l'emploi de bêtes de
somme, comme on le voit encore en Afrique et dans
l'extrême Orient. L'immense amas de nos richesses
circule à la surface du globe sans plus coûter d'accablans efforts et l'homme, qui a si longtemps peiné sous
le fardeau, dispensé même de la marche, se fait transporter à peu de frais pour tous les trajets de quelque
étendue. Là où s'établit l'usage des voitures, les porteurs de chaise ou de palanquin disparaissent. La voile
et surtout la vapeur ont fait supprimer les triples et
quadruples rangs de rameurs qui encombraient les
galères antiques et dont la cruelle corvée a persisté

L. BOURDEAU.   16

jusqu'à la fin du xviie siècle (1), exercice si pénible que, chez les modernes, il constituait le châtiment des criminels *(galériens)*.

Il n'y eut pas, dans l'antiquité, de tâche plus assujettissante et plus dure que celle de tourner la meule à moudre le grain. La *Bible* exprime souvent l'affliction d'un homme par l'image, proverbiale chez les Hébreux, d'une meule qu'il porterait à son cou. Cette pénible fonction était infligée aux esclaves qu'on voulait punir (2), et la rigueur du supplice leur a fait pousser des gémissemens dont les poètes, depuis Homère jusqu'aux écrivains de la décadence latine, nous ont transmis le plaintif écho. Lors de l'invention des moulins à manège, un cri de joie échappe aux tourneurs de meule. Dans un *graffito* célèbre, un pauvre esclave, après avoir dessiné au trait un âne attelé à la roue, lui dit avec une satisfaction bien sentie : « A ton tour, ami « baudet, travaille! *(Labora, aselle, quomodo labo-* « *ravi).* » Mieux encore, la découverte des moulins à eau fut saluée par ces malheureux comme une espérance d'affranchissement. On en trouve l'expression gracieuse dans une épigramme de l'*Anthologie :* « Femmes occu- « pées à moudre, ne fatiguez plus vos bras, dormez la « longue matinée et laissez la voix du coq vous annon- « cer l'arrivée prochaine du jour. Cérès a ordonné aux « nymphes de remplacer l'ouvrage de vos mains ; aus- « sitôt elle se sont élancées au sommet des roues pour « faire tourner l'essieu, et l'essieu, à l'aide des rayons

(1) Des *galéasses*, grands vaisseaux mus par des rameurs, ont figuré à Lépante (1571), et dans la grande Armada (1588). Un siècle plus tard (1683), Duquesne en avait encore devant Alger.

(2) On les envoyait au moulin, « *in pistrinum* » (Térence, *l'Andrienne*, A. I, v. 198). Notre locution populaire dit de même « être dans le *pétrin.* »

« qui l'entourent, entraîne dans sa course quatre meu-
« les creuses et pesantes. L'âge d'or renaît donc pour
« nous, puisque, sans travail et sans peine, nous jouis-
« sons des dons de Cérès (1). » — Depuis l'invention des
blutoirs, au xvie siècle, on ne tamise plus la farine à
bras, comme faisaient les *talmelliers* (boulangers) du
moyen âge. Le pétrin mécanique tend à libérer les
geindres des efforts qu'exige la manipulation des
pâtes...

Dans les temps modernes, le rouet à filer et la mull-
Jenny ont affranchi les femmes de l'antique servitude
de la quenouille et du fuseau. A Rome, la quantité de
laine, dûment pesée le matin, que la matrone assi-
gnait pour tâche du jour à ses esclaves fileuses, s'appelait « *pensum* » (de *pendere*, peser), et ce mot, qui
désignait un labeur fastidieux, a conservé le sens de
punition dans la langue scolaire. En exemptant les
femmes de ce *pensum* perpétuel, l'industrie a grande-
ment contribué à leur émancipation. Le demi-esclavage
où les tenait l'antiquité avait en partie pour cause le
besoin qu'on avait de leur travail pour la confection
des tissus. La tâche était longue, il ne fallait pas
qu'elles perdissent de temps. On les enfermait dans le
gynécée comme des ouvrières dans un atelier. — Le
métier à tricoter et la couseuse mécanique ont achevé
l'œuvre de libération commencée par le métier à filer.
Pour les hommes, le métier à tisser remplace le
tisserand. La machine de Jacquard rend inutiles les
emplois du *liseur de dessins* et du vigilant *tireur de
lacs*.

De même, la presse monétaire a dispersé les bandes

____

(1) Épigramme d'Antipater.

de monnayeurs au marteau, assez nombreuses à Rome
pour qu'une de leurs révoltes ait pu mettre, sous Aurélien, l'empire en danger (1). La presse de Gutemberg a fait disparaître l'industrie des scribes qui, au
xve siècle, se comptaient par milliers à Paris. Nos
pendules tiennent lieu de l'*horologète* antique, cet
esclave-chronomètre dont la fonction consistait à
retourner des clepsydres et à crier les heures (2), attribution dont les muezzins en Orient, les crieurs de nuit en
Espagne, sont encore chargés, et dont s'acquittent
mieux les sonneries de nos horloges.

A mesure que les forces auxiliaires gagnent en importance et que les machines se perfectionnent, on peut
constater, dans l'histoire, la décroissance de l'esclavage comme institution sociale. Des agens sont indispensables pour produire; l'industrie prend ceux qu'elle
trouve à sa portée. A l'origine, les forces humaines
étaient seules disponibles; elle s'en empara violemment
et les organisa par le régime des castes serviles. Tous
les grands travaux de l'antiquité ont été accomplis par
des esclaves. Les libres citoyens n'avaient pour outils
que leurs armes et s'en servaient pour recruter des
serviteurs ou les maintenir dans l'obéissance : « Je pos-
« sède une grande richesse, dit la vieille chanson cré-
« toise, c'est ma lance et mon épée, et mon beau bou-
« clier long, rempart du corps. Avec cela je laboure,
« avec cela je moissonne, avec cela je foule l'agréable
« vin que produit la vigne! Avec cela j'ai des esclaves
« qui m'appellent maître! Eux, ils n'ont pas le cœur
« d'avoir une lance, ni une épée, ni un beau bouclier
« long, rempart du corps! Tous tombent de frayeur et

______

(1) Vopiscus, *Vie d'Aurélien*, 38.
(2) Athénée, *Deipnosophistes*, liv. III; et Martial, X, 60.

« embrassent mes genoux en criant : Maître et grand
« roi ! (1). » Au rapport de Tacite, « les Germains
« trouvaient honteux d'acquérir au prix de leur sueur
« ce qu'ils pouvaient acheter au prix de leur sang (2). »
Ce droit des braves « à qui tout appartient », comme
le prétendaient aussi les Gaulois, fut, dans les temps
anciens, exercé avec une impitoyable rigueur. L'asservissement des vaincus opéra une première et brutale répartition du travail, grâce à laquelle des industries s'organisèrent. Il ne fallait pas moins que
la servitude pour contraindre les hommes à faire,
sous peine de la vie, l'apprentissage des plus durs
métiers.

Plus tard, l'évolution du progrès conduisit à reconnaître l'insuffisance du travail servile et à chercher
d'autres agens de production. Mais il arriva qu'en se
procurant de nouveaux esclaves la civilisation prépara
l'affranchissement des anciens, dont l'emploi devint de
moins en moins nécessaire et de plus en plus onéreux.
Quand on eut trouvé des moteurs à tous égards préférables, la servitude perdit le terrain que gagnaient les
forces et les machines qui travaillaient mieux, plus
vite et à moins de frais. Chaque découverte nouvelle
vint étendre et confirmer cette charte d'émancipation.
Aristote, soutenant contre les abolitionnistes de son
temps la nécessité sociale de l'esclavage, s'est chargé
de démontrer, par les argumens mêmes dont il se sert,
comment les progrès de la mécanique devaient rendre
sa suppression inévitable : « L'esclave, dit-il, n'est

(1) Fragment d'Hybrias (viᵉ siècle avant notre ère), dans Athénée, *id.*
(2) « *Pigrum et iners videtur sudore acquirere quod pos-
sis sanguine parare.* » (*Germanie,* § xiv.)

« qu'un instrument plus parfait... Si un outil pouvait
« pressentir l'ordre de l'artisan et l'exécuter, si la
« navette courait d'elle-même sur la trame... l'indus-
« trie n'aurait pas besoin d'ouvriers, ni le maître d'es-
« claves (1). » Cette utopie, que le plus grand esprit de
l'antiquité traitait de chimère, est une réalité pour
nous. Des mécaniciens de génie ont su construire
des outils qui fonctionnent sous l'impulsion de forces
brutes et, si l'industrie a toujours besoin de bras
pour diriger les machines, le maître du moins n'a plus
besoin d'esclaves. Ainsi tendent à disparaître, non seulement la servitude politique ou sociale, variable suivant les lois et les mœurs, mais encore la servitude
naturelle, bien plus rigoureuse, qui résultait de la faiblesse de l'homme et de l'immense effort nécessaire
pour entretenir sa vie.

Cependant, l'introduction des machines et le régime
des manufactures, qui en est la conséquence, n'ont pas
été sans soulever de vives récriminations. On accuse
les procédés mécaniques de faire aux artisans une concurrence funeste et de leur ôter des mains les outils
professionnels, leur unique gagne-pain. Montesquieu
va jusqu'à regretter l'invention des moulins à eau
comme portant atteinte aux droits du travail (2). Il est
vrai que la substitution des machines à la main-d'œuvre, dans une industrie particulière, ne peut pas s'opérer
sans une perturbation momentanée de la condition des

(1) *Politique,* liv. I, ch. I.
(2) « Si les moulins à eau n'étaient pas partout établis, je ne les
« croirais pas aussi utiles qu'on le dit, parce qu'ils ont fait repo-
« ser une infinité de bras. » (*Esprit des lois,* liv. XXIII, ch. xv).
On voit bien que Montesquieu ne s'était pas exercé à tourner la
meule !

ouvriers qu'elle occupait; mais le mal est passager, le bien durable. Les machines ne sont pas pour les artisans des rivales, moins encore des ennemies; ce sont des aides et, loin d'ôter du travail, elles en procurent à un plus grand nombre ou forcent les déclassés à porter ailleurs, au profit de la richesse publique, une activité plus féconde. L'ordre une fois rétabli et la transformation opérée, comme nous le voyons pour la filature et le tissage, la production augmente dans de telles proportions qu'en définitive les machines emploient plus de surveillans qu'elles n'ont fait chômer de manœuvres. En 1769, avant l'invention du métier à filer, la Grande-Bretagne ne comptait que 5,200 fileuses au petit rouet, et 2,700 tisseurs, en tout 7,900 ouvriers. Une génération plus tard, en 1833, M. Bain, historien de l'industrie cotonnière, constatait, dans le même pays, l'existence de 237,000 ouvriers occupés dans les filatures et de 250,000 tisserands, soit ensemble 487,000 ouvriers, et ce nombre, en 1845, s'élevait à 800,000. Il avait donc centuplé en moins de trois quarts de siècle. Aux mêmes dates, les salaires se trouvaient portés, pour les femmes, de 1 franc à 2 francs 50 et, pour les hommes, de 2 à 5 francs. Les fils de ceux qui ont accablé de malédictions Arkwright et Jacquard bénissent aujourd'hui leur mémoire et doivent leur aisance à ces engins que les pères voulaient briser.

Mais, allègue-t-on encore, et Sismondi s'est fait l'interprète de cette accusation, la prédominance de la mécanique ne crée-t-elle pas une servitude nouvelle, plus assujettissante que l'ancienne? L'industrie n'arrive-t-elle pas à rendre l'ouvrier esclave de sa machine, à le confiner dans un détail toujours plus borné de fabrication, et à faire de lui une sorte de rouage dans

un mécanisme complexe où il perd toute initiative?
Victor Hugo demande où tend ce progrès

« Qui donne, en somme,
Une âme à la machine et la retire à l'homme? »

Si grave que soit l'objection, il ne nous paraît pas
impossible d'y répondre. Sans doute, l'industrie mécanique a des tâches ingrates, comme le sont, du reste,
toutes les tâches imposées et non choisies; néanmoins,
celle dont l'homme s'acquitte au moyen de la machine
est toujours plus relevée que celle dont est chargée la
machine même et qui incombait jadis à l'ouvrier. Sa
fonction de surveillance réclame de l'attention ou de
l'adresse plus que de l'effort. Il est permis d'espérer
que, par suite du développement des artifices mécaniques, le travailleur étant affranchi de tous les métiers
pénibles, humilians ou dangereux qu'il remplit encore
aujourd'hui, ce qu'on appelle « l'homme de peine »,
l'esclave véritable de tous les temps, disparaîtra sans
retour. Alors chaque ouvrier, passant contre-maître,
aura des machines pour apprentis sous ses ordres. Son
travail ne consistera plus qu'à gouverner des moteurs
asservis et disciplinés.

Non assurément qu'il nous soit jamais donné d'atteindre un idéal où, tout se faisant par des procédés
automatiques, même l'appropriation des forces et le
renouvellement des machines, l'homme pourrait croi-
ser ses bras, désormais inutiles, et n'aurait plus qu'à
jouir au sein d'une mortelle oisiveté. Cette chimère
de la production gratuite et du mouvement perpétuel
n'est heureusement pas réalisable. Il faudra toujours
travailler pour vivre, et même travailler toujours davantage. Seulement, sous l'influence du progrès industriel,

notre activité se transforme. Pour vaincre la matière, nous aurons à faire de moins en moins acte de vigueur et de plus en plus preuve d'intelligence. En remplaçant de la sorte le labeur physique par le travail de l'esprit, la civilisation change le sort de l'espèce, car il y a loin de l'homme, simple agent de mouvement, qui avait la brute pour égale et des forces aveugles pour supérieures, à l'homme devenu agent de direction, qui commande aux divers moteurs et les contraint à le servir. Cette domination établie par un être faible sur les puissances de la nature est le triomphe de la raison dans le monde.

LIVRE SECOND

FORCES PHYSIQUES

Outre la disposition des forces mouvantes, l'industrie devait chercher à conquérir celle des forces physiques. L'empire que nous aspirons à exercer sur les choses serait en effet bien restreint s'il se bornait à les déplacer dans l'étendue et à les façonner mécaniquement. Il fallait aussi pouvoir leur faire subir diverses modifications afin de les adapter pleinement à notre commodité. A cet égard, les actions physiques ont surtout de l'importance. Sans cesse à l'œuvre dans la nature, la chaleur, la lumière et l'électricité influent sur la condition des corps et occasionnent en eux des manières d'être susceptibles de changer, dans un sens utile ou nuisible, toutes leurs propriétés. Il y avait donc un grand intérêt à s'emparer de ces forces pour les exploiter à notre profit.

Mais autant ce monde de phénomènes comportait des applications fécondes, autant il était difficile d'en usurper la direction. Incapable de produire des effets physiques comme il produisait des mouvemens, par le jeu de ses organes, et d'agir ainsi sur les choses, l'homme devait user d'artifices combinés avec une clairvoyance supérieure. Voyons comment l'industri est parvenue à régir, d'abord les effets de la chaleur, ensuite ceux de la lumière, enfin le pouvoir mystérieu de l'électricité.

CHAPITRE PREMIER

CHALEUR

Dans l'économie des forces de la nature, la chaleur, principe de transformation universelle, joue un rôle prépondérant. Son action paraît être, avec celle de la pesanteur, la plus puissante dont la matière ait à subir l'influence. C'est elle qui contraignant les corps à changer d'état, les rend tour-à-tour solides, liquides ou gazeux. Elle provoque en eux des inégalités de dilatation qui se traduisent, dans les fluides, en effets mécaiques, cause première de l'agitation de l'air et des eaux. Ces mutations physiques et les relations de la chaleur avec l'affinité facilitent les combinaisons des substances. Enfin, toutes les manifestations de la vie sont subordonnées à des conditions de température. La chaleur détermine l'éclosion des germes, la croissance des plantes, la maturation des fruits, les fonctions des animaux. Au-dessus d'un maximum et au-dessous d'un minimum peu distans, tout ce qui vit à la surface du globe périrait. Il suffit même d'une faible différence en plus ou en moins pour activer ou ralentir les phénomènes vitaux, comme le montre l'influence si marquée des saisons et des climats.

A raison de sa nudité, de sa délicatesse et de sa sensibilité, l'homme, plus qu'aucun animal, était sous la dépendance des variations thermiques. Il avait besoin de corriger des écarts de température pour prendre possession de son domaine et arriver à se répandre sous toutes les latitudes. En outre, il devait pouvoir modifier les choses à sa convenance par des applications de la chaleur. La disposition de cet agent était donc pour lui une condition de vie, de bien-être et de richesse. Privée de cet élément de puissance, l'espèce humaine, limitée dans son expansion et incapable de progrès industriels, aurait été condamnée à une misère incurable.

Aussi les hommes ont-ils eu de tout temps une intuition très nette de l'utilité de la chaleur. Le culte du feu, céleste et terrestre, l'adoration du soleil comme foyer chargé d'échauffer le monde, se retrouvent dans la plupart des croyances et ont laissé dans la symbolique religieuse d'impérissables vestiges. Aghni, dieu du feu et dispensateur de la chaleur, est la principale divinité invoquée dans les *Védas* ; Vulcain figure avec Apollon parmi les grands dieux de l'Olympe ; Prométhée, ravisseur du feu, est l'initiateur des arts... La philosophie naissante tint le feu pour un des quatre élémens du monde et Zénon put définir la nature « un feu artiste » (1). Enfin, dans l'organisation des langues, une sorte d'instinct logique fit rattacher l'idée de chaleur à ce qui paraissait vivifiant et bon, comme la qualification de froid à ce qui était désagréable ou fâcheux (2). Partout l'hiver est associé à des images funestes. Le *Zend-Avesta* lui donne pour

(1) Cicéron, *De natura deorum*, II, 22.
(2) On dit *amitié chaude, amour ardent... humeur froide, accueil glacial...* etc.

auteur Ahriman, génie du mal, et l'appelle « le
« méchant, le cruel, qui tue les troupeaux, qui est
« plein de neige et de mauvaises pensées » (1).
Quand on a voulu rêver des lieux de délices, on a imaginé des paradis où règne un printemps perpétuel. Par
contre, toutes les conceptions d'enfers ont infligé aux
réprouvés des températures extrêmes, pénibles à supporter. Seulement, tandis que les peuples des pays
chauds se figuraient des enfers de feu, les hyperboréens (les Esquimaux) se représentaient les leurs de
glace, simple affaire de latitude. Il s'est même rencon-
tré des théologiens, plus ingénieux que charitables, pour
faire alterner ces deux genres de supplice et raviver la
torture par le contraste.

Soit pour atténuer ses souffrances, soit pour augmenter son bien-être, l'homme devait donc prétendre
au gouvernement d'une force dont les effets pouvaient
être tour-à-tour si utiles et si malfaisans. Indiquons
par quels procédés il est parvenu à produire le chaud
et le froid, à régler leur action et à l'appliquer indus-
triellement.

La nature fait rayonner d'un double foyer cosmique
les températures qui lui ont servi à mettre dans notre
monde l'ordre que nous y voyons. D'une part la chaleur
propre du globe, jadis excessive, mais en décroissance
continue et maintenant insensible à la surface, a fourni
les actions puissantes sous l'influence desquelles s'est
accomplie, durant les âges cosmogoniques, la genèse
minérale ; de l'autre, l'irradiation du soleil envoie à la
terre, à travers l'espace, la chaleur plus tempérée qui

(1) Fargard XIV, 139, et VII, 69.

fait s'épanouir, dans les milieux superficiels, les créations de la vie. Mais ces deux sources de calorique ne pouvaient suffire à nos exigences, car les hautes températures emprisonnées à l'intérieur de la planète ne nous sont d'aucun secours, et celle qui vient du soleil, variable suivant les lieux et les temps, est presque toujours en excès ou en défaut pour nos besoins et ne permettrait pas d'opérer, dans la plupart des choses, les transformations nécessaires. C'est pourtant à cette ressource si bornée de la chaleur naturelle que l'homme se trouvait réduit. Comme les animaux, il subissait passivement, sauf l'expédient d'abris passagers, les températures que lui infligeaient le climat, la saison et l'heure du jour. En cet état, il ne pouvait subsister que dans la zône équatoriale, où vivent les singes anthropoïdes, seule région dont la tiédeur uniforme le préservât de trop grands écarts et entretînt autour de lui une fécondité permanente. Au-delà des tropiques, le froid des hivers lui rendait le monde inhabitable (1). Rien de misérable et de précaire comme la condition de l'homme torturé par les variations thermiques et de continuelles intempéries. Le soleil le brûle, la bise le transit, la froidure le gèle. La fraîcheur même des nuits est désagréable et dangereuse après la chaleur du jour, et les alternances des saisons amènent de périodiques souffrances...

Tant que dura la phase d'animalité native, l'homme dut utiliser de son mieux la chaleur que lui dispensait la nature en la recherchant quand elle lui était favorable et en s'appliquant à s'y soustraire quand il en sentait douloureusement l'atteinte ; mais, en cela, son in-

---

(1)   « Ulterius nihil est nisi non habitabile frigus. »
(Ovide, Tristes, liv. III, élég. 4.)

telligence ne dépassait guère l'instinct des animaux. Pour s'élever au-dessus d'eux et se faire une condition meilleure, il devait se rendre maître des effets de la chaleur et les employer à sa convenance. Or, quand on examine quels sont, en dehors du rayonnement des masses cosmiques, les phénomènes d'où provient un dégagement de chaleur, on ne trouve que des mouvemens mécaniques, des actions physiques et des combinaisons chimiques. La science moderne attribue à ces causes réunies l'incandescence des astres. En remontant ainsi au principe des effets thermiques, l'industrie humaine ne fait donc qu'imiter la nature, car nous sommes toujours obligés de suivre ses lois, même quand nous paraissons nous écarter de son ordre, et nos moyens usuels pour développer de la chaleur sont les mêmes que ceux qui lui ont servi à allumer ou contribuent à entretenir ces grands foyers.

On ne pouvait guère demander de la chaleur à des artifices mécaniques ou physiques parce que, dans les deux cas, on transformerait des forces coûteuses à produire en une autre qui, pour être vraiment utile, devrait s'obtenir à peu de frais. Seules, les actions chimiques offraient un moyen commode pour faire surgir de grandes quantités de chaleur, et c'est celui dont la civilisation a surtout tiré parti. Le phénomène de la combustion, observé avec intelligence et dirigé avec sagacité est le biais par lequel l'homme a pu s'emparer des effets calorifiques.

Au point de vue de la science, la combustion résulte de la combinaison d'un corps avec l'oxygène de l'atmosphère. Par suite des affinités si étendues de cet élément, la plupart des substances peuvent s'unir à lui, et toujours en dégageant de la chaleur; mais celles-là seulement ont une utilité générale, dans lesquelles la combinaison, une fois commencée, continue d'elle-même, à l'air libre et à la température ordinaire, avec une activité mesurée, facile à gouverner. Les corps qui brûlent mal et ceux qui se consument trop vite sont également défectueux. L'expérience fit reconnaître que les composés où dominent le carbone et l'hydrogène satisfont le mieux aux conditions voulues. Ils constituent en conséquence la classe des *combustibles* et c'est exclusivement à eux que nous demandons de la chaleur.

Quelque indispensable que le feu paraisse au bienêtre et à la conservation même de la race humaine, il dut être inconnu tant que persista l'état de nature. Aucun instinct n'en pouvait enseigner l'usage, et l'art de le produire exigeait plus de raisonnement que les animaux n'en sauraient montrer. Tous l'ignorent, et ceux même qui, admis à l'hospitalité de nos foyers, en recherchent la douce chaleur, n'ont pas assez d'intelligence pour l'entretenir, alors qu'ils n'auraient qu'à nous imiter. Aussi longtemps que l'homme leur ressembla par le défaut de réflexion, il resta comme eux incapable de faire du feu, et lorsque, à l'occasion, la nature lui en mettait sous les yeux, il n'avait pas davantage la clairvoyance nécessaire pour tirer profit de l'indication. Nul ne saurait dire combien a duré cet état d'imbécillité bestiale.

Diverses causes peuvent, par circonstance, déterminer le phénomène de la combustion. La foudre, tombant sur des amas de matières sèches, allume parfois des incendies dans les forêts. La flamme des volcans ou des coulées de laves ardentes révélaient aussi la force inconnue. Mais ces éventualités sont rares et, quand l'homme primitif s'en trouvait témoin, il devait, comme les animaux, être moins attiré qu'effrayé par le spectacle d'un fléau dévastateur. En outre, le contact du feu était des plus douloureux pour qui s'aventurait à le manier sans en soupçonner le péril, et l'expérience seule pouvait mettre en lumière son utilité cachée.

Pendant bien des siècles, sans doute, ces accidens de combustion ne frappèrent que des esprits inattentifs ou terrifiés. Les troupeaux humains qui, en vaguant à travers le monde, rencontraient par hasard du feu, le virent en brutes et le laissèrent se consumer sans pressentir l'importance du phénomène ni chercher à en faire des applications. Enfin, lorsque l'intelligence, mieux éveillée, fut en état de s'étonner et de réfléchir, un trait de lumière traversa ces cerveaux obscurs, la révélation se fit, et le feu, d'abord curieusement observé, puis entretenu avec soin pour être employé de mille façons, fut acquis à la civilisation et devint son agent le plus précieux.

C'est par ce progrès, dont elle seule était capable, que la raison se manifesta pour la première fois dans le monde. Une invention aussi prodigieuse et non assez admirée était en effet au-dessus de l'instinct des bêtes puisque aucune d'elles n'a pu y atteindre. « L'homme, « dit Buffon, a produit le feu comme par un rayon de « son intelligence. » On peut, avec Joseph de Maistre, placer ici la frontière qui nous sépare du singe et admettre la définition que Wilson donne de l'homme quand il l'appelle « un animal qui fait du feu » (*man is a fire making animal*). Nul trait ne marque plus nettement le point de départ de la civilisation et la limite précise où l'espèce humaine s'est détachée du monde animal. En franchissant ce pas décisif, notre race a fait preuve de perfectibilité et, dégagée de ses langes, est entrée dans une carrière de développemens sans terme assignable.

La découverte du feu était assurément la plus féconde en conséquences que pût faire l'homme des premiers temps. Celui de nos ancêtres qui, ayant constaté la manière dont se propageait la combustion, sut circonscrire un incendie naturel, s'en faire un foyer, l'entretenir et l'utiliser, fut l'initiateur véritable de la civilisation et comme le second créateur de la race humaine. Par cela seul, en effet, toutes ses conditions de vie et d'activité furent changées. Dominé jusque là par la loi des climatures, hors d'état de rien modifier autour de lui, l'homme ne différait guère des animaux; mais dès qu'il dispose du feu, il prend sur eux l'avantage et son action sur la nature semble ne plus connaître d'obstacles.

Il commence par réchauffer au rayonnement d'une flamme amie ses membres transis par la bise ou trempés de pluie. Dans toutes les contrées à température inégale, le feu constitue un des principaux élémens de bien-être, et quiconque a souffert du froid se range à l'avis de Martial qui regarde un feu permanent (*focus perennis*) comme une condition essentielle de bonheur (1). Ce même feu, qui rapproche et réunit, est un principe de sociabilité. Partout le foyer domestique, centre des affections de la famille et des relations du monde, est devenu un symbole de concorde

(1) Liv. X, épigramme 47.

et d'hospitalité. Vitruve attribue à son heureuse influence l'origine de toute société entre les hommes qui devaient errer, solitaires et farouches, tant qu'ils ne furent pas amenés à se rassembler autour d'un foyer commun.

Maîtresses de tempérer la rigueur des hivers et de niveler les climats, les populations humaines, d'abord confinées entre les tropiques, purent dès lors se répandre jusqu'au delà du cercle polaire, dans des régions qui, faute de cette ressource, leur auraient été à jamais interdites.

En même temps qu'il corrigeait l'âpreté des climats froids et des saisons rigoureuses, le feu donnait à l'homme le moyen de s'ouvrir un passage à travers la végétation confuse qui couvrait la face de la terre. Ce futur conquérant du monde en prend possession par l'incendie. Une torche à la main, il avance en détruisant les bois stériles, les fourrés épineux, les herbes des steppes, met en fuite les fauves épouvantés et prépare pour la culture les plaines où croîtront plus tard des moissons.

Par ses applications économiques et industrielles, le feu est le principe des arts utiles, et l'antiquité regardait à juste titre comme leur inventeur celui qui avait su dérober aux dieux jaloux ce trésor céleste. Le plus commun de ses usages est la préparation des alimens, opération si nécessaire que dans toutes les langues, *cuisine* dérive de *cuire*. La coction communique en effet à la plupart des substances nutritives des propriétés avantageuses, et l'homme peut ainsi vivre d'une foule de produits (la chair des animaux, des herbages, des racines...) que, dans leur état de crudité, il n'aurait pas pu consommer sans inconvéniens et sans dégoût.

Plus tard, la métallurgie, impossible sans le secours du feu, découvrit des procédés pour fondre et épurer les minerais, couler les métaux, les amollir, les souder, les tremper, composer des alliages et donner à ces corps, d'un emploi si général, la forme qu'ils se prêtent à recevoir échauffés pour la garder refroidis. Dans les traditions mythologiques, le prétendu inventeur du travail des métaux, Twachtri dans l'Inde, Héphaestos chez les Grecs, Vulcain chez les Latins, n'est que la personnification symbolique du feu.

Le même agent servit encore à durcir la brique et les poteries, à fondre le verre, à calciner la chaux et le plâtre, etc.

Par ses relations avec l'affinité, la chaleur permet d'effectuer toutes sortes de combinaisons et de décompositions, dont le détail embrasse le cycle entier des élaborations industrielles.

Enfin, le feu nous donne le moyen de mettre en action d'autres forces, comme d'enflammer les substances explosives et de réduire l'eau en vapeur. Avec le feu on a la lumière. La flamme éclaire en même temps qu'elle échauffe et tous nos artifices d'éclairage se ramènent à des phénomènes de combustion ou d'incandescence.

Ainsi, l'avenir entier de la civilisation dépendait de l'acquisition du feu. Il ne serait pas excessif de regarder cette grande découverte comme l'événement le plus mémorable de l'histoire humaine. Mais aucune tradition ne peut nous renseigner sur l'époque et les circonstances où elle s'est accomplie, parce qu'elle est de beaucoup antérieure à toute tradition. La connaissance du feu, répandue chez tous les peuples du monde, même les plus arriérés, montre par son extrême diffusion

qu'elle doit remonter à l'âge des premiers progrès.
L'archéologie préhistorique établit sur preuves cette
extrême antiquité et, si haut qu'elle remonte dans le
passé de notre race, à travers des phases qui se mesurent par centaines de mille ans , les plus vieux témoignages de l'existence de l'homme attestent que, malgré
l'effroyable sauvagerie, l'usage du feu n'était pas alors
ignoré (1). L'art de le produire fut trouvé sans doute
vers le même temps où l'on imagina des engins de
chasse et de pêche, c'est-à-dire où le genre humain,
sortant de l'état de nature, abandonna la quête des
petites proies, qui pouvaient se consommer sans préparation, pour demander à la chasse de plus abondantes ressources dont on n'aurait pas pu tirer parti
sans les soumettre à l'action de la chaleur.

Une fois le feu connu et apprécié, on dut s'appliquer
à le conserver, car on en avait chaque jour besoin.
Comme la nature n'en fournissait que par exception, on
fut obligé de l'entretenir sans cesse, alors même qu'il
n'était pas nécessaire, afin de l'avoir toujours à disposition. Le soin d'alimenter des foyers, qui exigeait une
vigilance continuelle, devint une fonction religieuse, et
des collèges de prêtres furent chargés de prévenir l'extinction du feu. La rigueur du supplice infligé aux Vestales négligentes s'explique par la condition d'un âge où
cet accident, difficile à réparer, était redouté à titre de
calamité publique. Le *feu sacré* devait brûler en permanence sur les autels des Perses, des Chaldéens, des
Grecs (temples d'Apollon à Athènes et à Delphes), des
Romains (culte de Vesta) et des Egyptiens. La loi mo-

(1) De Mortillet, *le Préhistorique*; et Hamy, *Précis de pa-
léontologie humaine*.

saïque en fait l'objet d'une prescription formelle : « Le
« feu brûlera toujours sur l'autel et le prêtre aura
« soin de l'entretenir en y mettant chaque matin du
« bois (1). » Les Guanches et les Péruviens avaient
aussi le culte du feu. D'après Plutarque, les anciens
témoignaient un si grand respect à cet élément qu'ils
tenaient pour une abomination de l'éteindre. Tout foyer
allumé devait se consumer de lui-même (2). Suivant ce
que rapportent Hérodote et Quinte-Curce (3) les rois
de l'Asie faisaient porter devant eux et devant leurs
armées en marche du feu sur des autels d'argent. Le
stupide australien, qui erre toujours muni d'un tison,
montre mieux encore combien il importe de pouvoir
improviser un foyer, dès qu'on en sent le besoin.

Si défectueux que soit ce mode de conservation directe, il dut être seul usité aussi longtemps qu'on
ignora le moyen de produire la combustion à volonté.
C'est encore par transmission que s'alimente la presque totalité de nos foyers. Les Parsis de l'Inde affir-
ment que les feux entretenus dans leurs temples
proviennent de celui que Zoroastre avait allumé en
Perse il y a plus de 4000 ans. Si le fait est véritable,
et il n'a rien d'impossible, on aurait là un frappant
exemple de continuité d'action. Ce feu qui n'a pas
cessé de brûler pendant tant de siècles, et que les générations se passent l'une à l'autre, pourrait servir de

(1) *Lévitique*, VI, 12.
(2) « Il y a pour le feu comme pour l'homme deux manières de
« périr, l'une violente, l'autre naturelle. Pour le feu sacré, on
« conjure ces deux sortes de destruction en le nourrissant et l'en-
« tretenant toujours. Quant à l'autre feu, on le laisse mourir de
« lui-même, sans violence, sans jalousie, comme on priverait de
« la vie un animal afin de ne pas le nourrir inutilement. » (*Symposiaques*, VII, question 4.)
(3) *Vie d'Alexandre*, III, 3.

symbole à la civilisation, comme lui transmise et propagée, vacillante parfois, jamais éteinte.

Pourtant, lorsque ce malheur si redouté de l'extinction du feu arriva, sans qu'il fût possible d'y remédier par voie d'emprunt dans le voisinage, il fallut s'ingénier pour reproduire artificiellement le phénomène de la combustion et ranimer dans les foyers une chaleur déjà tellement entrée dans les usages qu'on ne pouvait plus s'en passer. La nécessité rendit industrieux et l'on apprit à enflammer des substances très combustibles à l'aide de la chaleur que dégagent des mouvemens rapides et répétés. Un observateur de génie, ayant remarqué que les corps s'échauffent quand on les frotte vivement et poursuivant l'expérience jusqu'au bout, découvrit la méthode, autrefois si répandue, pour allumer un morceau de bois très sec, par son frottement prolongé avec un morceau de bois très dur. Ce procédé, dont la pratique était d'abord extrêmement pénible, fut perfectionné par des artifices qui diminuèrent la lenteur et la fatigue de l'opération. Les insulaires de la mer du Sud (Tahiti, Nouvelle-Zélande, Sandwich, etc.) faisaient glisser rapidement un bâton dans une rainure de bois tendre et sec. Ailleurs (Chine, Afrique, Amérique), on imagina de faire tourner avec les deux mains une pointe de bois, soit entre deux rameaux liés par leurs extrémités, soit dans une cavité percée au milieu d'un disque. Plus efficace encore, l'invention de l'archet accéléra beaucoup la manœuvre. Elle consistait à faire pivoter le bâton à feu, par un mouvement de vilebrequin, après l'avoir enroulé autour d'une corde d'arc. Ces moyens, et d'autres analogues, paraissent avoir été, dès les temps préhistoriques, en usage dans l'ancien monde. Les annalistes

chinois attribuent à un de leurs premiers souverains,
Sui-Gin-Schi, la découverte d'un de ces appareils à
frottement. Le mythe de Prométhée, si ingénieuse-
ment interprété par MM. Adalbert Kuhn et Steinthal,
se rapporte manifestement à une pratique du même
genre. Dans les *Védas*, le bâton générateur du feu est
appelé *pramantha* (qui arrache ou ravit le feu). L'esprit
anthropomorphique des Grecs fit de cet engin une
personnification symbolique, et *Prométhée* devint le
ravisseur du feu céleste, l'initiateur des arts et le créateur même des hommes qui vivent d'un si grand bienfait.

Ce procédé primitif pour obtenir du feu s'est conservé très tard chez les peuples civilisés. Il était usuel
chez les Grecs de l'âge héroïque (1). Comme il réclamait un tour de main, on pouvait y faire preuve
d'adresse et l'on conçoit qu'Ulysse, dans l'*Odyssée*, se
vante d' « exceller à faire du feu » (2). Ce talent, à
l'occasion, avait son prix. Au premier siècle de notre
ère, les Romains en campagne recouraient encore, en
cas de besoin, à l'antique expédient des sauvages :
« On tire, dit Pline, du feu du bois par le frottement.
« C'est un moyen dont se servent les éclaireurs des
« armées et les bergers qui n'ont pas toujours de bri-
« quet sous la main. (3). »

L'artifice du bois frotté était incertain, pénible et
lent. Les matériaux pouvaient manquer et, par les
temps humides, on avait grand peine à se procurer du
feu. L'invention du briquet rendit l'opération plus sûre,
plus prompte et moins fatigante. Lorsque le fer fut
connu, on dut remarquer sa propriété de projeter,

(1) Ils appelaient le disque πυρεία et le bâton τρύπανον.
(2) *Odyssée*, ch. XV.
(3) *Hist. nat.*, XVI, 77.

sous le choc d'une pierre dure, des étincelles qui
permirent d'enflammer des substances très combustibles, comme des moelles desséchées, du linge à
moitié carbonisé, de l'amadou, etc. Les Romains faisaient emploi du briquet. Pline dit que les soldats en
étaient munis ainsi que de pierres à feu, afin de pouvoir allumer un foyer à chaque campement, et qu'ils
recevaient les étincelles sur des champignons dessé-
chés ou des feuilles sèches (1). Ce petit engin, perfectionné par l'application de batteries d'acier, a été
usité au moyen âge sous le nom de « fusil ». Rabelais
nous dépeint Panurge, type de l'homme avisé, portant
toujours dans une pochette « ung fouzil guarni d'es-
« morche, d'allumettes, de pierre à feu et tout aultre
« appareil à ce requis » (2). Boileau en décrit la manœuvre dans le *Lutrin* :

> . . . . « tirant un fusil de sa poche,
> « Des veines d'un caillou qu'il frappe au même instant,
> « Il fait jaillir un feu qui pétille en sortant. »

L'usage du briquet n'est tombé en désuétude que
depuis l'invention récente des allumettes chimiques.

On sut utiliser de bonne heure la grande combustibilité du soufre pour fabriquer des *allumettes* avec
lesquelles on pouvait obtenir une flamme du moindre
vestige de feu. Les écrivains latins font mention d'allumettes soufrées, et Martial nous dit que des industriels
intelligens les échangeaient dans les rues de Rome
contre des tessons de verre (3), réalisant ainsi deux
gains pour une seule opération.

(1) *Hist. nat.*, XVI, 77 et XXXVI, 30.
(2) *Pantagruel*, liv. II, ch. 16.
(3)   « Transtiberinus ambulator
        Qui pallentia sulfurata fractis
        Permutat vitreis... »
(Liv. I. épig. 42; voy. aussi X, 3, XII, 57; et Juvénal, V, 46.)

L'expédient des allumettes simplement soufrées, bonnes pour propager le feu, a été bien dépassé par celui des allumettes chimiques qui le produisent directement. Vers la fin du siècle dernier, la science ayant fait connaître des composés capables de s'enflammer au moindre choc par la réaction de leurs élémens, l'industrie s'efforça de mettre l'indication à profit. Cagniard de la Tour imagina les *allumettes oxygénées*, enduites de soufre et de chlorate de potasse qu'on plongeait, pour les allumer, dans un flacon d'acide sulfurique concentré. En 1806, il céda son brevet à Fumade qui l'exploita sans grand succès, parce que l'humidité de l'air hydratait promptement l'acide et le rendait inactif. En outre, l'appareil était incommode et son maniement dangereux. Bientôt après, l'anglais Watt remplaça le flacon d'acide par deux cartes sablées entre lesquelles on roulait l'allumette chloratée. Le procédé des *allumettes à friction* fut perfectionné par un pharmacien de Paris qui créa le *briquet phosphorique*, exploité par le même Fumade. Enfin parurent, en 1832, les véritables *allumettes chimiques* qui, d'après l'étude de M. Nicklès sur leur histoire, seraient dues au wurtemburgeois Kemmerer. Depuis, on a substitué la stéarine ou la cire au soufre, dont les émanations étaient désagréables, et le phosphore au chlorate dont la déflagration violente occasionnait des accidens. La découverte du phosphore amorphe par Schrœtter, en 1851, a permis de fabriquer des allumettes d'une innocuité parfaite et qui ne laissent rien à désirer, quand elles veulent bien consentir à prendre feu.

Cette petite invention, qui date à peine d'un demi-siècle, répondait à de si grands besoins que l'usage

des allumettes chimiques s'est propagé dans le monde
entier avec une extrême rapidité. Il est même si bien
entré dans nos habitudes que nous en perdons de vue
la commodité. Nous lui devons l'avantage de porter
partout avec nous une provision de feu à chaque instant disponible. Ce produit vulgaire, si modeste en
apparence et de si peu de valeur est, parmi les prodiges de la civilisation, un de ceux que les sauvages
admirent le plus et, pour peu qu'on réfléchisse aux
services que nous en tirons, on ne manquera pas de
trouver leur opinion fondée. Rien n'est plus précieux
que de pouvoir faire jaillir du feu et de la lumière par
un geste insensible et comme au commandement de la
volonté.

Aussi la fabrication des allumettes chimiques a-t-elle
pris en peu de temps une grande importance. Dès
1850, une seule usine, celle de M. Dixon, à Newton,
produisait de 6 à 9,000,000 d'allumettes terminées chaque jour, soit en moyenne 2,160,000,000 par an. Leur
longueur étant d'environ 0^m05, elles auraient fait, mises
bout à bout, deux fois et demie le tour de la terre. En
1870, on évaluait le nombre des allumettes consom-
mées en France à 50,000,000 par jour ou 18,000,000,000
par an, soit 200,000,000 de boîtes contenant chacune
90 allumettes. Il y a quelques années, on estimait que
la fabrication totale de l'Europe employait 210,000 kilog.
de phosphore, occupait 30,000 ouvriers et créait pour
250,000,000 francs de produits.

Lorsqu'on eut trouvé le moyen de produire le feu,
on dut se mettre en quête de combustibles pour l'entretenir et alimenter les foyers sans nombre dont l'industrie avait besoin. Diverses matières, propres à

développer de la chaleur, ont été successivement exploitées.

Les seuls combustibles dont on pût disposer à l'origine étaient ceux qu'on rencontrait tout préparés à la surface du sol. Le bois s'offrait naturellement. L'homme s'empara de cette ressource, presque partout abondante, et son emploi comme combustible est encore la principale de ses fonctions. En France, nous brûlons quatre fois plus de bois que nous n'en mettons en œuvre.

Pendant les périodes sauvage et barbare, la consommation des combustibles ligneux resta limitée, les applications qu'on faisait de la chaleur étant très restreintes, et les forêts conservèrent leur intégrité ; mais, à mesure que l'industrie multiplia les usages du feu, l'abattage du bois se fit avec une activité croissante, et l'homme, usufruitier avide, en vint à dépenser cette réserve plus vite que la nature ne pouvait la reconstituer. Les plus anciennes descriptions nous montrent la Perse, l'Asie Mineure, la Syrie, la Grèce, l'Italie, la Provence, l'Espagne, maintenant si dénudées, couvertes alors de forêts comme l'étaient la Gaule et la Germanie du temps de César, l'Amérique à l'arrivée des Européens, et comme le sont encore les régions incultes du globe. Partout où la civilisation a passé, le bois est rare et la nature dévastée : nos foyers ont tout consumé.

Là où le bois faisait défaut, dans les déserts ou les steppes, on fut parfois réduit à d'étranges expédiens pour se procurer du feu. Dans les plaines sablonneuses de l'Afrique et du Thibet, la fiente des chameaux est le seul combustible qu'on ait chance de rencontrer, et le P. Huc raconte quels cris de joie saluent, dans les traversées de la Tartarie chinoise, la trouvaille d'une

de ces mottes sur lesquelles se fonde l'espérance d'un
repas apprêté (1). Les paysans du sud de la Russie, où
le bois fait défaut, se chauffent surtout avec les excré-
mens de leurs bestiaux. En France même, les habitans
du Marais vendéen recueillent soigneusement et amon-
cellent à la porte des cabanes, comme provision d'hiver, un combustible pareil, fabriqué par les vaches et
et que partout ailleurs on emploie sous forme d'engrais.

Lorsque la ressource du bois qui, à l'origine, dans
le voisinage des forêts, pouvait sembler inépuisable,
devint insuffisante et menaça de faire défaut, ce qui,
pour certaines contrées de l'Europe occidentale, arriva
vers la fin du moyen âge, il devint nécessaire de chercher d'autres combustibles. On fut alors conduit à
extraire des gisemens où ils se trouvaient enfouis, les
charbons minéraux qui représentent le produit fossi-
lisé des forêts du monde primitif. Mais cette exploitation difficile exigeait de puissans moyens d'action,
et c'est pourquoi ceux des peuples de l'antiquité qui
auraient eu de la houille à leur portée n'en ont pas
organisé l'exploitation, alors même qu'ils pouvaient
déjà souffrir de la disette du bois. La tâche aurait
excédé leurs forces et la dépense le profit. Ils manquaient d'un outillage suffisant. Il n'y a pas, en effet,
de travaux de mines qui réclament autant de force, de
combinaisons mécaniques et de savans artifices que
ceux des houillères. C'est en cherchant à vaincre ces
difficultés que l'âge moderne a fait quelques-unes de
ses plus importantes découvertes (machines à vapeur,
chemins de fer...). La solution du problème lui a livré
des trésors de force calorique d'une richesse inouïe.

(1) *Voyage au Thibet et dans la Tartarie chinoise.*

Sous un faible volume, la houille donne, à poids égal, deux fois plus de chaleur que le bois. Son prix de revient est moindre et son extraction se développe sans priver l'agriculture d'aucune surface utile. Aussi ce combustible est-il préféré pour les applications qui exigent des températures élevées et peu dispendieuses, c'est-à-dire pour la plupart des travaux de la grande industrie dont les territoires où abonde le charbon sont devenus la terre promise.

On fait remonter au milieu du moyen âge l'exploitation régulière de la houille que l'Angleterre et les Flandres se disputent le mérite d'avoir les premières établie. Mais elle n'a pris de réelle importance qu'à partir du xviiie siècle et, depuis lors, la consommation des combustibles minéraux a progressé rapidement. En 1881, on estimait la production de la houille à 360,000,000 tonnes pour l'ensemble des pays civilisés. La Grande-Bretagne figurait dans ce total pour 2/6es; l'Allemagne pour 1/6e, la France pour 20,000,000 tonnes etc. Cette substance est maintenant si précieuse qu'on utilise même les menus, après les avoir agglomérés et moulés. En 1866, la France produisait 600,000 tonnes de ce combustible artificiel. — Outre la houille, on exploite en divers pays l'anthracite, les lignites et des tourbes. L'anthracite, qui brûle sans fumée parce qu'il ne contient pas de substances bitumineuses, est préféré dans l'Amérique du Nord. En 1860, les Etats-Unis produisaient 10,000,000 de tonnes d'anthracite.

Ligneux ou minéraux, les combustibles sont assurément celle des substances utiles que la civilisation consomme en plus grande quantité. Il en faut à nos besoins plus même que d'alimens. On n'évalue pas à moins d'un milliard de tonnes ce qui s'en brûle cha-

que année dans le monde. En 1873, la consommation
annuelle de la France portait sur 20,000,000 de stères
de bois à brûler, 24,000,000 de tonnes de houille et
4,000,000 de quintaux métriques de tourbe. D'après
les documens officiels, sur les 24,000,000 de tonnes de
houille employées, 4 0/0 servaient à l'extraction même
75 0/0 étaient consacrées au travail des usines et manufactures (y compris les usines à gaz), 9,5 0/0 aux
transports et 11,5 0/0 à l'économie domestique.

Pris dans leur état naturel, les combustibles qui
précèdent sont à plusieurs égards défectueux. Leur
composition complexe nuit au développement de la
combustion et entraîne des inconvéniens sous forme
de fumée ou d'émanations. Il y avait donc avantage
à les modifier par un traitement préalable en vue
d'obtenir une chaleur vive et sèche, nécessaire en
beaucoup de cas. Tel est le but de la *carbonisation*
qui élimine les élémens dont la présence, loin de concourir à produire de la chaleur, en absorbe une partie
en pure perte, et livre à l'industrie le carbone presque
isolé, comme l'indique le terme de *charbon*. Cette
préparation, à laquelle on soumet le bois et la houille,
est fort importante, et l'emploi des combustibles
transformés va sans cesse en augmentant.

Quoique la connaissance du charbon doive être
aussi ancienne que celle du feu, on ne s'avisa sans
doute qu'assez tard de le fabriquer par avance pour
des usages particuliers. Il est à croire que, dès l'origine de la métallurgie, on fut amené à prendre ce soin.
D'après Théophraste, le charbon de noyer était employé de préférence pour le travail du fer, celui de pin
pour l'argent, etc. Un passage des *Acharniens*, d'Aris-

tophane, montre qu'au v° siècle avant notre ère il se faisait dans Athènes un commerce actif de charbon. Les habitans du dème d'Acharne y sont désignés comme vivant de la préparation et de la vente de ce produit. Pline décrit le procédé, que suivent encore les charbonniers de nos jours, pour convertir le bois en charbon dans des meules couvertes de gazons. Cette pratique vicieuse rend à peine 18·0/0 de charbon imparfait et laisse perdre les produits gazeux de la combustion. La carbonisation en vases clos, proposée par Lebon à la fin du XVIII° siècle, et opérée à l'aide des appareils Foucault et Baillet, donne des résultats bien supérieurs. On obtient de la sorte 25 à 30 0/0 de charbon régulièrement brûlé, et l'on retire, par distillation, divers produits (goudrons, acide pyroligneux...) qui trouvent dans les arts d'utiles emplois. Chaque année, la France réduit en charbon 15,000,000 de stères de bois.

La préparation du *coke* ou charbon de houille est d'origine beaucoup plus récente. L'Angleterre, qui a mis ce produit en usage, ne l'emploie que depuis le règne d'Élisabeth. En France, sa fabrication n'est pas antérieure à la seconde moitié du XVIII° siècle. Le coke donne des températures plus élevées que le charbon de bois. En outre, sa réduction dans des fours permet d'obtenir de la houille des produits d'une grande valeur, tels que le gaz d'éclairage, le goudron et ses dérivés, la benzine, etc.

Ainsi employées à l'état naturel ou après avoir été transformées, les différentes sortes de combustibles se recommandent par des avantages spéciaux. Le bois produit une chaleur modérée qu'on peut appliquer à distance, à la faveur de sa longue flamme; la houille fournit des températures plus hautes mais près du foyer; le charbon de bois et le coke sont recherchés pour développer, dans le foyer même, une chaleur intense et sèche; enfin la tourbe et la tannée procurent une chaleur douce et soutenue qu'on utilise pour des étuves, séchoirs, etc.

Ces substances, qui seules jusqu'ici ont porté le nom de combustibles, ne suffisent plus aux besoins sans cesse accrus de la civilisation. Si grande que soit leur abondance, elle a ses limites, alors que nos exigences de consommation sont indéfinies, et l'industrie est fondée à craindre de voir s'épuiser ses plus riches approvisionnemens. Dans tous les pays de grande production, le bois disparaît avec une inquiétante rapidité. Peut-être même la houille manquera-t-elle plus tôt, parce que la nature ne la renouvelle pas. Suivant les prévisions concordantes de MM. Brongniart en France, Bronn en Allemagne et Armstrong en Angleterre, si la progression constatée dans l'extraction de la houille depuis un siècle se continue encore pendant deux, il ne restera plus de gisemens exploitables. En outre, les combustibles naturels se trouvent trop inégalement répartis pour des besoins qui se font partout sentir, et le transport au loin grève leur prix de frais onéreux. Ils sont encombrans et lourds. Par suite, les navires de commerce qui marchent à la vapeur sont parfois obligés de sacrifier en soutes à charbon les deux tiers de leur tonnage, au grand préjudice du chargement, et encore ne peuvent-ils guère emporter qu'une provision de quinze jours. Enfin, la chaleur produite par la combustion de ces matières n'a pas une intensité suffisante pour certaines applications.

On souhaiterait donc une sorte de combustible idéal, inépuisable, disponible presque en tous lieux et capable de produire à peu de frais de puissans effets thermiques. La nature, il est vrai, n'a pas pris soin de nous l'offrir ; mais elle en contient les élémens, et nul doute que la civilisation n'arrive, en suivant le cours logique de ses progrès, à le dégager des combinaisons confuses où il est caché.

Jusqu'ici, les essais pour étendre la liste des combustibles usuels ont été plus intéressans que concluans. Comme les âges antérieurs avaient épuisé la série des solides susceptibles de brûler, les expérimentations ont porté sur les liquides et les gaz.

Les peuples hyperboréens n'utilisent comme source de chaleur que des huiles animales. Même quand ils rencontrent du bois flotté, ils ne s'en servent pas pour faire du feu (1). Partout ailleurs, les huiles d'origine organique sont trop rares et de trop haut prix pour qu'on les emploie de la sorte. Seules, les huiles minérales, qui abondent en certaines contrées, pourraient subvenir à une consommation de quelque importance. Déjà l'Amérique du Nord, très riche en pétrole, l'applique au chauffage des machines à vapeur où il brûle dans le foyer au moyen de briquettes poreuses sur lesquelles il se rend de lui-même sans qu'il soit besoin de chauffeur. Ce combustible aurait surtout pour la marine de grands avantages parce que, possédant à poids égal trois fois plus de puissance calorifique que la houille, il diminuerait des deux tiers le tonnage exigé pour l'approvisionnement ou triplerait, à charge égale, la durée des traversées. De plus, en cas de

____

(1) Hall, *Life with the Esquimaux*.

guerre, il éviterait la fumée révélatrice du passage des bâtimens. Enfin, sa combustion, exempte d'émanations sulfureuses, donnerait une chaleur précieuse pour des besoins particuliers. Mais, les applications de ce genre restant subordonnées à l'abondance et au prix des huiles, il est à craindre que cette ressource ne soit toujours très bornée.

Les gaz, qui brûlent complètement et sans déperdition de chaleur occasionnée par un changement d'état physique, paraissent le plus propres à constituer le combustible universel que nous cherchons à pressentir. Dans quelques pays où l'hydrogène carboné se dégage des couches du sol et vient sourdre à la surface, on a su depuis longtemps utiliser ces jets, naturels ou provoqués, pour se procurer une source gratuite et permanente de chaleur. Aristote mentionne cette singularité en Perse et dit que les habitans préparaient ainsi leurs alimens. D'après les récits des missionnaires, des « puits de feu » *(Ho-tsing)* existeraient au nombre de plusieurs milliers en Chine, dans la province de Sse-Tchouan, sur les confins du Thibet. Pour faciliter la sortie des gaz, on les a parfois creusés jusqu'à des profondeurs de plusieurs centaines de mètres. Un célèbre poète chinois, Tou-fou, qui écrivait au milieu du viiie siècle, a emprunté une comparaison à la flamme bleue qui sort de ces puits, et les commentateurs donnent de longs détails à ce sujet (1). Mais ce ne sont là que des curiosités géographiques. Sauf dans ces cantons privilégiés, on ne peut brûler de gaz qu'à condition de le produire, et c'est là que gît la difficulté. Les peuples actuels de l'Europe, qui ont appris à fa-

_____

(1) Pauthier, *Chine,* p. 16,20.

briquer de grandes quantités de gaz d'éclairage, ont
tenté, dans quelques villes, de l'employer en guise de
combustible. Toutefois son prix relativement élevé n'en
permet que des applications restreintes. M. Siemens a
eu l'idée, appliquée en grand dans diverses industries,
de convertir, à l'aide d'un générateur spécial, (« gazogène »), les divers combustibles naturels (houille, bois,
tourbe même), en un gaz combustible dont l'emploi
réalise une grande économie. On évite ainsi la perte
énorme de chaleur qui se produit dans les fours communs ; on régularise les températures et même on peut
utiliser la chaleur des gaz brûlés pour échauffer les
nouveaux gaz qui arrivent au foyer (appareils à *chaleur régénérée*). Avec l'appareil Siemens, 1,000 kilog. de
houille transformée suffisent pour fondre 1,000 kilog.
d'acier, alors qu'il en fallait 6,000 pour obtenir le même
résultat avec du coke.

L'idéal serait d'arriver à extraire l'hydrogène de
l'eau. C'est dans ce corps si répandu et le moins désigné en apparence pour le rôle de combustible, que
la science entrevoit le combustible de l'avenir. L'eau
représente en effet 2,100 fois son volume de gaz excellemment propres à donner de la chaleur, puisque la
combustion d'un kilog. d'hydrogène dans huit d'oxygène
dégage 34,000 calories, alors que celle d'un kilog. de
houille n'en dégage que 8,000. Il y a donc là des trésors de force thermique. Le seul obstacle à vaincre
pour en disposer, obstacle qui, jusqu'à présent, arrête
nos convoitises, consisterait à opérer économiquement
la décomposition de l'eau. L'inventeur de génie qui
découvrira une méthode pratique pour en séparer les
élémens rendra au genre humain un service dont les
conséquences seraient incalculables. Nouveau Promé-

thée, il aura doté l'industrie d'un combustible qu'elle pourra exploiter au gré de ses besoins, sans avoir jamais à craindre d'en épuiser ni même d'en diminuer l'abondance.

On utilise déjà, pour des expériences de laboratoire, les hautes températures que produit la combinaison des deux élémens de l'eau. Dès 1815, Humphry Davy en avait donné l'exemple. En opérant, dans des fours en blocs de chaux vive, la combustion de deux courans, l'un d'hydrogène, l'autre d'oxygène, dans la proportion de deux volumes du premier et d'un du second, MM. Ste-Claire Deville et Debray ont obtenu des températures supérieures à 2,500°, capables de fondre le platine. Si l'on brûle ensemble l'hydrogène et l'oxyde de carbone provenant de la décomposition de l'eau à travers du charbon incandescent, on arrive à 2,800°. Enfin, la combustion du charbon dans un courant d'oxygène atteint 3,125° (Ste-Claire Deville).

Mentionnons pour terminer deux sources de chaleur intense qu'on peut faire dériver soit du soleil, soit de l'électricité. Les anciens n'ignoraient pas le pouvoir des lentilles de verre pour concentrer l'action des rayons solaires. Un passage de la comédie des *Nuées*, d'Aristophane, prouve qu'au ve siècle avant notre ère il s'en vendait chez les droguistes d'Athènes. Pline dit qu'on pouvait ainsi brûler des étoffes et cautériser des plaies (1). Quand une négligence des Vestales avait laissé éteindre le feu sacré sur l'autel de Vesta, on recourait à ce moyen pour le faire de nouveau descendre du ciel. Avec de fortes lentilles on a pu produire

(1) *Hist. natur.* XXXVI, 67, et XXXVII, 10.

pour des recherches de physique, des effets puissans. Il est à regretter qu'un procédé aussi simple ne soit pas plus employé, car des lentilles grossières, coûtant à peine le prix du verre, enflamment très vite le bois. Lorsqu'elles mesurent 2 ou 3 décimètres de diamètre, elles mettent presque sur le champ de l'eau en ébullition. — Diverses sortes d'appareils ont été proposées pour utiliser la chaleur solaire, non plus par réfraction, mais par réflexion. Les *insolateurs* de M. Mouchot, perfectionnés par M. Pifre, seraient susceptibles de rendre des services dans les pays où l'on peut compter sur le soleil. — Quant à la chaleur des courans électriques, elle n'est pas moins remarquable par la soudaineté de sa production que par son excessive intensité. On l'emploie pour porter subitement au rouge des fils métalliques, faire détoner de loin des substances explosives, déterminer la combustion ou l'incandescence du charbon dans les lampes électriques, etc.

En combinant ces divers moyens, la combustion des gaz, la concentration des rayons solaires et des décharges d'électricité, la science arrive à fondre les substances les plus réfractaires, à volatiliser les plus fixes et à dissocier les plus stables. — Ainsi l'homme qui, dans le principe, n'avait aucun moyen de produire des phénomènes thermiques, est parvenu à disposer de températures excessives, auxquelles rien ne résiste dans la nature et qui mettent dans ses mains un pouvoir égal à celui d'où résulta la création minérale aux âges cosmogoniques.

Pour retirer de la chaleur des effets utiles, il était nécessaire de circonscrire son action dans des appareils diversement aménagés d'après la nature des

combustibles et les applications qu'on avait en
vue, c'est-à-dire suivant qu'on voulait utiliser la chaleur rayonnante, la chaleur diffuse ou les deux à la
fois.

Les sauvages ne connaissent que des feux allumés
à l'air libre et, même avec une grande dépense de
combustibles, n'obtiennent que de médiocres effets,
parce que la chaleur se disperse et se perd à mesure
qu'elle se produit. On est arrivé à la contenir et à la
régler par la construction de foyers, de cheminées, de
fours et de fourneaux.

L'admission du feu à l'intérieur des habitations
pour les usages domestiques présentait de graves inconvéniens auxquels on a tardivement su remédier.
Jusque vers le milieu du moyen âge, la plupart des
logis humains n'ont eu que des foyers établis au centre
ou près d'une des parois, et dont la fumée s'échap-
pait par une issue ménagée au sommet de la toiture.
Ce système rendait impossible l'échauffement des pièces
et ne réussissait qu'à les remplir de fumée. Quand on
voulait éviter ce double désagrément, on se chauffait, toutes ouvertures closes, avec des brasiers de
charbon. Mais on était alors exposé à respirer les produits nuisibles de la combustion qui remplace l'oxygène de l'air par de l'acide carbonique, gaz irrespirable
et mortel. Il suffit d'un kilog. de charbon brûlé pour
vicier 27 mètres cubes d'air. On n'avait donc que le
choix de subir les inconvéniens du froid et de la fumée
ou de courir le risque de périr asphyxié.

Nos cheminées qui conduisent au dehors les produits
gazeux de la combustion et procurent une chaleur
exempte d'incommodité, sont une des inventions qui
ont le plus contribué au bien-être domestique dans les

pays à climat variable. Leur établissement ne remonte pas plus haut que le xie siècle. Rares jusqu'au xiiie, elles devinrent usuelles, à partir du xive, d'abord dans les habitations seigneuriales, puis dans les demeures bourgeoises, enfin dans les plus humbles logemens. On en a beaucoup amélioré la disposition, très imparfaite à l'origine, et réduit les dimensions, d'abord excessives, de manière à augmenter le tirage tout en évitant l'irruption de l'air extérieur. A la fin du dernier siècle, Rumfort fixa, par une théorie raisonnée, les proportions les plus convenables à donner aux cheminées pour les empêcher de fumer et utiliser le mieux leur chaleur. Ces prescriptions sont, depuis lors, assez généralement suivies.

Supérieurs aux cheminées par leur puissance d'échauffement, les poêles sont préférés dans les pays froids. Leur invention paraît être d'origine allemande et dater de la fin du moyen âge. Des poêles sont mentionnés par des écrivains du xve siècle. La forme de ces appareils a été modifiée d'une foule de façons.

Les applications industrielles de la chaleur exigeaient, pour concentrer et régulariser son action, des artifices plus complexes qui se rattachent au type du four. Les plus communs et les plus simples, destinés à la préparation des alimens ou à des usages économiques, ne visent qu'à produire des températures peu élevées et ont été connus dès les temps les plus anciens (fours à cuire le pain, fourneaux de cuisine, buanderies...). Mais ceux qui sont consacrés au traitement des métaux et à la cuisson des poteries ont reçu dans les temps modernes leurs principaux perfectionnemens. Les anciens ne disposaient que de bas fourneaux; ils pouvaient y fondre les métaux les plus fusibles (étain à 210°, bronze à 900°, argent à 1,000°, cuivre à 1,050°) ou y durcir des matières argileuses ; mais ils n'auraient pas été capables d'obtenir la fonte à 1,200°, l'acier à 1,400° et le fer fondu à 1,600°, ni de cuire des poteries dures comme la porcelaine à une température soutenue de 1,600°. L'invention des hauts-fourneaux où, par l'effet d'un tirage plus énergique, se produisent ces chaleurs intenses, date de la fin du moyen âge. Elle a puissamment concouru à l'essor de la grande industrie par une production abondante de fonte, de fer et d'acier.

Néanmoins, quels que soient les progrès réalisés jusqu'ici dans la construction des appareils en usage pour développer de la chaleur, nous ne savons encore utiliser qu'une bien petite partie de celle que nous y produisons à grands frais. On admet que, pour les cheminées d'appartement, alors même qu'elles sont établies dans les meilleures conditions, la perte subie n'est pas moindre de 90 0/0. Nous payons donc assez cher le plaisir d'y faire du feu. D'après les recherches de M. Grouvelle, les fours disposés pour les besoins de l'industrie laisseraient perdre de 50 à 95 0/0 de la chaleur produite. En somme, sur une consommation annuelle de 140,000,000 de francs de combustibles que faisait la France en 1850, le calorique perdu représentait une valeur d'environ 103,000,000 de francs. On voit combien nous avons d'améliorations à souhaiter.

Dans les appareils méthodiquement disposés, il fallait pouvoir activer à volonté la combustion. Comme le phénomène se réduit à une oxydation des combustibles, il exige pour s'accomplir une quantité déterminée d'oxygène qui peut être fournie par l'air ambiant, si le foyer est ouvert, ou doit, s'il est clos, y être projetée. Sa durée et, conséquemment, son intensité dépendent de la vitesse avec laquelle l'air se renouvelle autour du corps qui brûle. L'observation des effets du vent indiqua, dès le début, la manière d'aviver la combustion à l'aide de courans forcés. On dut souffler d'abord directement sur le feu , comme fait Patrocle dans l'*Iliade* (1), pendant qu'Achille prépare la cuisine. De même dans le récit de la Fontaine :

> Quelques restes de feu, sous la cendre épandus,
> D'un souffle haletant par Baucis s'allumèrent.

Puis on imagina des tubes pour conduire l'haleine et l'empêcher de se disperser. Une figuration égyptienne du tombeau de Ti, qui date de l'ancien empire, montre des fondeurs qui soufflent ainsi sur la flamme. Ce primitif engin se retrouve au coin du foyer dans quelques campagnes, et il est aisé de le reconnaître à l'extrémité de nos soufflets où il sert à diriger le jet d'air vers le point où il doit agir. De plus ingénieux, las de s'essouffler, cherchèrent à produire artificiellement le vent. On paraît d'abord s'être servi d'éventails. Strabon dit des Perses, relativement au feu sacré : « Ils l'attisent sans employer le soufflet : ce n'est « qu'avec l'éventail qu'il leur est permis d'agiter l'air. « Souffler le feu... est un sacrilège qui serait puni de « mort à l'instant » (2). A Naples, on avive encore le feu avec une sorte de petit éventail.

La forme la plus ancienne du *soufflet* fut une outre alternativement gonflée et pressée, imitant ainsi le jeu du poumon. Dans toutes les langues indo-européennes,

---

(1) Ch. **IX.**
(2) *Géographie*, liv. xv, ch. 3, § 14.

le nom du soufflet se rattache à celui de l'outre (1).
Ce petit instrument est connu d'une multitude de
peuples, même à moitié sauvages, comme les tribus
nègres d'Afrique. Mais il a subi, suivant les lieux
et les temps, les modifications les plus diverses. Au
tombeau de Thoutmès III, à Thèbes, où est figuré le
travail d'une forge, on voit un jeu de soufflets singulier : chaque souffleur en manœuvre deux à la fois,
en pesant sur un avec le pied tandis qu'il soulève
avec la main la soupape de l'autre au moyen d'une
ficelle, exécutant ainsi une sorte de danse sur des
soufflets (2). Beaucoup plus tard, un habile mécanicien, ayant eu l'idée de comprimer l'outre originelle
entre deux plaques de bois dont l'une forme levier, le
soufflet commun fut inventé. Les Grecs en attribuaient
la découverte au Scythe Anacharsis (vi^e siècle avant
notre ère). Les soufflets de l'époque romaine ne différaient pas des nôtres (3).

Dès l'origine de la métallurgie, on avait dû employer
cet artifice pour obtenir une chaleur vive nécessaire à
ses travaux. Nous venons de constater les applications
qu'en faisaient les Égyptiens. Homère, décrivant la
forge de Vulcain, dit que vingt soufflets y étaient mis
en mouvement à la fois (4). Ce nombre porte à supposer que les soufflets de Vulcain n'avaient qu'une
ouverture pour aspirer l'air et l'expirer. Avec un ou
deux seulement, le souffle n'aurait pas été continu.
Vingt pouvaient n'être pas de trop. De même, lorsque
Virgile dépeint les Cyclopes occupés à forger les fou-

(1) Pictet, *Orig. indo-europ.*, t. II, p. 144.
(2) René Ménard, *Vie privée des anciens*, t. III, fig. 331.
(3) Voy. Rich, *Diction. d'antiq.*, v. FOLLIS.
(4) *Iliade*, ch. XVIII.

dres de Jupiter, il les représente recevant et déchaî-
nant tour à tour les vents emprisonnés dans des outres
en peau de taureau :

>   ...... Alii taurinis follibus auras
> Adcipiunt redduntque...... (3).

Mais il y a là, sans doute, une méprise du poète, car
il est reconnu que les peaux de taureau sont les plus
impropres à faire des soufflets. — L'âge moderne a su
établir, pour le service des forges et hauts-fourneaux,
des souffleries mécaniques d'un effet puissant. L'Angleterre transforma l'ancien soufflet en vastes cylindres
actionnés d'abord par des chutes d'eau (1760), puis par
la vapeur (1765), et qui projettent dans le foyer des courans d'air dont le débit se règle suivant le besoin. Le
soufflage à l'air chaud, proposé par Papin dès 1695, n'a
été appliqué qu'un siècle plus tard, par Neilson, pour la
réduction des minerais. En 1835, toutes les forges de
l'Écosse avaient adopté ce procédé rationnel.

Dans beaucoup de cas, le tirage, qui fait appeler
l'air par le feu lui-même, s'ajoute ou se substitue au
soufflage. L'établissement des cheminées le rendait
facile. A l'aide de rideaux mobiles placés devant le
foyer, on peut régler le tirage et l'accroître à volonté
(cheminées dites *parisiennes* ou de *L'Homond*, du nom
de leur inventeur). On obtient un résultat analogue,
mais plus marqué, en élevant la hauteur des cheminées d'appel en proportion de l'effet qu'on veut produire. Celles des hauts-fourneaux ont communément
de 10 à 12 mètres, s'ils sont alimentés au charbon de
bois, et de 15 à 20, s'ils le sont au coke. Pour quelques
usines spéciales, il faut aller jusqu'à 25, et même 30

(3) *Géorgiques*, IV, v. 170, 1.

mètres de haut. Ces fragiles constructions vomissent
dans le ciel des tourbillons de fumée et donnent à nos
villes industrielles un aspect qui fait le désespoir des
artistes.

Un petit appareil, de dimensions très réduites, fournit à certaines industries le moyen de produire à peu
de frais et à portée de la main de hautes températures
par des courans d'air forcés. C'est le *chalumeau*, dont
l'origine est ancienne comme le nom (de *calamus*,
roseau). Les orfèvres, joaillers, émailleurs et verriers
des temps anciens en ont transmis l'usage aux modernes
qui l'ont beaucoup perfectionné. Schwab en fit la première application à des recherches scientifiques en
1738. Deux autres minéralogistes suédois, Bergmann
et Gahn, améliorèrent sa disposition et, de nos jours, le
professeur Hase, de Philadelphie, en a singulièrement
accru la puissance d'action en y faisant brûler à
la fois de l'hydrogène et de l'oxygène condensés.

Les industries qui élaborent des substances facilement altérables, comme le sont en général les matières organiques, ne pouvaient guère les exposer au
contact du feu et ont dû recourir à des intermédiaires
pour atténuer son action, la régler sur place ou la
transmettre à distance.

On fait un usage commun de récipiens en métal ou
en terre cuite pour échauffer les liquides et soumettre
les corps à une chaleur modérée. Divers ustensiles
de métal, amenés au degré convenable, servent aussi
à l'appliquer (fers à repasser, à gaufrer, à relier, à
friser, etc.).

A raison de leur mobilité moléculaire, les liquides
qui, mieux que les solides, se mettent en état d'équi-

libre, sont universellement employés comme véhicules de chaleur. Ils offrent de grandes facilités pour graduer les effets thermiques et les maintenir entre des limites déterminées. L'eau échauffée a une utilité générale dans l'économie domestique et les arts industriels. L'idée de la faire servir au chauffage des habitations est récente. Le *thermosiphon*, usité dans les serres, a été imaginé par Bonnemain, au commencement de ce siècle. On l'a, depuis, appliqué à de grands établissemens et les Américains chauffent de la sorte des quartiers de villes. Avec la *marmite autoclave*, de Papin, on peut élever au-dessus de 100° la température de l'eau et, par ce moyen, cuire très vite des alimens, extraire la gélatine des os, etc. Les liquides, gras ou oléagineux, qui bouillent à une température supérieure à celle de l'eau, sont utilisés pour divers modes d'apprêt, pour tremper le verre, etc.

Enfin, la chaleur transmise par les gaz comporte une foule d'applications. C'est elle qui répand dans nos demeures la douce tiédeur du foyer ou même la transporte à distance au moyen de courans d'air chaud. Les Romains savaient construire, pour le chauffage des thermes et des habitations riches, des sortes de calorifères appelés *hypocaustes*. Les modernes en ont perfectionné la théorie et vulgarisé l'emploi. — La vapeur est précieuse comme corps échauffant, à cause de son action plus prompte que celle de l'eau. On doit à Rumford (1800) le procédé très économique pour échauffer de grandes quantités d'eau à l'aide de la chaleur latente que la vapeur absorbe en se formant sur un petit foyer et qu'elle restitue en se condensant. Avec le contenu d'une marmite, il est facile de chauffer ainsi une cuve de liquide et tous les éta-

blissemens de bains sont entretenus d'eau chaude
de cette façon. Beaucoup d'alimens se cuisent à la
vapeur à moins de frais que dans l'eau bouillante.—L'air
surchauffé ou *vapeur sèche* sert à opérer la cuisson du
pain dans les fours *aérothermes*, à dessécher les lé-
gumes et les viandes de conserve, à extraire des substances grasses, à carboniser le bois en vases clos, etc.
Il donne le moyen d'obtenir des températures fixes
pour les élaborations industrielles les plus délicates.

Au rebours des corps qui transmettent la chaleur,
ceux qui l'arrêtent ou se laissent difficilement traverser par elle sont utilisés pour garantir de ses effets
les choses qu'elle ne pourrait atteindre sans dommage
ou sans péril. Les briques doivent à leurs propriétés
réfractaires d'être généralement usitées pour la construction des foyers, fours, fourneaux et cheminées.
La cendre est un des meilleurs isolans et l'artifice pour
rendre les coffres-forts incombustibles consiste à l'introduire par couches entre de doubles parois.

Diverses préparations ont été proposées pour mettre
à l'abri du feu les matières les plus inflammables.
Plusieurs sels communiquent aux tissus légers une
incombustibilité relative. En Angleterre, l'usage du
tungstate de soude et du phosphate d'ammoniaque
commence à se répandre. On espère prévenir ainsi
les accidens qui, dans ce seul pays, ont, de 1852 à 1856,
occasionné la mort de 500 personnes, brûlées vives
dans un affreux supplice.

Pour toutes les applications méthodiques de la chaleur, un point essentiel est de pouvoir apprécier exactement son intensité, car on a souvent besoin de températures qu'il faut atteindre sans les dépasser et

maintenir avec une régularité constante. A procéder au hasard, comme on a fait si longtemps, le succès des opérations était incertain ou du moins la dépense de combustible excessive. Pourtant, jusqu'au xvi⁰ siècle, on n'a eu aucun moyen de mesurer avec précision les effets de la chaleur. Les *thermomètres* ont une origine récente et même ne sont devenus usuels que depuis un siècle et demi. La conception première de leur théorie est due à divers savans (Galilée, Sanctorius, Bacon...) qui ne réussirent pas à la rendre pratique, et, jusqu'à la fin du xvii⁰ siècle, les essais de construction de ces instrumens restèrent fort imparfaits. Papin était alors réduit, pour évaluer la température de son *digesteur*, à compter le nombre de secondes qu'une goutte d'eau, tombée sur le couvercle, mettait à s'évaporer. Un professeur de Padoue, Renaldini, eut l'idée de substituer aux systèmes vagues de graduation antérieurement admis, un intervalle précis entre deux phénomènes invariables. En 1701, Newton profita de l'indication; mais il se servait d'huile de lin et prenait pour points extrêmes la congélation de l'huile et la température du corps humain, séparées seulement par 12 degrés. Robert Hooke recommanda, comme repère, la température de la glace fondante et Amontons celle de l'eau bouillante, dont il avait reconnu la constance. Fahrenheit, fabricant de Dantzic, construisit (1714) les premiers thermomètres usités, à alcool ou à mercure, et adopta, pour terme supérieur, le point d'ébullition de l'eau, et, pour terme inférieur, un point arbitraire au-dessous de sa congélation, l'intervalle étant divisé en 212 degrés. Vers 1730, Réaumur choisit comme points fixes de son échelle de graduation, la température de la glace fondante et celle de l'ébullition de l'eau, en y marquant 80 degrés. Enfin, Celsius, professeur d'Upsal, fit prévaloir, en 1741, la division du thermomètre de Réaumur en 100 degrés. Ainsi fut établi, par de savantes recherches, le thermomètre centigrade dont l'emploi est aujourd'hui général, sauf en Allemagne et en Angleterre où la routine a maintenu l'usage du thermomètre Fahrenheit, moins rationnellement établi. Les modes de construction de ces instrumens sont aujourd'hui très divers et, dans une exposition de thermomètres qui a eu lieu à Londres en 1884, on ne comptait pas moins de 136 modèles différens.

Les hautes températures sont évaluées au moyen de *pyromètres*, dont la théorie a été imaginée par Mussembroek et perfectionnée par Wedgwood, dans le courant du XVIIIe siècle. Mentionnons encore les *calorimètres* qui servent à mesurer la puissance calorifique des combustibles. Rumford avait indiqué le principe de ces appareils que Laplace et Lavoisier amenèrent à une grande précision. Enfin, depuis Melloni, des piles thermo-électriques permettent de constater les moindres variations de chaleur.

Il nous reste à examiner les procédés mis en usage pour produire le froid. Outre des températures supérieures à celle des milieux ambians, il fallait, pour être pleinement maître des effets de la chaleur, pouvoir également déterminer à volonté des températures inférieures. D'autres besoins les réclamaient, moins impérieux et plus limités, mais parfois encore vivement sentis. L'ardeur de la saison ou du climat est souvent aussi pénible à supporter que sa rigueur. Des boissons fraîches sont alors, non seulement agréables, mais encore hygiéniques. Le froid sert à conserver sur place et à transporter au loin les alimens les plus altérables, la viande de boucherie, le gibier et la marée. Son emploi médical est précieux dans un certain nombre de maladies et spécialement pour la guérison des blessures. Enfin l'industrie aurait, pour une multitude d'opérations, avantage à disposer de basses températures que lui refuse la latitude ou l'époque de l'année. Après avoir exploité les sources de chaleur, on devait donc chercher des sources de froid. Mais, quoique la réfrigération ne soit que le chauffage retourné, l'art d'abaisser la température était plus difficile à constituer que celui de l'élever, parce que l'équivalent des combustibles faisait défaut. Aussi la découverte de procédés frigorifiques a-t-elle suivi de très loin les applications du feu.

Les exigences de l'organisme, naturellement bornées, n'étaient pas trop malaisées à satisfaire. Comme une foule d'animaux que la chaleur incommode, l'homme recherche en été la fraîcheur des ombrages. Sa demeure lui est un abri contre l'excès des températures non moins que contre le froid et, dans les pays à climat torride, les habitations sont spécialement disposées en vue d'éviter les inconvéniens de la chaleur. Il aime à tremper dans les eaux vives son corps énervé par la transpiration...

Partout où sévissent des hivers, la neige et la glace offrent périodiquement du froid condensé ; mais cette ressource n'est pas toujours disponible et même la nature ne la fournit avec quelque abondance que dans la saison où l'on pourrait le mieux s'en passer. C'était un problème embarrassant que de conserver jusqu'au milieu de l'été un produit propre à l'hiver, et plus encore de l'introduire, en dépit de la loi des climatures, dans des régions où il est un phénomène inconnu.

Plusieurs villes d'Orient, situées à proximité de
hautes montagnes au sommet desquelles la neige persiste toute l'année, ont eu de bonne heure l'idée d'en
tirer parti pour tempérer l'incommodité des fortes
chaleurs. La coutume de rafraîchir ainsi les boissons
existait déjà du temps d'Hippocrate qui en signale les
inconvéniens. Elle fut adoptée en Italie par les riches
Romains vers l'époque d'Auguste. Rome n'ayant pas de
montagnes dans son voisinage, il fallut imaginer des
artifices pour conserver la glace un peu de temps et
pouvoir la transporter à distance. Martial, envoyant à
un de ses amis une bouteille recouverte d'osier et
propre à cet usage, lui demande en retour une tunique de
drap (1). Plutarque discute la question de savoir pourquoi la paille et la laine, qui sont chaudes, conservent
le mieux la glace qui est froide (2). Il n'en donne point
la raison; mais le fait de l'avoir cherchée montre qu'on
avait déjà mis l'observation à profit. Cependant, les
anciens n'ont pas su construire de locaux où ils pussent garder, d'une année à l'autre, un produit si prompt
à s'évanouir. C'est en Italie, au xvi⁰ siècle, que paraissent avoir été établies les premières glacières. Elles se
répandirent en Europe durant le siècle suivant. Le mot
« glacière » ne se trouve pas encore dans le *Dictionnaire* de Mounet, imprimé en 1636 ; mais, peu après,
ces établissemens devinrent communs à Paris, et Boileau tient pour ridicule un repas où il n'est pas servi
de glace aux convives :

« Point de glace, bon Dieu ! dans le fort de l'été ! » (3)

La plupart des grandes villes en font maintenant une

(1) Livre II, épig. 85.
(2) *Symposiaques*, livre VI, quest. 6.
(3) *Satire*, III.

consommation importante. En 1865, l'approvisionnement de Paris s'élevait à 60,000,000 kilog. pour une population de 1,500,000 âmes. Dès que cette denrée a eu du prix, le commerce s'est mis à la transporter. Au commencement de ce siècle (1805), quelques armateurs de Boston expédièrent des cargaisons de glace dans les villes du sud de l'Union, puis aux Antilles. En 1833, ils en envoyèrent jusque dans l'Inde, lui faisant ainsi traverser deux fois l'équateur. Vingt ans plus tard, Boston exportait sur ces glacières flottantes 60,000 tonnes de glace. Maintenant, le nord de l'Europe prend part à ce trafic et vend ses glaces au Midi. Paris en reçoit par pleins wagons des montagnes de la Suisse.

Exploiter de la glace naturelle ne pouvait suffire. On devait désirer en faire, obtenir même des températures inférieures à la congélation de l'eau. D'ingénieux expédiens ont résolu le problème.

Trois moyens seulement sont à notre disposition pour produire le froid : l'évaporation des liquides, la liquéfaction des solides et la dilatation des gaz. On les a successivement utilisés.

Par l'évaporation de l'eau, on détermine aisément un abaissement de quelques degrés. Des arrosages superficiels ou des fontaines jaillissantes reproduisent ainsi la fraîcheur des lieux humides. A une date très ancienne, les Egyptiens avaient trouvé le moyen de refroidir l'eau du Nil en l'exposant à un courant d'air dans des vases à parois poreuses. L'emploi des *alcarazas*, que leur ont emprunté les Arabes, a été transmis par eux aux débitans espagnols d'*agua fria*.

Les mélanges réfrigérans sont beaucoup plus efficaces. Les Grecs et les Romains, qui les ignoraient, ne pouvaient rafraîchir leurs boissons qu'en laissant fondre de la neige où de la glace et n'auraient pas eu le moyen de congeler ou « frapper » l'eau, faute de pouvoir dépasser la température de la glace fondante. L'Inde, où abonde le salpêtre, mit de bonne heure à profit le froid plus intense que produit sa dissolution. Vers le milieu du xvie siècle, ce procédé s'introduisit en Italie. Bientôt après, on découvrit la manière d'obtenir de la glace en faisant fondre ensemble de la neige et du sel marin. Bacon en parle. De 1655 à 1660, les Italiens appliquèrent cette méthode à la confection des glaces et sorbets.

Toutefois un moyen qui exige une grande quantité de glace naturelle pour en faire un peu d'artificielle laissait fort à désirer. On devait tendre à fabriquer directement ce produit. Avec des solutions de sels, Walker réussit à congeler de l'eau en plein été. Il parvint même (1787), à congeler le mercure, à — 40°. Depuis lors, l'étude des mélanges réfrigérans a fait reconnaître une série de substances aptes à produire l'effet cherché (neige ou glace pilée, sel marin, nitrates, éther, ammoniac, etc). En disposant les mélanges par couches concentriques, on arrive à des températures remarquablement basses. Ainsi, une première enveloppe de glace pilée et de sel marin donne un froid de — 20°; une seconde, intermédiaire, de neige et de chlorure de calcium liquide, descend à — 40°; enfin un mélange central de neige et de chlorure de calcium cristallisé s'abaisse jusqu'à — 82°. L'acide carbonique fut obtenu solide par Thilorier, en 1834, à une température de — 78°. Faraday, plaçant une pâte de cet acide et d'éther sous le récipient d'une machine pneumatique, put aller jusqu'à — 110°. Enfin par une décompression brusque des gaz, MM. Pictet et Cailletet ont atteint une limite invraisemblable de froid estimée voisine de — 300°, où les gaz les plus réfractaires se liquéfient et l'hydrogène se solidifie momentanément. A l'aide d'un appareil récent (1883), fondé sur l'évaporation de l'éthylène liquide et la détente de gaz comprimés, M. Cailletet réalise, tant que la machine fonctionne, un froid persistant de — 136°. D'après une communication faite en janvier 1884 à l'Académie des sciences, M. Wroblewski serait parvenu, en employant la détente et la soudaine évaporation de l'oxygène liquide, à cristalliser l'azote et à liquéfier l'hydrogène, à une température d'environ — 186°.

Ces brillantes expériences de laboratoire indiquaient la voie à suivre. Il restait à organiser une pratique industrielle. Le succès ne s'est pas longtemps fait attendre. Les appareils Carré (1860), établis sur le principe de la liquéfaction et de la vaporisation alternatives du gaz ammoniac, se servent de la chaleur pour produire le froid et rendent, suivant leurs dimensions, de 10 à 20 kilogr. de glace pour 1 kilogr. de charbon brûlé. On peut déterminer de la sorte, à peu de frais, des températures de — 20° à — 40°. En 1877 M. Giffard a proposé un appareil qui utilise la compression et la détente de l'air.

Les procédés frigorifiques n'offrent pas seulement l'avantage de pouvoir entretenir de glace, en toute saison, les ménages et les établissemens de glacier ; ils trouvent des applications dans un grand nombre d'industries. Leur emploi sera précieux pour préparer à basse température des bières de qualité supérieure, l'acide acétique, la paraffine, la benzine...; pour solidifier des substances molles ou pâteuses, telles que la stéarine, les suifs, le chocolat...; pour faire cristalliser des sels, concentrer des solutions diluées, alcools, acides...; pour renforcer les grands vins en leur enlevant l'eau surabondante; pour séparer l'eau potable de certains mélanges qui altèrent sa pureté et en approvisionner les équipages par la congélation de l'eau de mer; pour extraire le sulfate de soude et la potasse des eaux-mères des marais salans, isoler le sucre de canne, distiller le suc de betteraves, etc. Les fermes même réclament de la glace pour refroidir le lait, conserver le beurre et les approvisionnemens. Enfin dans les pays chauds et durant l'été des régions tempérées, des *frigorifères* seraient susceptibles de rendre, en sens inverse, des services comparables à ceux des *calorifères* dans les pays froids. Ils conviendraient surtout pour les hôpitaux, les salles d'assemblée ou de spectacle, les cercles et généralement tous les lieux où se réunissent les foules.

Grâce à ces artifices, le froid n'est donc pas moins à notre disposition que la chaleur. Nous pouvons produire des températures bien inférieures aux plus basses qu'on ait constatées dans le monde (— 58° observés à Yarkoust, en Sibérie, — 63° à Verkhoïansk, Wild), et nous dépassons aisément, dans les jours les plus chauds de l'année, le froid des hivers les plus rigoureux, comme, sous l'équateur, celui des régions polaires.

Ainsi l'homme qui, au début, devait passivement supporter les températures des milieux ambians, s'est rendu maître des effets thermiques et en gouverne les applications à son gré. Il fait surgir où il lui plait, des sources de chaleur ou de froid, règle l'intensité de leur action suivant ses besoins et atteint ou dépasse les températures excessives qui ne se rencontrent sur le globe que par exception. Notre échelle thermométrique actuelle embrasse près de 3,500 degrés. Libres de promener les élémens de richesse à travers des influences aussi étendues, nous exerçons sur eux un pouvoir modificateur immense. Nous avons toute latitude pour atténuer les variations de l'atmosphère, niveler les climats, changer l'ordre des saisons et maintenir dans nos demeures la température moyenne la plus favorable à notre bien-être. Selon ce qu'exigent nos industries, nous savons échauffer les corps ou les refroidir, les fondre, les vaporiser et les solidifier tour-à-tour, les faire réagir, dans ces conditions diverses, les uns contre les autres et les tous soumettre à l'empire d'une force qui permet de dégager la pleine utilité des choses. Avec son secours, rien n'est impossible à la civilisation qui, sans elle, tomberait, comme la nature elle-même si la chaleur s'en retirait, dans une complète inertie.

CHAPITRE II.

LUMIÈRE

D'après une définition remarquable de Strabon,
« l'homme est un animal terrestre et aérien qui a be-
« soin de beaucoup de lumière » (1). Toute clarté
l'attire, comme ces fleurs qu'on suppose amoureuses
du soleil. Pour lui, naître se dit « venir au jour, » et
quand il meurt, les yeux grand ouverts, le suprême
regard qu'il jette sur la nature y cherche un dernier
rayon. Vivre en pleine lumière, voilà son idéal éternel.
Cette lumière si précieuse et si douce, « la joie des
yeux », ainsi que l'appelle Bossuet, l'homme l'a de
tout temps adorée comme la manifestation d'une
puissance supérieure qui semble transparaître à travers son éclat révélateur. Le nom même de *Dieu*, que
nos langues bégaient sans en comprendre le sens,
atteste, parmi les transformations des croyances qui
l'ont tour-à-tour redit, le culte primordial de la pure
lumière. Dans son acception originelle, il signifiait
simplement le *lumineux* (2). Les plus anciens objets

(1) *Géographie*, liv. XVII, ch. 1, § 36.
(2) Au radical *div*, briller, se rattachent le sanscrit *dêva*, le grec
θεός, le latin *deus*, etc.

de culte ont été ce ciel resplendissant de clartés et les astres qui le parcourent en nous dispensant la lumière, présent divin.

Lorsque, plus tard, l'homme put raisonner ses conceptions, il proclama la lumière ce qu'il y a de meilleur au monde et, dans chaque langue, une logique instinctive a fait des termes qui la désignent des synonymes de perfection, d'excellence et de bonheur. Partout, au contraire, l'idée de ténèbres fut associée à des images de tristesse, de réprobation, de souffrance. Le jour et la nuit, c'est la vie et la mort, le bon et le mauvais principe, Ormuz et Ahriman, le ciel et l'enfer.

Ainsi nous tendons vers la lumière par toutes les aspirations de notre nature, de toutes les forces de notre raison. Vivre, c'est être éclairés. On a pu dire que l'évolution de l'histoire universelle consistait en « une ascension vers la lumière » (1). Toujours en quête de clartés nouvelles, dans l'industrie comme dans la science, l'humanité pourrait prendre pour devise le mot de Gœthe expirant : « Plus de lumière! » (*Dass mehr Licht hereinkomme!*)

Les seules clartés durables qui, dans l'ordre de la nature, illuminent la Terre, obscure par elle-même, sont celles des astres.

Le Soleil, centre et pivot du système planétaire, exerce, comme foyer éclairant, une influence souveraine sur le monde que nous habitons. Il méritait à ce titre les religieux hommages que lui ont rendus toutes les mythologies primitives. Les êtres vivans, dont on a dit qu'ils étaient « tissés d'air par la lumière », dépen-

____

(1) Michelet, *la Bible de l'humanité.*

dent de celle que nous envoie l'astre radieux et qui,
par suite des mouvemens propres du globe, détermine
l'alternance des jours et des nuits, l'ordre des saisons
et la diversité des climats.

Simple réflecteur des rayons solaires, la Lune éclaire
en partie nos nuits avec une intensité qui varie selon
le cours de ses phases; mais elle répand des lueurs
plus que des clartés et, son faible éclat, suffisant pour
diriger nos marches nocturnes, ne permettrait pas de
vaquer à des occupations suivies.

Enfin, les étoiles sont, malgré leur nombre, trop éloi-
gnées pour nous être de quelque secours. « L'obscure
clarté » qui tombe d'elles, pour parler la langue
audacieuse de Corneille (1), n'était propre qu'à nous révéler l'immensité. Échappée ouverte sur l'infini, ces
points lumineux ne constituent pas un éclairage véritable et empêchent seulement les ténèbres de l'espace
d'être absolues.

L'importance de ces trois sources de lumière est
donc très inégale pour nous. Le Sabéisme en tenait
exactement compte quand il adressait son principal
culte au Soleil, roi du monde, admettait la Lune comme
divinité secondaire et laissait presque sans honneurs le
vaste troupeau des étoiles.

Cet éclairage céleste suffisait aux besoins des animaux et la grande généralité des espèces n'en connaît
pas d'autre. Notons seulement à titre de curiosité
physiologique, celles qui produisent par phosphores-
cence le supplément de lumière qu'exige leur genre
de vie. Les récentes explorations des profondeurs
de la mer ont montré que la faune qui occupe ces

(1) *Le Cid*, A. IV scène 3.

abîmes où le jour ne pénètre pas, a le pouvoir de s'éclairer de la sorte dans un petit rayon. L'espèce humaine, privée de cette ressource, mais destinée à s'en procurer de bien supérieures par une sorte de rayonnement intellectuel, ne pouvait, à l'origine, compter que sur les lumières naturelles et dut, dès ses premiers progrès, en sentir péniblement l'insuffisance.

Lorsque, en effet, le soleil, disparaissant sous l'horizon, livrait aux ténèbres la moitié du globe, l'homme, frappé d'aveuglement temporaire et privé du plus utile de ses sens, se trouvait réduit à l'inaction, en proie aux terreurs et aux dangers de l'obscurité. Sa situation s'aggravait encore à cette époque de l'année où, sous les latitudes moyennes, les jours sont, dans la saison la plus rigoureuse, d'une désolante brièveté. Elle devenait tout à fait intolérable dans les régions circumpolaires, qui ont à traverser périodiquement des nuits semestrielles. Aussi, pour Homère et Hérodote, les contrées du Nord, couvertes de « ténèbres cimmériennes », sont-elles complètement inhabitables. Même dans les conditions les plus favorables, c'est-à-dire avec des jours d'une égalité à peu près constante, la durée des nuits, où se consume la moitié de notre existence, dépassait les exigences du sommeil ou du repos, et l'homme primitif était condamné à passer dans l'inquiétude ou l'ennui les longues heures d'une veille inactive.

Il fallait à tout prix supprimer l'obstacle que ces intermittences opposaient aux développemens d'une activité qui n'avait pas assez du jour et aspirait à devenir continue. L'art de s'éclairer devait être un des premiers inventés, car il en est peu de plus nécessaires. L'étendue et la multiplicité des occupations humaines, l'avenir entier de la civilisation étaient subordonnés à la production de clartés facultatives, capables d'effacer les ombres de la nature et de changer la nuit en jour. Comme le Dieu de la *Genèse*, l'homme travaillant à débrouiller le chaos des contingences cosmiques, devait inaugurer son œuvre par la séparation de la lumière et des ténèbres. Lui aussi devait prononcer un « *fiat lux* » qui supprimât ce que le premier avait laissé subsister de fâcheuse obscurité. Peut-être, dans la longue carrière de ses triomphes, n'a-t-il pas opéré de miracle plus éclatant que cette évocation des lumières factices. La première clarté que, par une inspiration de son intelligence, il parvint à faire jaillir du sein de la nuit, clôt l'ère de l'animalité ténébreuse et inaugure le règne de l'esprit dans le monde. C'est le jour de la raison qui se lève...

Pour un être perdu dans les ténèbres de son ignorance non moins que dans celles de la nature, la production de la lumière était un problème des plus ardus. Avec l'aide du temps et par une suite d'inventions heureuses, il est arrivé à une solution pleinement satisfaisante.

La découverte du feu fut aussi celle de la lumière car les deux effets résultent du même principe d'action. Tout corps solide ou liquide, échauffé à plus de 525°, devient lumineux, et nos sources de lumière sont généralement empruntées à des phénomènes de combustion. Cependant, considéré comme industrie spéciale, l'éclairage avait à surmonter des difficultés plus complexes que le chauffage. Il fallait reconnaître les matières susceptibles de brûler en jetant le plus vif éclat et les exploiter en quantités suffisantes ; puis, découvrir le mode le plus avantageux d'en tirer parti, construire des appareils en vue de régler l'intensité lumineuse et parvenir à produire des clartés fixes, pures, économiques et exemptes d'inconvéniens. Voyons comment ont été réalisés ces grands progrès.

Pour première clarté, l'homme eut la flamme de son foyer. De même que le soleil, dont il reproduisait en petit l'image, le feu donnait à la fois de la lumière et de la chaleur, comblant ainsi deux pressans besoins d'un être que l'obscurité n'affligeait pas moins que le froid. On paraît même, dans le principe, avoir attaché plus de prix encore aux gaies lueurs du foyer qu'à son tiède rayonnement, car le nom qu'il a reçu dans nos langues exprime sa faculté d'éclairer (1).

Mais la flamme, inégale et tremblante, des combustibles usuels, ne procurait qu'une lumière incertaine qui dissipe la nuit sans produire un jour utile et ne réussit qu'à rendre, suivant l'expression de Milton, les ténèbres visibles *(darkness visible)*. Néanmoins, tant qu'on ne se livra pas à des occupations nocturnes exigeant une certaine application, cet expédient élémentaire put suffire à des besoins très bornés. En général, les sauvages ne s'éclairent qu'à l'aide des feux de bois allumés dans leurs huttes, et les paysans même d'Europe font souvent une économie de luminaire quand le foyer brille. Durant leurs veillées oisives, ils jugent y voir assez clair s'ils peuvent se discerner les uns les autres.

Toutefois lorsqu'on voulut consacrer à quelque tâche les heures inoccupées de la nuit, il fallut remé-

(1) *Feu, foyer*, du latin *focus* qui se rattache à φῶς, lumière.

dier à l'insuffisance de ces douteuses clartés et se mettre en quête de substances moins impropres que le bois commun à donner de la lumière. L'industrie naissante fit alors cesser la confusion des deux fonctions qu'avait jusqu'alors remplies le foyer, ne lui demanda plus que de la chaleur et spécialisa les procédés d'éclairage.

L'expérience fit aisément reconnaître les sortes de bois qui, comme les essences résineuses, brûlent avec le plus d'éclat, et on les réserva pour cet usage, sous formes de torches. Lors de la conquête espagnole, les Péruviens et les Mexicains n'avaient pas d'autre moyen de s'éclairer. Des fragmens de bois retirés du lac Fimon, dans le Vicentin, et carbonisés à une de leurs extrémités, montrent que les habitans des cités lacustres se servaient du même expédient. Les Grecs des temps héroïques faisaient usage de feux éclairans et de torches. Homère, décrivant la grande salle du palais d'Ulysse, dit : « Trois brasiers sont allumés pour « éclairer cette vaste obscurité. On y jette du bois sec, « dur, coupé depuis longtemps et que le coin et la scie « ont partagé en morceaux. On allume des torches de « cèdre et de pin que les femmes portent tour-à-tour (1). » Athénée mentionne également ces torches dont se servaient les anciens (2), et Virgile atteste leur emploi dans les campagnes de l'Italie :

« . . . . Tædas sylva alta ministrat
Pascunturque ignes nocturni et lumina fundunt (3). »

Ce procédé des temps primitifs s'est maintenu en

(1) *Odyssée*, ch. XVIII, v. 306 à 310. Voy. aussi Virgile, *Enéide*, VII, 13.
(2) Δαΐδες, *Deipnos*, liv. XV.
(3) *Géorgiques*, II, v. 432.

Europe jusque vers la fin du moyen âge. Un écrivain italien du xive siècle, La Fiamma, dit que, de son temps, chez les meilleurs citoyens, on brûlait des morceaux de bois pour s'éclairer (4). Les salles mêmes des châteaux gothiques n'étaient souvent, comme les palais d'Homère, éclairées que par des torches de bois retenues au moyen de bras de fer fixés dans l'épaisse muraille. Des voyageurs contemporains signalent encore chez les Islandais l'usage de ces luminaires d'une simplicité sauvage.

Les torches de bois avaient le double inconvénient de se consumer vite et de donner plus de fumée que de clarté. On imagina de leur substituer des torches artificielles préparées avec la substance résineuse à laquelle les branches de pin doivent leur pouvoir éclairant. Il suffisait de recueillir la résine qui découle du tronc blessé des conifères et d'en envelopper une mèche d'écorces filamenteuses pour avoir des torches bien supérieures à celles de bois. L'antiquité en transmit la tradition au moyen âge et, dans les campagnes, on brûle encore de petites chandelles de résine (*rousis des paysans du centre*), dont le grésillement plus que la lumière égaie les veillées champêtres.

Là même où des procédés moins imparfaits d'éclairage firent abandonner l'usage domestique des torches, leur emploi se conserva dans les rites religieux, et les expressions du langage en ont perpétué le souvenir. Chez les Grecs, la fête de Cérès portait le nom de « jour des torches », en commémoration de celles que la déesse avait allumées au feu de l'Etna pour aller à la recherche de sa fille Proserpine. Les Juifs brûlaient

(4) Voltaire, *Essai sur les mœurs,* ch. LXXXI.

des torches pendant leurs sacrifices... Une symbolique universelle a fait figurer des flambeaux dans les cérémonies matrimoniales ou funéraires, par une allusion manifeste à cette flamme mystérieuse de la vie que les générations se passent en courant l'une à l'autre, comme dans le vers de Lucrèce. Les noces helléniques se célébraient à la clarté des torches. Dans la description du bouclier d'Achille, Homère dépeint un cortège « de nouvelles mariées conduites à la lumière des flambeaux » (1). Chez les Romains, les torches avec lesquelles on escortait les mariés étaient d'ordinaire en bois de pin (2). C'était là ce « flambeau de l'hyménée », métaphore classique dont les poètes ont surtout abusé à partir du moment où l'usage cessait de la justifier. — Les funérailles romaines s'accomplissaient à la lueur de torches appelées *funalia* parce qu'elles consistaient en *cordes* enduites de poix (3). De là proviennent nos termes de *funérailles, funéraire, funèbre...*

La ressource des substances ligneuses que des populations sauvages, vivant de chasse, avaient pu exploiter dans les régions boisées où elles se fixent de préférence, fit défaut aux peuples pasteurs lorsqu'un nouveau genre de vie les appela dans les grandes plaines herbeuses où le bois manquait souvent. Ils durent y suppléer par les matières grasses que leur fournissaient les animaux domestiques.

Déjà peut-être quelques peuples adonnés à la pêche,

(1) *Iliade*, ch. XVIII, v. 491.
(2) « Pronuba pinus » (Sénèque, *Médée*, v. 37) ; « Pineam quate tædam » (Catulle, *carm*. 61).
(3) Isidore, *Origines*, XI, 2, 34.

comme les Esquimaux de nos jours, avaient-ils employé, pour éclairer leurs longues nuits, l'huile que plusieurs mammifères marins (le phoque, etc.) donnent avec abondance. Les archéologues danois supposent que les aborigènes de l'époque des kioekken-mædings se faisaient des luminaires en plaçant une mèche dans l'estomac graisseux du grand pingouin (*Alca impennis*). Parfois encore, les habitans des îles Fœroë usent d'un moyen pareil et se contentent d'introduire une mèche dans le bec d'un pingouin vidé. La mèche allumée, le corps de l'oiseau, tout imprégné d'huile, brûle comme une lampe naturelle. Mais de tels expédiens n'étaient pas partout praticables. En général, les animaux qui servent de proies aux peuples chasseurs sont trop maigres pour pouvoir entretenir de substances grasses un éclairage quotidien. Cette production fut un gain de la phase pastorale et, l'utilité des graisses une fois connue, on s'efforça d'accroître leur abondance afin d'étendre leurs usages.

On dut s'aviser de bonne heure d'enduire de suif les torches auparavant goudronnées de résine, et la *chandelle* fut inventée. Comme le radical de ce mot se retrouve dans une série de langues européennes (1) on en peut induire la haute antiquité et la grande diffusion de ce mode d'éclairage. Cependant, à l'époque où leur histoire nous est connue, les Grecs et les Romains s'éclairaient principalement avec de l'huile ; mais il n'en avait pas été ainsi durant une époque antérieure. Varron constate qu'en Italie l'emploi usuel des chandelles précéda celui des lampes, introduit par les Grecs (2). Il s'était conservé dans les cérémonies

---

(1) Pictet, *Orig. indo-europ.*, t. II, p. 287.
(2) *Lingua latina,* liv. V, ch. 119.

religieuses qui le transmirent au catholicisme. La fête de la *Chandeleur*, instituée par le pape Gélase, en 492, a simplement pris la place des Lupercales païennes, ainsi que le reconnaît un sermon d'Innocent III.

Chez les peuples anciens et jusque vers le milieu du moyen âge, la confection des chandelles fut une industrie domestique. Parmi les travaux de la ferme que les rites romains permettaient de faire les jours fériés, Columelle cite la préparation des chandelles (1), opération considérée comme fort nécessaire, car elle est mentionnée après celles de moudre le blé et de couper le bois à brûler. Dans le courant du XIᵉ siècle, la fabrication des chandelles devint une industrie spéciale en France. Philippe Iᵉʳ établit à Paris (1061) la communauté des *chandeliers*, une des plus anciennes du royaume. D'après la *Taille de Paris sous Philippe le Bel* (1292), cette ville comptait alors soixante-onze fabricans de chandelles, et il ressort d'une ordonnance rendue en leur faveur, qu'ils en faisaient de deux sortes, *plongées* et *moulées*. Les rois même consommaient ce produit maintenant si déprécié. Au nombre des officiers de la maison de Philippe le Bel figurent « trois valets pour la chandelle, » et l'ancienne étiquette de la cour de France astreignait les reines à passer les six premières semaines de leur veuvage « sans voir fors de la chandelle » (2). Les indications des historiens montrent que, jusqu'au commencement du XIVᵉ siècle, la chandelle était considérée comme objet de luxe. Avant d'être pseudo-reine de France, Mᵐᵉ de Maintenon, déjà marquise, brûlait de la chandelle, comme en témoignent ses lettres. Depuis les débuts du théâtre moderne jus-

(1) « Candelas sebare » (*De re rustica*, II, 21.)
(2) Legrand d'Aussy, *Vie privée des Français*, t. III, p. 176.

qu'à la fin du XVIIIe siècle, les salles de spectacle ne furent éclairées que par des rangées de chandelles (1) qu'on mouchait pendant les entr'actes. Il ne faut pas cependant trop plaindre nos pères. Cet éclairage plus fumeux que suffisant avait ses compensations. Il obligeait les auteurs de s'adresser à l'esprit plutôt qu'à la vue, et jamais le jour douteux de la rampe ne vit éclore autant de chefs-d'œuvre. De notre temps, la substitution du gaz aux chandelles a mis en lumière, dans un affligeant contraste, le déclin de l'art et le progrès de l'industrie. Nos scènes sont éblouissantes de clartés, mais le décorateur et le costumier ont pris le pas sur le poète et l'accessoire prévaut sur le principal.

Employé dans son état naturel, le suif avait de graves inconvéniens sur lesquels on fut longtemps contraint de passer. Son pouvoir éclairant est faible ; sa lumière jaune et inégale fatigue la vue ; il ne brûle pas régulièrement et couvre la mèche de dépôts charbonneux qui, si l'on n'a soin de les retrancher fréquemment, suppriment les 4/5es de l'éclat du luminaire ; enfin, non moins malpropre au toucher que nauséabond à l'odorat, il salit au simple contact, coule à tout moment et tache les étoffes. La transformation d'une substance aussi défectueuse en un produit irréprochable est un des services les plus signalés que la science ait rendus à l'économie domestique. L'industrie des bougies stéariques, dont l'origine est toute française, a son point de départ dans les recherches des chimistes sur les corps gras. Braconnot, en 1813, distingua leurs élémens qui consistent en oléine liquide et stéarine solide.

<hr>

(1) Molière, *les Précieuses ridicules*, sc. X.

Ensuite, M. Chevreul fit connaître (1820-1823) les réactions qu'ils subissent sous l'influence des alcalis. Pour séparer l'acide stéarique du suif, on le traite par la chaux éteinte qui le saponifie, puis par l'acide sulfurique, qui réduit la stéarine. En 1825, M. Cambacérès établit sur ce principe, à Paris, la première fabrique de bougies, et, dès 1833, une seule des usines élevées à son exemple, celle de MM. Motard et Milly, en livrait 25,000 kilog. par an. Cette industrie, dont les produits furent vite appréciés, ne tarda pas à se répandre, et maintenant elle est partout pratiquée, jusqu'en Australie et en Sibérie. Dans toutes les classes aisées, on ne brûle guère que de la bougie stéarique. La France, en 1879, comptait 169 fabriques dont la production s'élevait à 34,544,000 kilog. d'une valeur totale de 64,552,000 francs (1).

Au premier procédé pour saponifier les corps gras par la chaux, M. Dubrunfaut en a ajouté (1846-1856) un autre par distillation, après traitement par l'acide sulfurique, qui permet de convertir en bougies les graisses altérées, les rebuts de cuisine, le produit du désuintage des laines, les huiles de poisson, de baleine, de palme, etc.

A côté des chandelles et bougies à base de suif, il convient de ranger les bougies de cire. Leur usage s'établit quand on eut appris à élever les abeilles. Mais la rareté de cette substance en a toujours limité les applications. Les anciens connaissaient les cierges (2). Macrobe fait même remonter au temps d'Hercule la coutume qui existait à Rome d'offrir, pendant les saturnales, de petits cierges à ses amis, tra-

(1) Maurice Block, *Annuaire de l'économie politique*, 1883.
(2) *Cereus*, Martial, liv. XIV, *épigr*. 42.

dition dont les *moccoletti* du carnaval romain semblent être un curieux vestige.

Dès les premiers siècles du moyen âge, les chandelles de cire, produit aristocratique, étaient brûlées dans les églises et les palais. Grégoire de Tours en parle (1). Une ordonnance de Philippe le Bel (1294) interdit aux bourgeois et aux clercs, « s'ils ne sont constitués en dignité », de s'éclairer avec des torches de cire. Un peu plus tard (1313), le même prince fait défense aux épiciers de mêler le suif à la cire dans la fabrication des bougies (2). Paris comptait alors dix-neuf *ciriers* (3). Le nom de *bougies*, donné à leurs produits, venait de celui de la ville de Bougie, sur la côte d'Afrique, qui servit longtemps d'entrepôt au commerce des cires exportées de cette région. La consommation domestique de ces luminaires, réservée jadis aux classes opulentes, a disparu de nos jours devant la concurrence des bougies de stéarine qui éclairent mieux et coûtent moins. Seul, le formalisme conservateur des pratiques religieuses continue de brûler des cierges.

On peut rattacher à la même classe de substances éclairantes le *blanc de baleine*, que les anciens n'ont pas connu et dont on tira parti lorsque, à dater du XIIᵉ siècle, s'organisa la pêche des grands cétacés. Avec cette matière, malheureusement trop rare, on fait d'excellentes bougies, recherchées en Angleterre malgré leur prix, triple de celui des bougies stéariques. La *paraffine*, découverte en 1831 par Reichenbach, est extraite par distillation de la houille. Elle sert à fabriquer

(1) *Histoire ecclésiastique des Francs*, V, 3.
(2) *Ordonnance des rois de France*, t. I, p. 542.
(3) *Taille de Paris sous Philippe le Bel.*

des bougies diaphanes, faciles à colorer et dont l'apparition date de 1855. — Depuis le xiii° siècle de notre
ère, les Chinois utilisent pour s'éclairer la cire d'une
espèce d'insectes (le « la-tchong », *Coccus ceriferus*)
plus abondante et moins chère que celle des abeilles.
Enfin, un palmier du Brésil *(Copaïfera cerifera)*, donne
une cire bonne à brûler. En 1862, la province de Ceara
produisait 3,000,000 kilogr. de ces bougies valant
5,000,000 de francs (1).

La préparation et l'emploi de ces différentes sortes
de chandelles ne présentaient pas de difficulté. Il suffisait d'enduire ou de couler dans des moules les corps
gras dont elles se composent autour d'une mèche
centrale. Les anciens se servaient pour cet usage de
cordelettes de lin ou de chanvre, parfois même de
moelles de jonc ou de papyrus (2). Ils n'ont pas connu
les mèches de coton, seules employées depuis la fin du
moyen âge et les plus avantageuses, à cause de la
finesse de leurs fibres qui pompent mieux les liquides
éclairans. Ce fut là le premier et longtemps le seul
emploi du coton en Europe. Il en est fait mention dans
le *Dit des Crieries de Paris* (xiii° siècle) :

> « Chandoile de coton, chandoile
> Qui plus art (brille) que nule estoile! »

Il semble que l'usage des chandelles ait dû impliquer
de tout temps celui des chandeliers. Cependant, il en
est rarement question dans les auteurs anciens. Martial parle bien de candélabres qu'on faisait d'airain ou
de bois (3) ; mais ils ne servaient communément qu'à
supporter des lampes. Les fouilles d'Herculanum et de

(1) *Rapports du Jury international*, 1867, t. VI, p. 169.
(2) Pline, XVI, 70.
(3) *Épigrammes*, XIV, 43 et 44.

Pompéi, qui ont mis au jour tant de lampes, n'ont pas fait découvrir un seul chandelier. On en connaît pourtant quelques spécimens antiques, pourvus comme les nôtres d'une bobèche pour arrêter les coulées de suif ou de cire, et où la chandelle était fixée sur une pointe ou logée dans un tube (1). Pline, curieux des moindres détails, nous apprend qu'on fabriquait les fûts des candélabres à Tarente et les bobèches à Egine, singulier exemple de la division du travail. C'étaient là des objets de luxe et leur décoration devait être somptueuse, car il ajoute : « On n'a pas honte de mettre à des chande-« liers, dont le nom vient de chandelle, un prix égal à « la solde d'un tribun militaire » (2).

La coutume la plus générale autrefois paraît avoir été de faire tenir à la main, par des esclaves ou des serviteurs, les torches et chandelles qui avaient besoin d'être fréquemment avivées ou renouvelées. Un passage d'Homère nous a montré que, dans le palais d'Ulysse, des servantes étaient chargées de cette fonction (3). Grégoire de Tours cite le trait de barbarie d'un seigneur frank, le féroce Rauchingue, qui forçait ses malheureux porteurs de flambeaux à les tenir jusqu'à extinction, se faisant un divertissement de leurs cruelles brûlures : « Lorsqu'un serviteur tenait devant « lui, *comme il est d'usage*, pendant son repas, un flam-« beau de cire allumé, il lui faisait découvrir les jambes « et le forçait d'y appuyer le flambeau jusqu'à ce qu'il s'éteignit (4). » Au xive siècle, Froissart, décrivant le train de vie du comte de Foix, un des princes les plus

(1) Voy. Rich, *Dict. d'antiq.*, v. Candelabrum.
(2) *Hist nat.*, XXXIV, 6.
(3) *Odyssée,* ch. XVIII.
(4) *Histoire ecclésiastique des Francs,* liv. V, ch. iii.

magnifiques du temps, dit: « Quand de sa chambre à
« mie nuit venait pour souper en la salle, devant lui
« avait douze torches allumées que douze vai lets
« portaient, et icelles douze torches étaient tenues de-
« vant sa table qui donnaient grand'clarté en la
« salle... (1). » Dans une mascarade de cour, Charles VI
faillit être brûlé vif par la maladresse d'un de ces porteurs de flambeau. Enfin, le compte rendu des fêtes
que donna Louis XIV, en 1664, mentionne, outre un
très grand nombre de lustres et de girandoles, « 200 va-
« lets de pied qui tenaient en main des flambeaux de
« cire blanche (2). » Chez les rajahs de l'Inde, l'éclairage traditionnel et classique consiste en torches tenues
par des hommes (3). La longue durée d'un pareil usage,
qui réduisait des êtres humains à l'emploi de chandeliers, s'explique par l'imperfection des luminaires. On
n'a plus eu besoin de ces supports animés depuis qu'on
sait faire des flambeaux capables de brûler avec régularité un certain temps sans exiger de surveillance.

Tant que dura le régime pastoral, les substances
animales susceptibles d'éclairer purent satisfaire les
besoins de populations restreintes ; mais cette production ne comportait pas un développement indéfini.
L'établissement du régime agricole en fit sentir l'insuffisance. Ce nouveau genre de vie où le produit des
moissons, plus facile à multiplier, prévalut sur celui
des troupeaux, diminua l'abondance relative de ceux-ci.
Il fallut alors demander à la culture des plantes
oléifères de nouvelles ressources dont l'emploi carac-

(1) *Chroniques,* liv. III, ch. XIII.
(2) *Les Plaisirs de l'île enchantée,* journée Iᵗᵉ.
(3) De Jancigny, *l'Inde,* p. 243.

térise une troisième phase dans l'histoire des progrès que nous étudions. Ce mode d'éclairage postérieur aux deux précédens, réclamait plus d'artifice. Les huiles, en effet, ne pouvaient pas, comme la résine, le suif ou la cire, être obtenues par un triage élémentaire; on devait reconnaître les semences qui contenaient ce produit, l'extraire par d'énergiques pressions, enfin étendre, dans la mesure des besoins, la culture des espèces qui le fournissent. Les agriculteurs, partagés entre la nécessité de se nourrir et le désir de s'éclairer furent longtemps incapables de combler simultanément ces deux exigences.

Mais, l'obstacle une fois surmonté, on disposa d'une source de lumière supérieure à celles qu'on avait exploitées jusque là. L'éclairage à l'huile a sur l'éclairage au suif de notables avantages comme éclat, fixité, économie et commodité. Aussi fut-il préféré par les plus anciens peuples de l'Orient qui s'élevèrent à la civilisation agricole. Toutefois, si l'emploi de l'huile est immémorial en Égypte et dans l'Asie antérieure, son adoption en Europe est relativement récente et date de l'époque historique.

A raison de sa liquidité, l'huile devait être brûlée dans un appareil spécial représenté par la lampe. Un vieil usage de l'Inde, conservé jusqu'à nos jours, pourrait indiquer comment s'effectua le passage des torches aux lampes : les porteurs de torches qui ont mission d'éclairer les palais des rajahs tiennent d'ordinaire à la main une petite bouteille d'huile et en versent par intervalles sur le flambeau afin d'aviver la flamme (1). Le premier qui réduisit la torche à une mèche et la fit

______

(1) De Jancigny, *l'Inde*, p. 243.

tremper dans le récipient fut l'inventeur de la lampe. Mais la disposition de cet appareil, dont les Grecs attribuaient la découverte aux Égyptiens (1), est tellement simple qu'elle n'exigeait pas un bien grand effort de génie et dut être trouvée de divers côtés, même par des peuples à demi-sauvages, comme les Helvètes des cités lacustres, car on a recueilli dans leurs stations des lampes en terre cuite de l'époque robenhausienne (2). La difficulté consistait plutôt à se procurer de l'huile, et les Égyptiens, un des peuples les plus anciennement adonnés à l'agriculture, furent sans doute les promoteurs de ce mode d'éclairage. Des lampes sont figurées dans les inscriptions hiéroglyphiques des plus vieilles dynasties. Les Sémites les connaissaient aussi à des dates reculées. Dans la *Genèse*, Abraham voit passer en songe une lampe ardente (3). Les peuples de race aryenne paraissent en avoir adopté séparément l'usage. Dans les langues de cette famille, les noms de la lampe présentent de grandes diversités. Il n'y a d'accord qu'entre quelques nations de l'Europe chez lesquelles la transmission s'est faite par l'intermédiaire des Grecs et des Romains (4).

Avant même l'époque d'Homère, les Grecs, chez lesquels la culture de l'olivier, don de Minerve, remontait aux temps mythologiques, avaient adopté la lampe égyptienne. L'usage en fut introduit par eux en Italie, ainsi que le constate Varron (5). D'après Plutarque, les Romains accueillirent avec un si religieux respect

(1) Clément d'Alexándrie, *Stromates*, I, 16.
(2) De Mortillet, *le Préhistorique*, p. 561.
(3) *Genèse*, ch. xv, v. 17; et ch. xxx, v. 7. Voy. aussi *Job*, ch. xii, v. 5 et ch. xxi, v. 17.
(4) Pictet, *Orig. indo-europ.*, t. II, p. 287.
(5) *Lingua latina*, V, 119.

l'appareil producteur de lumière que, par une superstition qui leur était propre, ils ne soufflaient pas leurs lampes et les laissaient s'éteindre spontanément (1). Mais il ajoute que, de son temps, on les soufflait après le repas du soir. L'esprit d'économie commençait à prévaloir sur la piété. Chez les anciens, la coutume s'établit de mettre des lampes dans les tombeaux, comme pour rappeler aux morts, perdus dans les ténèbres souterraines, cette lumière qu'ils avaient aimée. On en a retiré des sépultures romaines un nombre presque infini. C'est assurément de toutes les pièces du mobilier antique celle qui a fourni aux archéologues la plus abondante moisson.

De même que les torches, les chandelles et les cierges, les lampes furent, dès l'origine, investies d'un rôle religieux. Saïs avait une « fête des lampes » qui se célébrait le même jour dans toute l'Égypte et dont Hérodote nous a transmis la description (2). A l'exemple des Égyptiens, les Grecs instituèrent des *Lampadophories* en l'honneur de Minerve qui leur avait donné l'huile, de Vulcain qui avait enseigné l'emploi des métaux, et de Prométhée à qui on était redevable du feu. Cette fête, commémoration symbolique des découvertes sur lesquelles se fondait le mode usuel d'éclairage, se célébrait en allumant une multitude de lampes et en faisant une procession aux flambeaux. Les Juifs entretenaient dans le temple des lampes consacrées. Le fameux chandelier à sept branches, mentionné par la *Bible* et figuré sur l'arc de Titus à Rome, était un lampadaire supportant sept lampes. Enfin, des lampes brûlent aussi dans les sanctuaires catholiques.

(1) Plutarque, *Quest. romain.*, 75.
(2) *Histoires*, liv. II, ch. LXII.

Au moment où s'ouvre pour nous l'ère historique,
l'éclairage à l'huile, qui réalise un progrès marqué de
bien-être domestique, prédominait donc chez les peuples du bassin de la Méditerranée. Les Grecs et les
Romains de la période classique n'ont guère connu
d'autre clarté que celle des lampes. Dans leurs langues, les ouvrages médités et travaillés « sentaient
l'huile ». On sait la locution latine : « *Tempus et
oleum perdidi!* » J'ai perdu mon huile et mes veilles !

Ce fut surtout l'huile d'olive qui alimenta les lampes
des anciens. Mais cette ressource, restreinte et coûteuse dans la région même de l'olivier, à cause de la
lenteur avec laquelle cet arbre croît et se met à
fruit, manquait à l'Europe centrale qui dut exploiter
les huiles de graines. Elle ne réussit que vers la
fin du moyen âge à les produire avec assez d'abondance, grâce à la culture des plantes oléifères an-
nuelles et principalement du colza. Toutefois ces
huiles, extraites sous de fortes pressions, sont impures, déposent, charbonnent la mèche et manquent
parfois de fluidité. Leur épuration était un problème
délicat dont Thénard trouva la solution. Son procédé, partout suivi, consiste à traiter les huiles par
l'acide sulfurique qui détruit leurs impuretés sans
altérer leur composition normale. On obtient ainsi un
liquide fluide, homogène, qui brûle régulièrement et ne
forme pas de dépôts charbonneux.

Il n'était pas moins nécessaire d'améliorer la disposition des lampes, car le mode de construction de ces
appareils influe beaucoup sur la quantité de lumière
qu'ils peuvent donner. Les lampes antiques, très diverses d'aspect, à raison de leur ornementation capricieuse, étaient toutes construites d'après un type uni-

forme, rudimentaire, et leur valeur comme objets d'art
ne doit pas faire illusion sur ce qu'elles ont d'imparfait
comme produits industriels. Elles se réduisent à un
simple récipient de bronze ou de terre cuite contenant
l'huile où trempait directement la mèche. Un seul bec
éclairait fort mal ; aussi, pour avoir un peu de lumière,
avait-on coutume d'en allumer plusieurs. De là, la fré-
quence de lampes qui comptent deux becs ou un plus
grand nombre, six, huit, douze, jusqu'à vingt (1). Les
curieuses lampes kabyles en superposent des rangées
par étages et forment de petits monumens. Mais les
riches seuls pouvaient se permettre de telles prodiga-
lités. Les pauvres gens devaient se contenter d'un
modeste lumignon dont encore ils avaient soin, comme
un personnage de Juvénal, d'économiser la mèche :

« . . . . . . Cujus dispenso et tempero filum (2). »

Un système où l'huile brûlait à l'air libre, au moyen
d'une cordelette de lin était extrêmement défectueux. Le liquide montait, par imbibition, de niveaux
différens et, par suite, en quantités décroissantes. De
plus, la flamme, faute d'un courant d'air assez actif
pour rendre la combustion complète, ne donnait qu'une
lumière rougeâtre, surmontée d'un filet de fumée qui
répandait une odeur âcre. Enfin, le moindre souffle
d'air faisait vaciller ces flammes légères. Des modes
compliqués de construction et des artifices mécaniques
pouvaient seuls corriger ces inconvéniens et rendre
l'éclairage des lampes à la fois brillant et fixe.

Durant les derniers siècles qui précédèrent l'ère
chrétienne, les savans de l'école d'Alexandrie avaient

(1) Martial, XIV, 41 ; et *Anthologie,* Epigr. votives, 148.
(2) *Satires,* III, v. 287.

essayé d'améliorer la disposition des lampes. Héron
en construisit de plusieurs sortes, mécaniques, hydrauliques et hydrostatiques. Mais ces tentatives n'aboutirent qu'à créer quelques machines curieuses, sans
utilité pratique. Pendant tout le moyen âge, la lampe
des anciens, toujours reconnaissable, malgré des modifications de forme, à son extrême simplicité, continua
d'être en usage. Il faut arriver à la fin du xviii° siècle
pour assister à une transformation totale de cet appareil que, depuis cinq ou six mille ans, les générations
se transmettaient sans avoir rien su changer à sa primitive grossièreté.

Léonard de Vinci avait observé qu'en perçant la
mèche d'une lampe on obtient une lumière plus vive
et plus stable, à cause du courant d'air intérieur qui
active et régularise la flamme. Des essais de ce genre
furent repris il y a un siècle, et Ami Argant, de Genève, fit adopter, en 1780, l'emploi de mèches cylindriques. Ses lampes à bec circulaire et à simple courant
d'air furent le point de départ des admirables appareils
qui nous éclairent maintenant. Peu après, l'invention
des cheminées de verre, due à Lange, vint encore aviver
la combustion en établissant un second courant d'air,
extérieur, de sorte que la flamme, alimentée d'oxygène
des deux côtés, consume l'huile sans laisser « filer » de
fumée et donne une lumière blanche. Restait à faire
arriver l'huile sur la mèche avec une égalité constante.
Les anciens donnaient généralement à leurs lampes
des formes aplaties, afin de maintenir autant que
possible le réservoir d'huile au niveau du bec. Néanmoins, à mesure que le liquide brûle, son niveau
baisse et il en résulte une diminution d'éclat. A la fin
du dernier siècle, on imagina de disposer le réservoir

soit à un niveau supérieur, comme dans les « *quin-quets* », mis en vogue en 1785 par un lampiste de ce nom, soit en couronne autour du bec, ce qui avait l'inconvénient d'occulter en partie la lumière et de produire des ombres fâcheuses, soit enfin dans le pied même de la lampe. Ce dernier système, qui a l'avantage d'isoler entièrement la flamme, était destiné à prévaloir. Mais il fallait alors faire monter l'huile artificiellement. Carcel donna une première solution du problème (1801). Dans les lampes qui portent son nom, l'huile, élevée par de petites pompes que meut un mécanisme d'horlogerie, imbibe régulièrement la mèche. Ces appareils n'ont jamais pu beaucoup se répandre parce qu'ils coûtent cher, nécessitent de fréquens nettoyages et se dérangent aisément. Le système plus simple des lampes dites à *modérateur*, dû à Franchot dont le brevet date de 1836, est mieux entré dans l'usage. Il détermine l'ascension de l'huile au moyen d'un ressort qui la force à s'élever dans un tube où une tige « modératrice » fixe obstrue de moins en moins le passage à mesure que le ressort se détend. Cet ingénieux artifice a valu à son auteur un prix de mécanique décerné par l'Académie des sciences (1851). — Des globes de cristal dépoli pour amortir l'éclat devenu trop vif de ces luminaires, et des réflecteurs ou abat-jour pour en concentrer la clarté, complètent un système d'appareils dont la confortable commodité ne laisse guère à désirer.

Avec la civilisation industrielle devaient se développer de nouveaux besoins que ni les graisses animales, gain du cycle pastoral, ni les huiles végétales, produit de la phase agricole, ne pouvaient suffire à combler. C'étaient des populations nombreuses à entretenir de lumière, d'abondantes clartés à répandre dans les ateliers, les magasins, les lieux de réunion et jusque dans les rues animées des villes. Pour subvenir à de si grandes exigences, il fallait trouver des sources de substances éclairantes où l'on pût puiser largement sans crainte de les voir tarir. Comme les âges précédens avaient utilisé les ressources que les animaux et les plantes étaient susceptibles de fournir, il ne restait à exploiter que le règne minéral. C'est de ce côté que l'industrie a dirigé ses recherches, et les plus notables progrès de l'éclairage contemporain datent du jour où, prenant possession des dépôts fossiles de combustibles, elle a su en tirer des lumières qui joignent à un incomparable éclat une grande économie de prix de revient. Mais ces matières minérales devaient subir des transformations savantes pour produire, comme par miracle, des clartés rivales de celle du jour.

Dans quelques contrées où des huiles minérales viennent sourdre à la surface du sol, on en a fait usage de tout temps. Hérodote parle de puits de pétrole dans l'île de Zante, Plutarque d'un lac d'huile à Ecbatane, Pline et Dioscoride des sources d'Agrigente. Les Égyptiens employaient le pétrole pour les embaumemens... Mais un produit naturel aussi rare ne pouvait alimenter qu'une consommation locale restreinte. On s'est tardivement avisé d'aller le chercher dans les nappes souterraines d'où il émerge. L'Amérique du Nord, qui en possède des sources d'une prodigieuse richesse, a, depuis moins d'un quart de siècle, donné à leur exploitation un développement immense et peut, non seulement suffire à sa consommation, mais encore approvisionner l'Europe, à qui cette ressource fait défaut. La découverte des gisemens de pétrole en Pensylvanie ne remonte qu'à 1858 et l'extraction à 1859. En 1881-82, la production s'élevait à 1,161,308,862 gallons (52,318,898 hectolitres), et l'exportation à 559,954,590 gallons, valant 51,232,706 dollars ou 280,000,000 fr. (1). Telle est l'importance de ce commerce que, dans les relevés statistiques de l'Union, le pétrole vient en troisième rang, après le coton et le blé. Jusqu'ici, la Pensylvanie a le monopole de sa production ; mais une partie du sol des Etats-Unis semble être imprégnée d'huile minérale et reposer sur des lacs intérieurs de ce liquide. La Russie en possède également de riches dépôts dans ses provinces du Caucase, surtout aux environs de Bakou et de la presqu'île d'Apschéron ; mais, faute de débouchés, elle n'en a pas encore aussi largement organisé l'exploitation. En 1882, sa récolte s'est élevée à 8,804,000 hectolitres. — Après les naphtes et pétroles que la nature nous livre, mentionnons l'huile de schiste qu'on obtient en distillant des roches bitumineuses et principalement le *boghead* que fournit l'Ecosse. En 1865, la France produisait 12,000 tonnes d'huile de schiste et l'Angleterre 25,000 (2).

Pour acquérir tous leurs avantages, les huiles minérales devaient subir un traitement préalable qui, par une série de distillations (procédé Martin), les débarrasse d'impurs mélanges (eaux ammoniacales, goudrons, huiles lourdes... qui souvent représentent 25 0/0 de l'huile brute, mais sont diversement utilisés), et surtout des essences volatiles dont la grande inflam-

(1) Maurice Block, *Annuaire d'économie politique*, A. 1883.
(2) *Rapp. du Jury intern.*, t. V, p. 91, 2.

mabilité est une cause d'accidens. Ainsi rectifiée et rendue inexplosible, l'huile minérale se recommande par de notables qualités. Sa lumière, plus vive que celle de l'huile de colza, procure, si l'on tient compte du prix relatif et du pouvoir éclairant, une économie des 4/5os. En outre, sa combustion s'effectue sans odeur ; le liquide ne laisse pas sur les étoffes de taches durables et sa flamme a la propriété qui manque à toutes les autres de ne pas fausser les tons des couleurs. Enfin, les lampes qu'il alimente fonctionnent sans mécanisme et n'exigent pas d'entretien. Une supériorité si manifeste sur les huiles végétales explique le prompt succès du pétrole.

Citons enfin quelques liquides éclairans dont la production est artificielle. Sous le nom de « gaz Mille » on brûle, dans des « lampes sans liquide, » la vapeur d'huiles très volatiles qu'on fait évaporer sur une éponge à l'intérieur d'un récipient. Le « gazogène » imaginé par Robert, se compose d'un mélange d'alcool et d'essence de térébentine. L'un et l'autre sont dangereux et d'un emploi limité.

Le gaz devait modifier plus encore que les huiles minérales nos conditions d'éclairage par l'introduction d'une substance sans analogue dans le passé. Tout est original dans cette grande découverte, la matière première, le mode de préparation et les résultats. Peu d'inventions sont aussi propres à caractériser la fécondité des ressources de l'âge industriel.

Là où l'hydrogène carboné se dégage naturellement du sol, comme dans quelques provinces de la Chine, on l'a très anciennement employé pour l'éclairage ainsi que pour le chauffage et, d'après les missionnaires, les Chinois savent lui ouvrir une issue en creusant des puits profonds. Mais ces sources de gaz constituent un phénomène exceptionnel qu'on ne pouvait utiliser que sur place et qui ne suggérait même pas l'idée de le reproduire. Sans doute, dès l'origine, les occasions n'avaient pas manqué pour constater la propriété qu'ont certains gaz de brûler en projetant de la lumière, puisque la flamme de nos foyers et celle de tous les corps employés pour l'éclairage ne sont que des gaz en combustion ; mais il fallait une rare puissance d'abstraction pour ramener le phénomène à ses termes les plus généraux, et un esprit inventif pour préparer un gaz capable de fournir de vives clartés. A la fin du XVIIIe siècle, les progrès de la chimie permirent de poser le problème et d'en trouver la solution.

L'ingénieur français Lebon entrevit le premier le rôle que les gaz combustibles pouvaient prendre dans l'éclairage. Il conçut, en 1786, et présenta à l'Académie des sciences, en 1798, un *thermolampe* destiné à brûler les gaz provenant de la distillation du bois, en vue de produire de la chaleur, de la lumière et même du mouvement. Son mémoire indiquait la houille comme plus apte encore que le bois à donner un gaz éclairant. L'anglais Murdoch, engagé dans le même ordre de recherches, réussit, en 1792, à extraire du gaz de la houille et put éclairer, par ce moyen, les ateliers de Watt et Boulton à Soho, près de Birmingham. La grande découverte qui venait de naître avait besoin d'être rendue pratique, perfectionnée et propagée. Un vulgarisateur actif consacra sa vie à cette tâche et mérite de prendre place à côté des deux inventeurs. Ce fut l'allemand Winzler, plus connu sous le nom britannisé de Winsor, qui introduisit le gaz à Londres, à Paris et en Allemagne.

Même une fois entrée dans la phase des applications, la production du gaz hydrogène bicarboné soulevait un si grand nombre de problèmes qu'il n'a pas fallu moins d'une légion de chercheurs pour achever l'œuvre à peine ébauchée par Lebon et Murdoch. On se fera une idée du mouvement de recherches auquel a donné lieu la découverte initiale, quand on saura que le nombre des brevets pris pour des perfectionnemens qui s'y rattachent s'élevait à plus de 4,000 en 1870 (construction des fours et cylindres où s'opère la distillation de la houille, appareils pour extraire, conduire, épurer, compter et distribuer le gaz, combinaisons pour accroître son pouvoir éclairant, etc.). Ce chiffre, relatif à une production spéciale, pendant la courte durée d'un demi-siècle, donne singulièrement à réfléchir sur la prodigieuse accumulation de petites découvertes dont se composent les grandes industries. La collaboration est universelle et continue. Quelques noms d'inventeurs surnagent à peine, chefs glorieux d'une armée d'obscurs et vaillans soldats. Le progrès, pris dans son ensemble, est l'œuvre d'une foule anonyme.

Expérimenté en 1798, puis établi à demeure, en 1805, dans l'usine de Watt, l'éclairage au gaz, encore très défectueux, fit son apparition dans les rues de Londres, en 1812, et, peu après (1817), dans celles de Paris. Mais partout l'invention nouvelle, au lieu d'être saluée d'enthousiastes acclamations, eut à lutter contre la jalousie des intérêts menacés, les préventions du public et les méfiances des capitaux. Néanmoins, comme, en fait de lumière, l'évidence est bientôt acquise, cette première période de difficultés traversée, le triomphe fut incontestable et complet.

Quelques chiffres feront apprécier la valeur du gaz comme substance éclairante et son importance comme produit. Il résulte d'expériences faites par M. Péclet que sa lumière est, à intensité égale, seize fois moins chère que celle des bougies de cire et présente une économie des deux tiers sur l'éclairage au suif, de moitié sur l'huile. Ses avantages ressortent d'ailleurs clairement de la rapidité avec laquelle s'est étendu son emploi. En 1870, l'Angleterre comptait 750 usines à gaz. Leur production totale s'élevait à 7,200,000,000 pieds cubes représentant la même quantité de lumière que 1,500,000 hectolitres d'huile et coûtant huit fois moins cher. La France, en 1879, avait 682 usines à gaz qui produisaient ensemble 467,491,000 mètres cubes valant 128,737,000 fr. plus 51,000,000 fr. de produits secondaires (1). Paris, qui brûle à lui seul autant de gaz que tout le reste de la France, consommait, en 1882, 275,000,000 mètres cubes valant 75,000,000 fr. et dont la lumière égalait celle de 1,500,000 lampes Carcel consumant chacune 42 gr. d'huile par heure. Il ne faut pas s'étonner si, malgré son origine récente, cette industrie a pris rang parmi les plus considérables des peuples civilisés. A la classer d'après la valeur de ses produits, directs ou accessoires, elle vient en sixième ordre, après l'extraction de la houille, la métallurgie du fer, la construction des machines, l'industrie textile et les sucreries (2).

On emploie généralement la houille pour fabriquer le gaz d'éclairage, car, outre qu'elle constitue la matière la plus abondante et la plus riche, le traitement qu'on lui fait subir permet de ressaisir, sous forme de

(1) *Annuaire*, Block.
(2) Payen, *Du gaz*.

coke et de produits dérivés, l'équivalent de son prix. Cependant, on peut extraire le gaz d'une foule de substances. Une des plus usitées, après la houille, est le *boghead*, schiste bitumineux d'Ecosse, qui donne un gaz plus coûteux mais doué d'un plus grand pouvoir éclairant que le gaz commun. On le recherche, à ce titre, sous le nom de *gaz portatif*, dans les établissemens qui ont besoin d'une lumière vive et veulent éviter l'échauffement qu'entraînerait un emploi proportionnel de gaz ordinaire. Ailleurs, on utilise, suivant les ressources locales, des marcs pressés, des huiles, des graisses grossières, etc. Quelques villes d'Amérique, notamment Cincinnati, surnommée *Porcopolis*, distillent des troupeaux entiers de porcs et le gaz ainsi obtenu porte aux Etats-Unis le nom bizarre de « lumière de porc » *(pork-light)*.

D'autres modes d'éclairage au gaz ont été proposés, mais ne sont pas encore suffisamment expérimentés. A l'hydrogène carboné, fourni par la houille qui, un jour, pourra manquer, il serait possible de substituer l'hydrogène pur, extrait par la décomposition de la vapeur d'eau projetée dans des cornues de fonte sur du charbon incandescent. Il est vrai que la flamme de l'hydrogène est presque invisible; mais, comme elle dégage beaucoup de chaleur, on en obtient de la lumière au moyen d'un réseau cylindrique de fils de platine qu'elle amène au rouge blanc. On a ainsi un bec lumineux qui, même au milieu de courans d'air, ne vacille jamais. Des essais ont été faits par M. Gillard pour éclairer de la sorte les ateliers Christofle et les Invalides. Mentionnons encore l'éclatante lumière que donne le gaz commun quand on le brûle, avec de l'oxygène pur, en présence de la chaux vive ou mieux de la magnésie (éclairage *Drummond* ou *sidéral*, expérimenté au camp de Boulogne, en 1804, puis en 1834). Son intensité est 14 ou 15 fois supérieure à celle de la même quantité de gaz brûlée simplement à l'air. En 1867, MM. Teyssié du Motay et Maréchal ont tenté d'appliquer à Paris la lumière oxyhydrique. Le principal obstacle, non surmonté jusqu'ici, consiste à découvrir une source peu dispendieuse d'oxygène et à canaliser cet élément qui corrode tout. En 1874, MM. Delachanal et Mermet ont présenté à l'Académie des sciences une lampe à sulfure de carbone et bioxyde d'azote qui donne une lumière éblouissante, analogue à celle que produit la combustion de l'acier dans l'oxygène. Enfin l'éclairage au magnésium, imaginé en 1864 par Bunsen et Roscoë, est utile par son activité chimique pour photographier dans les lieux obscurs.

L'avenir dira le mérite de ces inventions diverses. Il est douteux qu'on se contente longtemps de notre gaz actuel d'éclairage dont l'emploi offre de nombreux inconvéniens. Sa matière première fait défaut sur des territoires immenses et le transport grève de frais onéreux le prix de revient de la lumière. Son élaboration complexe exige des usines spéciales, dispendieuses à installer, et sa distribution une canalisation difficile à établir. C'est une industrie urbaine dont les campagnes ne sauraient bénéficier. L'emploi même du gaz n'est pas exempt de désagrémens et de périls. Il infecte l'air et la terre de ses émanations et la moindre fuite peut occasionner de redoutables explosions. De plus, il ternit certaines couleurs, fausse le ton des autres, répand une chaleur incommode, fatigue les yeux par une lumière sans fixité et n'a pas assez d'éclat pour illuminer de grands espaces...

Il y avait donc un dernier souhait à former, une lumière idéale à découvrir qui unît le plus d'avantages et le moins d'inconvéniens possible ; qui résultât, non plus comme celles qui précèdent, de la combustion de substances coûteuses à produire et sujettes à s'épuiser, mais d'une transformation de forces naturelles gratuites et sans cesse renouvelées ; qui enfin possédât un éclat facultatif allant de la clarté douce et tempérée, que réclament les usages communs, au resplendissement nécessaire pour éclairer de vastes milieux. Cette source de lumière, sur l'exploitation de laquelle on est autorisé à fonder de grandioses espérances, la science l'a fait jaillir de l'étude des effets de l'électricité. Mais, comme ce mode d'éclairage diffère entièrement de tous ceux dont nous venons de parler et se rattache à la théorie d'une force dont nous exposerons plus loin les applications, nous nous bornons à le mentionner ici, nous réservant d'y revenir dans l'étude suivante.

Il nous reste à indiquer les artifices qui ont procuré le moyen de transporter au dehors et à l'air libre l'éclairage, d'abord tout intérieur et domestique. Dans les mœurs primitives, les occupations finissaient avec le jour et, le soir venu, chacun regagnait son gîte. On n'éprouvait le besoin de clarté qu'à domicile et telle est encore la prépondérance de l'éclairage privé qu'il absorbe la plus grande partie des ressources destinées à produire de la lumière. Mais, lorsque la multiplicité croissante des travaux et des relations appela de plus en plus fréquemment les gens hors de chez eux après le coucher du soleil, il fallut compléter les luminaires communs, qui ne brûlaient bien que dans un milieu abrité, afin qu'on pût, au besoin, les utiliser en plein air, sans être exposé à les voir s'éteindre au moindre souffle de vent ou à la première goutte de pluie. Une petite invention dont l'utilité est grande, celle des *lanternes*, a procuré le moyen de protéger les flammes sans les cacher.

Les Chinois paraissent avoir le plus anciennement mis en usage des appareils de ce genre. Ils font remonter à plus de 2000 ans avant notre ère l'institution de la « fête des lanternes » que célèbre encore le Céleste-Empire, comme pour perpétuer la joie que fit éclater leur découverte. Ces lanternes chinoises, d'une grande simplicité, se réduisent à une enveloppe de papier, et l'on en retrouverait sans doute le point de départ dans les cornets où les petits étalagistes de nos rues abritent les lumignons qui éclairent le soir leurs modestes éventaires. Nous avons adopté depuis peu le système des « lanternes chinoises » pour nos illuminations. Les bariolages de couleur de ces transparens produisent un effet décoratif assez gai; mais comme moyen d'éclairage, c'est là une pitoyable ressource.

En Europe, les lanternes semblent n'avoir été connues que beaucoup plus tard. La première mention qu'en fassent les auteurs grecs se lit dans un fragment du poète comique Théopompe (v\ siècle avant notre ère). D'après plusieurs passages des comédies d'Aristophane, ce devaient être, de son temps, des ustensiles communs. Il fait demander à Euripide « une vieille lanterne » comme complément d'un attirail de mendiant (1). Il dit encore : « De quoi t'avises-tu, de vouloir nous éclairer sans lanternes ? » (2). La profession de « marchand de lanternes » est mentionnée deux fois par lui. Enfin, les

<hr>

(1, 2,) *Les Acharniens* ; Voy. aussi *les Chevaliers, la Paix.*

Guêpes mêmes, dans la pièce de ce nom, arrivent sur la scène munies de lanternes (1). Diogène a rendu célèbre celle que, par une ironie philosophique, il promenait allumée en plein jour dans les rues d'Athènes, sous prétexte d'y chercher un homme, chose rare en tous lieux.

Ces lanternes des anciens se composaient d'une armature de bois ou de bronze dont les cadres étaient garnis de substances transparentes. Un passage de Plaute (2) et une lettre de Cicéron à Atticus (3) montrent qu'on les tendait habituellement de toile imbibée d'huile. Une feuille de papyrus ou de parchemin remplissait à l'occasion le même office. Parfois même on employait une vessie, car le proverbe « prendre une vessie pour lanterne » est latin et se lit dans une épigramme de Martial (4). Cet expédient économique était à l'usage des citoyens pauvres. On le tourna en dérision quand on eut mieux et les derniers qui s'en servirent passèrent pour être des sots.

Dès le temps de Plaute, on faisait des lanternes plus confortables avec des plaques minces de corne. Dans le prologue d'*Amphitryon*, Mercure dit à Sosie : « Où vas-tu, toi qui portes Vulcain (du feu) enfermé dans de la corne ? »

« Quo ambulas, tu qui Vulcanum in cornu conclusum geris? »

Un tombeau antique, près de Capoue, a été élevé à un fabricant de lanternes *(lanternarius)*, et les produits de son industrie s'y trouvent représentés (5).

(1) *Les Guêpes.*
(2) *Bacchis*, A. III, v. 42.
(3) *Epistol.*, lib. IV, Ep. 3.
(4) *Epig.* XIV, 62.
(5) Voy. R. Ménard, *Vie privée des anciens*, t. 1, fig. 529.

Cependant les anciens ne paraissent avoir fait des lanternes qu'un usage fort limité. Ils s'en servaient pour s'éclairer la nuit dans les rues des villes. Les gens riches se faisaient escorter d'esclaves « porte-lanternes » *(lanternarii)*; mais ceux qui sortaient seuls tenaient leur lanterne à la main ou, comme l'indique une épigramme de Martial, l'agrafaient à leur ceinture (1). Dans les marches ou les attaques de nuit, les soldats romains étaient quelquefois pourvus de lanternes (2). Enfin, des lanternes nautiques, probablement d'origine grecque, ainsi que leur nom, étaient attachées à la poupe des vaisseaux (3). On en voit de figurées sur la colonne Trajane.

Le moyen âge améliora la disposition des lanternes. Vers la fin du IXe siècle, Alfred le Grand rétablit l'usage oublié de les garnir de corne. Comme on mesurait alors les heures de nuit par la consomption de chandelles d'une longueur déterminée et que le moindre courant d'air exposait à avancer ces étranges chronomètres, il fit munir de belle corne transparente les lanternes destinées à les protéger. La substitution du verre à la corne réalisa un progrès plus sensible encore et fournit une solution parfaite du problème qui consistait à enclore les lumières sans les occulter. Nous abritons sous des vitres, des glaces, des globes ou des cloches la plupart de celles dont nous voulons assurer la fixité. Lorsque, par exception, l'emploi du verre n'est pas possible, comme sur les vaisseaux de guerre, on le remplace par des feuilles moins fragiles de mica ou de

(1) Liv. XIV, *épigr.* 61.
(2) *Lanternæ militares*, Végèce, *De re militari*, IV, 18.
(3) On les appelait *phanos* (de φαίνειν, briller). Notre mot *fanal* en dérive.

fins canevas métalliques recouverts d'une couche translucide de colle de poisson.

Actuellement, nous avons des lanternes de formes variées en vue de divers services, lanternes portatives, de sûreté, de voyage, lanternes sourdes, lanternes d'escalier, de voiture, lanternes à réverbère, à gaz, etc., et suivant que nos convenances l'exigent, il nous est facile de faire brûler en plein air toutes sortes de lumières.

Mentionnons, pour terminer, deux appareils très utiles d'éclairage dont la construction se rattache à celle des lanternes, la *lampe des mineurs* et les *phares*.

Pour exploiter les trésors du monde souterrain, l'homme a dû porter sa lumière dans des galeries profondes où la nature faisait régner une éternelle obscurité. Mais bien des dangers l'attendaient dans ces ténébreux abîmes où son avidité l'amène à s'ensevelir vivant. Un des plus redoutables résultait de la présence même des lampes dans les houillères et de l'explosion, à leur contact, d'un gaz détonant (grisou) analogue à notre gaz d'éclairage. Les relevés officiels de la Grande-Bretagne comptent, de 1850 à 1860, 8,466 morts accidentelles survenues dans les mines et dont la plupart ont été occasionnées par des catastrophes de ce genre. Le mal serait bien plus grand sans l'emploi des *lampes de sûreté* qui préviennent d'ordinaire le péril et permettent de porter des lumières dans une atmosphère aussi inflammable que la poudre. On les doit à Humphry Davy qui, en 1815, faisant l'ingénieuse application d'un effet physique, eut l'idée d'emprisonner la lampe des mineurs dans un treillis de fils métalliques à mailles calculées de telle sorte que la flamme ne puisse pas les traverser. Cette invention, perfectionnée en Allemagne par Mulder et en France par Combes, a été pour les mineurs si menacés des houillères un inestimable bienfait.

Les phares, d'une utilité plus générale, signalent aux navigateurs, perdus en mer durant la nuit, le voisinage des côtes et l'entrée des ports. — Depuis les Phéniciens qui, croit-on, élevèrent les premiers de ces tours indicatrices, jusqu'à la fin du dernier siècle, on ne sut allumer à leur sommet que des feux de bois, signaux précaires que troublait le vent, qu'éteignait la pluie et qui disparaissaient dans la tempête au moment où ils auraient été le plus nécessaires. Même par les temps calmes, ils ne pouvaient donner qu'une clarté faible qui ressemblait à celle de feux allumés sur les falaises ou à celle des étoiles, et trompaient le marin qu'ils voulaient servir en l'exposant à de funestes méprises.

L'établissement d'appareils assez puissans pour projeter à de grandes distances en mer une lumière très vive et assez variée d'aspect pour que les combinaisons d'effets soient un moyen d'orientation, constitue assurément un des progrès les plus signalés qu'ait accompli l'art nautique. Après l'invention des lampes à mèche cylindrique et à double courant d'air, Teulère, architecte de Bordeaux et l'académicien Borda installèrent sur la tour de Cordouan, à l'embouchure de la Gironde, une forte lampe d'Argant, au centre d'un miroir parabolique argenté. Ce système avait le défaut de n'éclairer que dans la direction focale. En 1823, Augustin Fresnel, substituant l'éclairage par réfraction à l'éclairage par réflexion, créa les phares lenticulaires où la lumière de lampes à mèches concentriques, entourée de lentilles à échelon, est utilisée tout entière et envoyée horizontalement jusqu'à 80 kilomètres en mer. Un phare pareil, muni d'une lampe dont l'éclat équivaut à celui de 23 becs Carcel, projette à l'horizon, s'il est à feu fixe, autant de lumière que 630 becs, et, s'il est à éclipse, que 5,075. Enfin, l'emploi de la lumière électrique a permis d'atteindre des portées de 100 kilomètres. Des combinaisons de feux, blancs ou colorés, fixes ou intermittens, à éclipses diversement espacées, renseignent sur sa situation exacte le navigateur qui vient de la haute mer. En 1883, la France éclaire ses 2,870 kilomètres de côtes par 382 phares dont les cercles de rayonnement empiètent les uns sur les autres. 42, dits « de grand attérage », signalent l'entrée des ports les plus fréquentés ou les écueils les plus dangereux. L'Angleterre a élevé sur ses côtes 460 phares dont 100 de premier ordre. En somme, le monde ne comptait, en 1830, que 515 phares ; en 1878, il en existait 2,834 (1785 sur les côtes d'Europe, 674 en Amérique, 182 en Asie, 93 en Afrique et 100 en Océanie). Leur nombre continue de s'accroître rapidement. La construction de ces appareils est une industrie française exercée principalement par MM. Lepaute et Sautter qui, en dix ans, n'ont pas livré moins de 482 phares, tant à la France qu'à l'étranger.

Nous devons noter, au surplus, la constante initiative de la France en ce qui concerne les progrès de l'éclairage dans les temps modernes. Elle peut revendiquer les lampes à double courant d'air, les bougies stéariques, la première idée du gaz, la lumière électrique, l'éclairage public, les phares..... La production de la lumière a été pour elle une œuvre spéciale, comme pour les

Anglo-Saxons la conquête de la vapeur. Cette brillante mission revenait de droit à un peuple qui cherche en tout la clarté, qui l'a mise dans sa langue et dont le génie même semble avoir quelque chose de lumineux.

On voit quels progrès a réalisés l'art de s'éclairer, depuis le temps où l'humanité primitive était condamnée au supplice d'une cécité périodique. Par suite la civilisation actuelle dispose, pour changer la nuit en jour, de ressources aussi étendues que variées. Toutes les substances susceptibles de brûler avec éclat ont été successivement mises à contribution. L'industrie a utilisé les bois qui jettent une flamme claire, les résines, les graisses animales, la cire, les huiles végétales, les hydrocarbures d'origine minérale, des gaz obtenus par distillation, enfin l'incandescence occasionnée par des courans électriques. Tel est notre besoin de lumière que ces différens moyens d'en produire, loin de s'exclure, se complètent les uns les autres et sont employés tous ensemble. Chacun d'eux, en effet, à raison de ses avantages, peut le mieux satisfaire quelque exigence particulière. Les bougies et les lampes, excellemment propres à détailler la lumière, conviennent par leur simplicité comme par leur mobilité aux usages domestiques vulgaires ; le gaz, produit en grand dans des usines et consommé sur place, répond aux besoins des agglomérations urbaines ; la lumière électrique aura pour fonction d'illuminer de grands espaces et d'y répandre à profusion d'éblouissantes clartés. Il arrive en outre que plus les yeux s'habituent à une lumière vive, plus ils deviennent exigeans. Ils ne sauraient désormais se contenter de clartés douteuses. Partout ils les veulent abondantes et multipliées. L'électricité ne supprimera donc pas plus le gaz que le gaz n'a supprimé l'huile, ni l'huile la bougie. Les divers systèmes d'éclairage progresseront de concert pour suffire à des besoins toujours accrus.

Si l'on réfléchit aux conséquences de ces découvertes dont les plus importantes se sont accomplies en moins de quelques générations, on reconnaîtra que l'industrie a réalisé peu de conquêtes qu'on doive estimer à plus haut prix, et l'on ne refusera pas à notre âge le titre de « siècle des lumières » qu'il s'attribue et dont il est digne, au propre comme au figuré, puisque jamais ni l'éclairage, ni la science n'ont fait d'aussi rapides progrès. La production de clartés facultatives est assurément une des causes qui ont le plus influé sur les développemens de la civilisation. Quelle perte de temps ne subirait pas notre activité si, conformément à l'ordre de la nature, elle n'était possible que durant le jour, ou même si nous étions réduits aux procédés d'éclairage de nos pères ! A l'époque carlovingienne, des règlemens interdirent le travail de nuit pour tous les métiers dont la délicatesse réclame de l'attention, et, au xiiie siècle, la prohibition devint générale. Les orfèvres, tisserands, potiers, serruriers, couteliers, etc., ne devaient plus travailler une fois le soleil couché, « quar, disent les statuts, la clartez de la nuit ne soufits au mestier devant dit » (1). Les classes riches elles-mêmes, incapables d'occuper ou de distraire leurs veillées, se couchaient à huit heures en hiver, au signal du couvre-feu.....

(1) Levasseur, *Histoire des classes ouvrières,* 1859, t. I, p. 245.

Maintenant, les ténèbres ne réduisent plus à l'inaction la moitié de notre existence. Maîtres de remplacer les clartés absentes de la nature, nous vivons double pour ainsi dire et notre infatigable activité peut mettre à profit les nuits aussi bien que les jours. Il ne se peut rien concevoir de plus grand et même de plus glorieux que ce pouvoir de faire rayonner la lumière où régnait l'obscurité, et, si nous restons indifférens à ce prodige quotidien, c'est que l'habitude empêche la réflexion et que nous sommes rarement exposés à ressentir l'ennui, l'incertitude ou les angoisses de ténèbres prolongées. Mais que l'on se reporte à la condition native du genre humain, lorsque les seules clartés qui jetassent sur sa triste vie un jour secourable étaient celles des foyers cosmiques, et l'on accordera aux lumières factices une part de la religieuse vénération que les premiers cultes témoignèrent au resplendissement des astres. Si humbles que soient les luminaires allumés par nos mains, ils méritent d'être honorés même devant les flambeaux célestes et en présence de ce soleil adoré comme un Dieu. Ils suppléent à son insuffisance et comblent une lacune de la création. D'où qu'elle vienne, toute lumière est bénie. Celle que la nature nous dispense et celle que la civilisation y ajoute ont des droits égaux à notre reconnaissance; l'une et l'autre portent la marque d'un esprit divin.

CHAPITRE III

ÉLECTRICITÉ

Après les forces spéciales que nous avons jusqu'ici
examinées et qui mettent séparément à notre disposition l'action motrice, la chaleur et la lumière, il restait
à conquérir une force douée d'aptitudes générales, qui
pût servir aux précédentes de lien, les convertir à volonté l'une en l'autre et les toutes représenter à l'occasion. Tel semble devoir être le rôle de l'électricité.

Cette puissance mystérieuse, partout répandue et
continuellement active, se dégage de tous les ordres
de phénomènes, mécaniques, physiques, chimiques et
biologiques, intervient pour les modifier et détermine
entre les corps des réactions infinies qui embrassent
le monde entier. L'électricité réalise la forme la plus
délicate du mouvement et paraît poursuivre, à travers
la série des modalités, un équilibre toujours troublé
qu'elle aspire sans cesse à rétablir.

Malgré leur importance, les phénomènes électriques,
que la sensation ne signalait pas, ont échappé longtemps à l'attention de l'homme. Ils n'agissent en effet
ni sur les sens tactile et musculaire comme les forces

motrices, ni sur le sens thermique comme la chaleur, ni
sur la vue comme la lumière. Sans doute, quelques-
unes de leurs manifestations les plus frappantes,
l'éclair, le tonnerre et les effets de la foudre révélaient un pouvoir grandiose d'action ; mais la nature en
était cachée et, pendant des siècles sans nombre,
l'homme ne vit dans ces redoutables météores que
les traits de la colère céleste. Une science avancée
pouvait seule aborder l'étude de l'électricité parce
que, sa puissance n'étant perceptible pour nous que
par des résultantes médiates, il fallait procéder
par voie d'interprétation et chercher la cause inconnue de faits dont les causes connues ne suffisaient
pas à rendre compte. Cette force devait donc être la
dernière assujettie dans l'ordre des agens physiques,
et lacivilis ation était, depuis un temps immémorial, en
possession du feu et de la lumière, qu'elle ignorait
jusqu'à l'existence d'actions électriques ou magnétiques.

Mais, si leur appropriation était la plus difficile, elle
promet de devenir la plus féconde. Tout annonce que
notre pouvoir sur la nature va trouver dans les applications de l'électricité de prodigieux accroissemens. Par
cela même que cette force agit dans l'universalité des phénomènes, elle se prête à les tous influencer. Elle est à la
fois le centre de l'attraction la plus puissante, le moteur
le plus précis et le plus prompt, le foyer de la chaleur la
plus intense et de la plus vive lumière, un agent énergique de composition et de décomposition, enfin un fac-
teur physiologique important. Ainsi la diversité de ses
attributions éventuelles s'étend sur tout. On peut entrevoir un état de choses où l'électricité, opérant une
sorte de synthèse des forces, nous les livrera toutes en-

semble, plus souple, plus maniable qu'aucune d'elles et, de plus, parfaitement inoffensive. Les agens exploités jusqu'ici, auxiliaires perfides, se tournent souvent contre nous et sont une menace autant qu'un secours. Les animaux ont leurs caprices et leurs révoltes, les cours d'eau leurs irrégularités dévastatrices, les vents se déchaînent en ouragans, la poudre et la vapeur éclatent en explosions imprévues, le feu se propage en incendies... Seule l'électricité a le privilège de ne pas nuire, tant qu'on ne s'expose pas par imprudence à ses atteintes, et circule pour nous servir sans nous obliger à la craindre.

Esquissons l'histoire de cette conquête qui sera l'honneur de notre âge. Nous avons à étudier la manière de produire l'électricité, celle de la diriger, enfin ses applications.

Quelques-uns des effets naturels de l'électricité, rendus sensibles par les phénomènes de mouvement, de bruit, de chaleur ou de lumière qui les accompagnent et, pour ainsi dire, les traduisent, ont été connus de tout temps. Les orages, dans les contrées chaudes ou tempérées, les aurores boréales, dans les régions circumpolaires, le feu St-Elme, que symbolise l'ancien mythe des Dioscures, attirèrent l'attention de l'homme dès que sa curiosité s'éveilla. Mais, jusqu'à une époque toute récente, on ne sut pas discerner dans ces phénomènes l'objet d'une science à établir, moins encore d'une acquisition à faire, et la connaissance des moyens propres à mettre l'électrité en action appartient entièrement à l'âge moderne.

Le seul effet électrique que les anciens eussent appris à produire et dont la parfaite insignifiance montre ce que sont les plus grandes choses à leur début, est l'attraction exercée sur les corps légers par l'ambre (1) vivement frotté. Dès le vi⁰ siècle avant notre ère, Thalès avait signalé cette propriété curieuse (2). Les Grecs connaissaient aussi le pouvoir qu'ont les aimans d'attirer et de retenir le fer. Platon compare les rhapsodes « à la pierre qu'Euripide a nommée *magnétique* et « que la plupart appellent *héracléenne* (3). Cette pierre, « non seulement attire les anneaux de fer, mais encore « leur communique la vertu de produire eux-mêmes un « effet pareil et d'attirer d'autres anneaux ; de sorte « que l'on voit quelquefois une longue chaîne de morceaux de fer et d'anneaux suspendus les uns aux au- « tres qui tous empruntent leur vertu à cette pierre » (4). Toutefois les observateurs de la période gréco-romaine ne surent pas constater la polarité des aimans et perdirent ainsi l'occasion de découvrir la boussole dont les Chinois, mieux inspirés ou plus heureux, avaient trouvé le principe à une date reculée.

Les annalistes du Céleste Empire font remonter au règne d'Hoang-Ti (2634 ans avant notre ère) l'emploi de petits chars magnétiques servant à orienter, à l'aide d'une aiguille qui flottait sur l'eau, une figurine dont le bras indiquait le Sud. Un de ces appareils (en chinois *fse nan*, indicateur du Sud) fut remis, en 1100 avant notre ère, à des ambassadeurs annamites, afin de leur faciliter la traversée des déserts. Ces sortes de boussoles terrestres restèrent usitées en Chine jusqu'au xv⁰ siècle. Mais les peuples de l'extrême Orient, peu habi-

(1) "Ηλεκτρον, d'où le terme d'*électricité*.
(2) Pline, *Hist. nat.* XVIII, 3.
(3) Minerai magnétique provenant des villes Lydiennes de Magnésie et d'Héraclée.
(4) Ion, ch. v.

tués aux longs voyages sur mer, n'en tirèrent aucun
parti pour la grande navigation; ce qui restreignait singulièrement leur utilité. Vers le milieu du moyen âge,
les Arabes portèrent en Occident la boussole dont
l'usage s'introduisit à l'époque des croisades parmi les
marins de la Méditerranée. Un passage de la *Bible
satirique*, de Guyot de Provins (fin du XIIe siècle), en
parle sous le nom de *marinette*, et la description qui
en est donnée montre qu'elle consistait alors en une aiguille aimantée soutenue par un brin de paille et qu'on
laissait flotter sur l'eau. Vers 1300, un pêcheur d'A-
malfi, Flavio Gioja, eut l'idée de remplacer ce flotteur
imparfait par une aiguille oscillant sur un pivot fixe,
de manière à corriger les perturbations causées à la
surface de l'eau par les mouvemens du navire. Ainsi modifié et enfermé dans un récipient, l'appareil prit le nom
de *boussole*, (de l'italien *bossola*, boîte). On le compléta
au XIVe siècle par l'adjonction d'un cercle gradué sur
lequel furent indiqués les points cardinaux et le rumb
des vents, ce qui permit de suivre des directions angulaires. Enfin les Anglais ont imaginé un mode ingénieux de suspension pour maintenir la boîte de la boussole dans une direction horizontale constante, malgré
l'agitation des flots (1). L'essor de la grande navigation
dans les temps modernes est en partie dû à ce merveilleux petit instrument dont se servent aussi les ingénieurs dans les mines et les voyageurs dans leurs
explorations.

Jusqu'à la fin du XVIe siècle, on ne trouve dans la
science aucune indication relative à l'électricité consi-

____

(1) Klaproth, *Origine et histoire de la boussole.*

dérée comme force naturelle. Cette branche de la physique s'est développée depuis peu, mais n'a pas tardé à produire d'heureux fruits.

Gilbert, médecin de la reine Elisabeth, posa les premiers fondemens d'une étude de l'électricité (1). Il fit voir que le soufre, le verre, les résines, la cire à cacheter, d'autres substances encore, possèdent des propriétés analogues à celles de l'ambre, et les expériences se multiplièrent. En 1670, Otto de Guéricke rendit les effets électriques plus sensibles en se servant d'un globe de soufre qui, mis en rotation sur son axe, produisait de l'électricité par son frottement contre un autre corps. Au moyen de cette première ébauche de machine électrique, il parvint à tirer des étincelles, c'est-à-dire à imiter la foudre en petit. Un siècle après Gilbert, Robert Boyle étudia les modes de production mécanique du nouvel agent et créa pour le désigner le terme d'*électricité* (2). En 1709, Hawkesbee construisit une machine où le globe de soufre d'Otto de Guéricke était remplacé par un cylindre de verre auquel Ramsden, opticien anglais, susbtitua un disque de verre tournant entre des coussins (1768). Déjà Cunéus et Muschenbroek avaient découvert (1746) la *bouteille de Leyde* et donné le moyen d'accumuler des quantités d'électricité suffisantes pour effectuer de petites décharges.

A partir du moment où l'on disposa de procédés pour dégager de l'électricité par frottement, il devint facile d'expérimenter et on le fit en divers sens. Néanmoins, à la fin du xviiie siècle, on ne connaissait encore qu'une des conditions, et la moins intéressante, de l'élec-

(1) *De magnete magnetisque corporibus*, Londres, 1600
(2) *De mechanica electricitatis productione*, Genève, 1694.

tricité, celle qu'on appelle « statique » ou « de tension ».
Il y avait à constituer l'étude, beaucoup plus importante au point de vue des applications, de l'électricité
« dynamique » ou « en mouvement ». Avec la première,
en effet, on n'arrivait qu'à déranger un moment l'équilibre électrique des corps influencés ; la seconde seule
pouvait livrer, sous forme de courans, une source
continue de force utilisable.

En 1789, Galvani engagea les recherches dans cette
direction par l'observation qu'il fit à Bologne, sur
des grenouilles, du phénomène de la contraction musculaire au contact de deux métaux, humble point de
départ d'une des plus grandes découvertes. Bientôt
après (1800), Volta sut donner à ce petit fait une portée
immense par l'invention de la pile qui ouvrait l'ère des
résultats pratiques. Sa *pile à* colonnes, faite de disques
de zinc et de cuivre *empilés* par couples et séparés
par des rondelles de drap humectées d'eau acidulée,
n'était pourtant qu'une indication. La disposition de
cet appareil a été diversifiée de mille façons, suivant
qu'on voulait développer sa puissance, ajouter à la
commodité de son emploi ou diminuer les frais soit de
construction, soit d'entretien. Quoique les systèmes de
piles comportent des variations infinies, leur principe
général reste le même et se réduit à produire de l'électricité par action chimique au moyen de deux métaux
dont l'un, aisément attaquable par un acide, fournit l'é-
lectricité, tandis que l'autre, relativement inerte, joue le
rôle de collecteur. Il suffit de les accoupler pour avoir
un courant qui persiste tant que la décomposition s'effectue. Ce mode de production de l'électricité est donc
l'équivalent exact d'une combustion. On emploie le
zinc de préférence comme combustible à cause de

son oxydabilité facile et de son bas prix. Parmi les piles les plus usitées, bornons-nous à mentionner celle de Daniell (1836), qui est la plus commode, et celle de Grove, perfectionnée par Bunsen (1839-1843), qui est la plus puissante. La première, communément adoptée dans les bureaux télégraphiques, fournit un courant régulier d'électricité pendant plus d'un mois, sans qu'on ait besoin de s'en occuper.

Là pourtant n'était pas la solution véritable. Le système des piles, fondé sur des actions chimiques, consiste à brûler du métal. Or, cette classe de combustibles est trop rare et trop chère pour qu'on puisse en faire une large et lucrative consommation. On n'obtient ainsi que de faibles quantités d'électricité dont le prix de revient reste élevé et restreint les applications. La pratique industrielle exigeait un procédé plus efficace et moins dispendieux qu'on a demandé à des modes d'influence déterminés par le mouvement. En 1830, Faraday, mettant à profit le rapport, établi par Œrsted et Ampère, entre l'électricité et le magnétisme, montra qu'avec un aimant et un fil de métal, alternativement rapprochés et éloignés, on produisait, sans contact, un courant « d'induction ». Pixii ne tarda pas à construire, d'après cette donnée, un appareil magnéto-électrique où un aimant tournait devant des bobines fixes (1832). Nollet, professeur de Bruxelles, fit (1849) une machine plus puissante qui, exploitée par la compagnie *l'Alliance*, servit à des applications industrielles, et notamment à l'éclairage de phares. Aux aimans naturels, d'abord employés, M. Wilde, physicien anglais, substitua des aimans artificiels ou électro-aimans qui, à poids égal, ont vingt-cinq fois plus de puissance. Enfin, en 1870, M. Gramme, employé de la

Cie *l'Alliance*, imagina une disposition en anneau, supérieure par ses effets, et créa le type de machine qui porte son nom (1872). Les appareils Gramme, qui pèsent à peine 20 kilogr., n'occupent guère, en volume, que le dixième d'un mètre cube et coûtent environ 300 fr., transforment en électricité les 9/10es du travail moteur appliqué (1). Après la machine Gramme sont venues les machines Siemens, Brush, et plusieurs autres qui constituent de simples variantes du même principe. Toutes développent, à l'aide d'un *inducteur*, aimant naturel ou électro-aimant, des courans induits dans des bobines métalliques en mouvement. Il suffit donc de disposer d'une force motrice quelconque pour produire de l'électricité, et l'abondance de la seconde n'a pour limites que la puissance de la première.

Un avantage précieux des machines dynamo-électriques est de pouvoir régler elles-mêmes leur débit de force et d'activer ou de ralentir la production de l'électricité d'après la consommation qui s'en fait, de sorte que l'intensité du courant se modifie suivant le besoin et que la puissance développée reste constamment en rapport avec la résistance à vaincre. Le meilleur système de réglage automatique est dû à M. Marcel Deprez (1881).

Comme on ne peut demander de courans réguliers qu'à des mouvemens qui le soient aussi, les moteurs à marche uniforme ont ici l'avantage et la vapeur est préférée ; mais on utilise également les cours d'eau, là où l'on en dispose, et l'on pourrait même tirer parti des moteurs les plus irréguliers, en recourant à l'artifice des *accumulateurs*.

(1) H. de Parville, *l'Électricité et ses applications*, p. 90.

C'était un problème délicat que de trouver le moyen d'emmagasiner l'électricité, toujours prête à se disperser et à se répandre, afin d'en composer des approvisionnemens qu'on pût ensuite débiter à volonté. On y est parvenu par la construction d'appareils où l'énergie est captée et mise en réserve sous forme d'action chimique, puis restituée sous forme de courant, par une réaction chimique inverse. Les accumulateurs, dont le premier type a été réalisé par M. Planté, mais qui ont déjà reçu diverses modifications (accumulateurs Faure, Houston, Rousse, etc.), constituent des sortes de piles à courans secondaires où un premier travail, accompli sous l'influence de l'électricité, donne lieu, par un simple changement de fils et une inversion de courant, à un travail contraire qui dégage l'électricité. La pile Planté se compose de feuilles de plomb réunies par des attaches isolantes et repliées l'une sur l'autre de manière à développer une grande surface sous un petit volume. L'oxyde de plomb est alternativement réduit et suroxydé par l'action d'eau acidulée au dixième avec de l'acide sulfurique. On ne retrouve pas, il est vrai, toute la force employée pour charger l'accumulateur, d'abord parce qu'une petite part d'électricité se perd en réactions parasites qui tendent à altérer l'électrode positive, ensuite parce que lorsque la décharge tire à sa fin, la quantité d'énergie est trop faible pour pouvoir être utilisée. Néanmoins on arrive à un rendement de 85 0/0 en électricité restituée. Les accumulateurs conservent la force emmagasinée presque intacte pendant plus d'une semaine et fournissent encore un courant au bout d'un mois. Ils rendent déjà des services et comporteront des applications sans nombre pour peu que l'avenir en perfec-

tionné la théorie. On a essayé de les appliquer à la
traction de tramways, de voitures libres, de véloci-
pèdes, etc. Ils actionneraient de même des machines à
coudre et une infinité de petits appareils n'exigeant
qu'une puissance de quelques kilogrammètres.

Au rebours des autres forces, dont l'action est cir-
conscrite et locale, l'électricité se laisse diriger et
transmettre à distance. Dès qu'elle s'accumule quelque
part, elle tend à se déverser sur les corps voisins, par
brusques décharges ou par courans continus, suivant
qu'ils sont mauvais ou bons conducteurs. Gray en
1727 et du Fay en 1733 avaient constaté cette propriété
des substances de conduire bien ou mal l'électricité.
L'expérience a fait reconnaître les corps qui la possèdent au plus haut degré, dans un sens ou dans l'autre,
et l'on se sert d'eux soit pour empêcher la force de se
disperser, en l'isolant, soit pour la conduire où elle doit
être appliquée. On emploie comme « conducteurs » les
métaux, qui ont une aptitude spéciale à laisser se propager les courans, surtout le fer et le cuivre, le mieux
doués à cet égard. La télégraphie aérienne fait communément usage du fer, à cause de son bas prix et de
sa force de résistance à la rupture ; mais on a aussi
essayé l'acier et, plus récemment, le bronze phosphoreux dont la ténacité supérieure permet de substituer
des fils de $0^m,001$ de diamètre aux fils de fer $0^m,004$
et d'obtenir des portées de 4 à 500 mètres. Le
cuivre pur, environ sept fois meilleur conducteur que
le fer, est employé de préférence, malgré sa cherté
relative, dans la télégraphie souterraine et sous-
marine.

Afin que la force ne se perde pas en chemin, les fils

conducteurs doivent être isolés. S'ils sont aériens, on se contente de les fixer, sur les poteaux qui les soutiennent, à l'aide de supports de porcelaine ou de quelque autre substance isolante; s'ils sont enterrés ou submergés, on les revêt préalablement d'enveloppes d'une construction plus ou moins complexe.

Ainsi disposé, un fil de métal transmet l'action électrique, avec une vitesse, pour ainsi dire instantanée, de 300,000 kilomètres par seconde, qui dépasse tout ce qu'on aurait pu jadis concevoir. Homère, pour nous donner idée de la puissance de Jupiter, dit qu'en trois pas il pouvait atteindre les bornes du monde. Dans le même intervalle de durée, l'électricité en ferait vingt fois le tour.

Devenue maîtresse de produire et de diriger la force nouvelle, l'industrie n'avait qu'à lui trouver des applications. A peine sortie des laboratoires de la science, l'électricité s'est prêtée à remplir les offices les plus divers, et son introduction dans la pratique des arts utiles a réalisé quelques-uns des plus éclatans prodiges de la civilisation.

Franklin débuta dans cette carrière de triomphes par la découverte d'un moyen propre à neutraliser la foudre. Ayant reconnu (1750) le pouvoir des pointes, il en tira peu après parti pour construire des *paratonnerres* (1752). Le simple artifice d'une tige de métal désarme le plus puissant dieu de l'Olympe et conjure les effets d'une force que l'homme n'avait jusque-là connue que par ses dangers. Une statistique officielle constate qu'en France, de 1835 à 1864, 2431 personnes sont mortes frappées par la foudre. Si l'on admet un nombre égal de simples blessés, on aurait près de 5,000

accidens en vingt ans, soit une moyenne de 250 par an,
dans un pays où les orages ne sont ni très fréquens, ni
très redoutables. La foudre occasionne des dégâts
matériels considérables et menace surtout les monumens élevés. Dans une seule nuit, du 14 au 15 avril
1718, elle tomba sur vingt-quatre clochers de la côte
de Bretagne, entre Landernau et Saint-Pol de Léon.
En mer, où rien ne protège les navires, beaucoup de
désastres sont causés par le feu du ciel... Un vif enthousiasme accueillit l'invention de Franklin. Partout
on s'empressa d'établir des paratonnerres sur les édifices qu'on voulait garantir. Dès 1782, la plupart de
ceux de Paris en étaient pourvus. Mais, tant que dura
la guerre d'Amérique, les Anglais refusèrent d'appliquer la découverte d'un sujet rebelle et ne se rési-
gnèrent à en profiter que quelque temps après la paix.

La science contemporaine a éclairé la théorie et
amélioré la disposition des paratonnerres (1). Le meilleur système, le seul qui offre une sécurité absolue,
consisterait à envelopper la construction d'une sorte
de cage métallique à mailles hérissées de pointes et
en communication avec le sol. Il résulte en effet d'une
expérience indiquée par Faraday qu'un petit animal,
mis dans une cage pareille, ne peut plus être fou-
droyé du dehors. Mentionnons encore les travaux de
sir Snow Harris sur l'établissement des paratonnerres
à bord des vaisseaux, et les *électro-subtracteurs* proposés par M. Dupuis-Delcour pour prévenir les ravages
de la grêle.

Mis de la sorte dans l'impuissance de nuire, l'agent

____

(1) Voy. les deux *Instructions* publiées au nom de l'Académie
des sciences, l'une par Gay-Lussac, en 1823, l'autre par Pouillet,
en 1851.

électrique ne devait pas tarder à être asservi et chargé de fonctions diverses.

La télégraphie électrique a fait une application des plus heureuses de la propriété que possèdent les courans de se transmettre, avec une vitesse instantanée, le long de fils conducteurs et d'influencer les aimans. — Dès qu'on aborda l'étude des phénomènes du magnétisme et de l'électricité, on pressentit la possibilité de s'en servir pour correspondre à distance. Cette idée se trouve émise, à titre de rêve ou de conjecture, par divers auteurs français, dont le plus ancien date de la fin du xvie siècle (1). Dans un ouvrage publié en 1624, le père Leurechon, jésuite, a décrit un appareil imaginaire au moyen duquel on pourrait, dit-il, suivant l'opinion de « quelques-uns », s'entre-parler de loin à l'aide d'aimans qui, par la correspondance de leurs mouvemens, feraient marcher des aiguilles sur un cadran où seraient inscrites les 24 lettres de l'alphabet; et le dessin dont le texte est accompagné figure à peu près le télégraphe Bréguet (2). Mais c'était là une simple vue de l'esprit et l'auteur lui-même juge la réalisation impossible, « faute d'aimans qui aient une telle vertu. » Dans le cours des xviie et xviiie siècles, plusieurs écrivains ont exprimé la même hypothèse, toujours à l'état de chimère idéale.

Après la connaissance des machines électriques à frottement et des corps bons conducteurs de l'électricité, il fut possible de poser plus nettement le pro-

(1) *Traicté des chiffres ou secrètes manières d'escrire,* par Blain de Vigenère, 1586. (Cité par le journal *l'Électricien,* janvier 1884).

(2) *Récréation mathématique, géométrie, méchanicque, opticque et autres parties de ces belles sciences.* Pont-à-Mousson, 1624.

blème. La première indication d'une solution effective
se lit dans une lettre de Charles Marschall, insérée, en
1743, au tome xv du *Scots Magasine*. Il y est proposé
d'établir un système de télégraphe par l'emploi de fils
conducteurs aussi nombreux que les lettres de l'alphabet et dont chacun aurait attiré une balle de moelle de
sureau correspondant à une lettre. Lesage, à Genève,
en 1774, et Lomond, en 1787, tentèrent des essais analogues ; mais les recherches de ce genre, alors préma-
turées, ne pouvaient guère aboutir à des résultats pratiques. Pour donner à la télégraphie une base sérieuse,
il fallait avoir étudié l'électricité dynamique, appris à
produire des courans parmanens et découvert le phénomène de l'aimantation temporaire que leur influence
communique au fer doux.

Lorsque Volta eut trouvé la pile et Ampère les lois
de l'électro-magnétisme, le succès devint possible ou,
pour mieux dire, imminent. Parmi les inventeurs qui s'en
disputent la gloire, Wheatstone a le plus de droits au
titre de créateur de la télégraphie électrique. Dès 1837,
il avait résolu le problème et réalisé des expériences sur
une certaine échelle. En 1840, il construisit le *télégraphe
à cadran*, tel qu'il est en usage pour le service des chemins de fer, et, en 1841, le *télégraphe imprimeur*. Son
principal émule, Steinheil, dont les essais remontent
également à 1837, a eu le mérite de constater la con-
ductibilité du sol pour compléter le circuit sans l'adjonction d'un double fil, et d'inventer le *télégraphe
écrivant*, perfectionné par l'américain Morse, dont il a
reçu le nom. Ce dernier appareil est le plus usité
dans les administrations télégraphiques. M. Caselli a
imaginé un télégraphe capable d'autographier à distance l'écriture ou tout dessin tracé sur un papier

préparé. Comme il reproduit exactement les dépêches, il a l'avantage de leur conserver un caractère
de parfaite authenticité ; mais il entraîne des pertes
de temps qu'évitent les télégraphes ordinaires. Enfin, les appareils Hugues impriment presque aussi
vite que l'on parle. Le besoin d'une extrême célérité dans l'expédition des dépêches a conduit récemment à l'artifice du *multiplex*, dont l'idée, due à
M. Meyer (1873), consiste à envoyer, par le même fil,
plusieurs séries de signaux en les faisant chevaucher
les unes sur les autres. La transmission étant instantanée, on conçoit qu'entre deux signaux successifs du
même expéditeur, on puisse en intercaler plusieurs autres, pourvu que, ni au départ, ni à l'arrivée, il n'y ait
de confusion entre eux. Toute la difficulté revient à
établir, par des mécanismes d'horlogerie, un synchro-
nisme parfait entre les mouvemens aux deux extrémités du fil. On arrive ainsi à augmenter singulièrement la puissance de transmission sur les lignes
encombrées.

L'immense supériorité du télégraphe électrique sur
l'ancien télégraphe à signaux, de Chappe, l'a fait partout adopter. En moins d'un demi-siècle, les peuples
civilisés ont à l'envi sillonné leurs territoires de ré-
seaux qu'on a pu appeler « les chemins de la pensée »,
et dont la longueur, incessamment accrue, se chiffre par
centaines de mille kilomètres. Aux fils aériens de fer,
économiques à poser, mais sujets à trop d'accidens,
on substitue, sur les principales lignes, des fils de
cuivre abrités dans des conduites souterraines. Enfin,
à partir de 1850, on a établi des câbles sous-marins,
d'abord entre la France et l'Angleterre (1851), puis
entre l'Europe et l'Amérique (1857-1865), et, depuis, dans

toutes les mers. Une seule compagnie anglaise, la
Telegraph construction and maintenance company,
avait, en 1882, posé 115,000 kilomètres de câbles submergés, de quoi faire trois fois le tour du globe, et les
capitaux engagés dans cette industrie ne s'élevaient
pas à moins d'un milliard de francs.

Il serait difficile d'apprécier dans le présent, et plus
encore dans l'avenir, les conséquences d'un mode de
communication qui, supprimant entre les hommes l'obstacle de l'étendue, leur donne le moyen de correspondre instantanément, à toute distance. La possibilité
de savoir sur l'heure ce qui se passe dans une région,
dans le monde entier, relie les hommes, si longtemps
dispersés et étrangers les uns aux autres, par une soli-
darité qui tend à mettre d'accord leurs intérêts, leurs
sentimens, leurs idées et leurs actes. A mesure que
les relations télégraphiques se répandront sur le globe
et se généraliseront dans l'usage, on verra se développer leurs résultats économiques, administratifs,
politiques et sociaux. La vie des peuples, celle du
genre humain seront amenées à l'unité par une sorte
de consensus universel. Pour ces grands organismes
collectifs, la télégraphie est l'équivalent exact du système nerveux qui, chez les êtres animés, rend la conscience partout présente, la volonté partout active.

Plus merveilleux encore que le télégraphe électrique, qui transmet des signes convenus d'idées,
le *téléphone*, sorte de télégraphe acoustique, transmet la parole même avec ses intonations, son tim-
bre, son accent, et permet à des interlocuteurs de
converser de vive voix à des centaines de kilomètres
d'éloignement. Par une de ces coïncidences si fréquentes dans l'histoire des découvertes et qui montrent

que, lorsque les matériaux en sont prêts, elles ne peuvent manquer de se faire, trois chercheurs, aux États-Unis, étaient simultanément en quête de l'invention. Graham Bell et Élisah Gray prirent un brevet le même jour (14 février 1876), et, un mois avant (14 janvier), Édison avait demandé un *caveat* à ce sujet. L'appareil, très simple, se compose d'une petite machine dynamo-électrique où l'électricité produite par les vibrations sonores est transmise au moyen d'un fil à un récepteur qui, par une opération inverse, fait reproduire à l'électricité des vibrations semblables. Comme, après cette double transmission, les mouvemens vibratoires sont affaiblis à l'arrivée, on les renforce, s'il est nécessaire, à l'aide du *microphone* de M. Hughes (1877) ou de *surexcitateurs* dont le plus usité en France est dû à M. Ader.

Ce moyen si commode de correspondre en se parlant malgré la distance s'est rapidement propagé. Dès 1882, plus de 85 villes, en Amérique, étaient pourvues d'un réseau téléphonique. Paris comptait, à la même date, 2,000 kilomètres de lignes et 2,500 abonnés. Ce n'est là qu'un début et la téléphonie semble appelée au plus brillant avenir, peut-être même à supplanter un jour la télégraphie. Outre la parole et le chant, elle peut faire entendre, avec une netteté parfaite, les ondes complexes d'une musique d'opéra. On se rappelle le succès qu'obtinrent, à l'Exposition de 1881, les auditions théâtrales qui transportaient à trois kilomètres les représentations du grand Opéra et celles de la Comédie-Française.

Par sa facilité à transmettre toutes sortes de signaux, l'électricité se prête, dans le détail, à une foule d'applications. Les *télégraphes* à *sonnerie*, imaginés par M. Mirand (1852), conviennent mieux que les télégraphes ordinaires aux emplois domestiques, à raison de leur installation peu dispendieuse et de leur fonctionnement élémentaire. Ils desservent un grand nombre d'établissemens, bureaux d'administration, usines, hôtels, habitations particulières, etc. Les *avertisseurs d'incendie* entrent d'eux-mêmes en action lorsque la chaleur dépasse un certain degré, suffisant pour fondre un intermédiaire isolant, et appellent ainsi des secours dès que le danger se produit.

Une simple variante du télégraphe commun, proposée par Wheatstone en 1840, permet de distribuer à toute un ville l'heure d'une horloge-type, sans autre dépense, pour chaque installation particulière, que celle d'un fil et d'un cadran. Le même moyen peut servir à régulariser la marche d'horloges indépendantes en faisant se correspondre, par des attractions isochrones, les battemens de leurs pendules respectifs. Enfin, on a construit, en dehors de toutes combinaisons mécaniques, des horloges mues et réglées par l'électricité. MM. Liais et Bain en ont établi d'après ce système d'une originalité singulière et, il y a quelques années, l'Observatoire de Paris en possédait une qui marchait avec une grande précision.

On utilise les courans transmis pour des observations où il s'agit de mesurer des intervalles de temps très courts, d'apprécier, par exemple, dans les expériences de balistique, la vitesse des projectiles aux divers points de leur trajectoire. Des *chronoscopes, chronographes* et *vélocimètres* arrivent à constater des dix-millièmes de seconde. Les *enregistreurs* électriques remplacent les observateurs et constatent par intervalles une multitude de phénomènes variables dont la surveillance exigerait un personnel nombreux et une attention continue. L'idée de ces appareils appartient encore à Wheatstone qui, en 1843, réussit à leur faire marquer, de cinq minutes en cinq minutes, les indications de baromètres, thermomètres, psychromètres, maréographes, anémomètres, etc. En 1870, M. Hough, de l'Observatoire d'Albany, a construit un *météréographe universel* qui donne à la fois toutes ces indications. Un appareil plus récent de M. van Rysselberghe peut centraliser, dans un poste déterminé, les constatations recueillies dans une foule d'autres, et donner ainsi, de moment en moment, l'état de l'atmosphère sur de vastes territoires, condition des plus favorables pour la prévision du temps.

Les applications simplement curieuses de l'électricité sont extrêmement variées et les tours de force déjà réalisés ne se comptent plus. Citons comme exemples : le *phonographe* qui note, grave et reproduit à volonté un discours ou un chant ; le *mélographe répétiteur*, de M. Carpentier, qui enregistre et répète les improvisations musicales ; le *pianista* de M. Fourneaux (1881), qui joue automatiquement du piano et exécute toute musique écrite sur un papier préparé ; — le *piano électrique* de M. Baudet, qui prolonge les sons en faisant attaquer les cordes, sous la pression des touches, par de petits marteaux trembleurs qu'actionnent des électro-aimans ; le *télégraphe photographique* de M. Bidwell, qui photographie à distance, les ombres et les clairs de l'image produite dans la chambre obscure étant transmis, avec leur valeur relative, après avoir influencé, à travers une plaque de sélénium, le courant dont l'énergie se règle sur les tons de la lumière, etc. En ce genre de recherches, l'ingéniosité des inventeurs peut se donner libre carrière ; un agent aussi

docile et aussi subtil se prête aux combinaisons d'effets
les plus surprenantes.

Dans les applications qui précèdent, l'électricité,
produite sous faible tension, n'est susceptible de déterminer que de petits mouvemens, bons tout au plus à
remplir l'office de signaux ou à s'acquitter de tâches
infimes. Il y aurait un intérêt extrême à développer sa
puissance, afin de l'élever au rang de moteur industriel. Exploitée comme force mouvante applicable à
toutes sortes de travaux, l'électricité constituerait en
effet le moteur vraiment idéal, presque immatériel,
capable de fonctionner dans des conditions de souplesse
et de précision dont n'approche aucun autre agent
dynamique. La vapeur même qui, actuellement, offre
le plus d'avantages, ne pourrait lui être comparée à
raison de ses exigences de production et d'emploi.
Avec l'électricité, on éviterait d'abord la dépense excessive de combustible qu'impose la vaporisation de
l'eau. En France seulement, l'alimentation des machines à vapeur absorbe la moitié des 25,000,000 de
tonnes de houille qui représentent notre consommation (1882), soit 12,500,000 tonnes dont la valeur au prix
moyen de 22 francs 20, s'élève à 277,500,000 fr.; encore
faudrait-il ajouter à cette somme le coût des appareils, les frais de réparation, le loyer des locaux, le
salaire des chauffeurs.... En outre, les moteurs électriques supprimeraient entièrement les dangers et les inconvéniens de la vapeur, tels que risques d'explosion et
d'incendie, chaleur, fumée, bruit, odeur, malpropreté...
Leur action, facile à provoquer, à suspendre et à rétablir sans perte de temps, comme à régler avec une
constante uniformité ou à détailler suivant les moin-

dres besoins, serait la plus commode à l'usage. Enfin,
ils conviendraient le mieux à la petite industrie puisque leur installation, réduite à la pose d'un fil, n'étant
ni dispendieuse, ni encombrante, pourrait trouver place
partout, dans l'atelier le plus modeste, dans la chambre même de l'ouvrier, et distribuer à domicile,
dans la mesure et au moment nécessaires, la force
motrice débitée au compteur, comme l'eau et le
gaz...

Transformer l'électricité en agent de mouvement
serait donc une des plus utiles découvertes que pût
souhaiter la dynamique industrielle. La difficulté consiste à trouver une source abondante et peu coûteuse
d'électricité. Celles qu'on a jusqu'ici exploitées sont
d'une insuffisance manifeste. Avec les anciennes machines à frottement, on ne pouvait songer à utiliser
l'électricité comme force motrice, car il en fallait plus
pour la produire qu'elle n'en aurait pu rendre. Le système des piles n'était pas moins défectueux puisqu'il
revient à brûler des métaux en guise de combustible,
ce qui met l'avantage du côté de la vapeur, dont la production ne réclame que du charbon. En outre, pour
obtenir de puissans effets au moyen des piles, il faut
multiplier à l'excès le nombre des couples, c'est-à-dire
accroître à la fois les frais et l'embarras. Cependant,
à l'aide de ressources aussi imparfaites, on a pu tenter
quelques applications où la délicatesse du travail importait plus que la puissance d'action. Ainsi les métiers
électriques (systèmes Bonnelli (1858), Maumené...), usités pour le brochage des tissus de soie, remplacent
les cartons de Jacquard par des surfaces métalliques
sur lesquelles un vernis quadrillé marque par places
les intermittences du courant et règle le jeu des bro-

ches. Après Gênes et Lyon, l'Angleterre s'est empressée
d'adopter ces élégans appareils.

Toutefois on ne peut actionner de la sorte que de
petits mécanismes et le maximum d'effet, obtenu à
grands frais, ne dépasse guère un cheval de force.
L'invention des machines magnéto-électriques a permis, il est vrai, d'arriver à des résultats supérieurs en
intensité ; mais, comme la manière la plus pratique de
faire tourner les aimans était d'y employer la vapeur,
on retrouvait dans les courans moins de puissance motrice qu'on n'en dépensait pour les produire, et l'on
subissait une perte au lieu de réaliser un gain. Néanmoins, en certains cas, il pouvait y avoir encore avantage à opérer une transformation pareille parce que
la force, produite en grand et, au besoin, sur place,
là où le combustible abonde, est susceptible d'être ré-
partie à distance et mieux détaillée que par les machines
à vapeur.

De nos jours enfin, on entrevoit la possibilité de donner à ce grand problème une solution parfaite en utilisant l'électricité comme intermédiaire pour transporter les forces gratuites de la nature. On avait déjà
tenté d'atteindre ce résultat par d'autres voies en employant l'air comprimé ou l'eau sous pression ; mais
les appareils de ce genre exigent des récepteurs encombrans, des pompes, une canalisation, c'est-à-dire un matériel compliqué, coûteux à installer et facile à déranger. En 1850, M. Hirn proposa de transmettre l'énergie à
distance au moyen de câbles *télodynamiques* en fils
d'acier soutenus de loin en loin par des supports et actionnés par deux poulies à gorge, l'une motrice, l'autre
réceptrice, de 3 à 4 mètres de diamètre. Ce système,
qui transporte la force à 200 mètres, avec perte de 2

à 3 0/0, et à 2,000 mètres, avec perte de 10 0/0, a été appliqué à Schaffouse en 1863. A Bellegarde, 1260 chevaux empruntés à la chute du Rhône, sont transmis de la sorte à 900 mètres. On se sert du même artifice funiculaire pour élever, à l'aide de machines fixes, des trains de chemins de fer le long de rampes fortement inclinées comme au Righi, où la pente est de 0^m, 25 et au Vésuve où elle est de 0^m,63.

Mais on ne peut demander à de semblables expédiens que des services restreints, dans un rayon très circonscrit. Seule, l'électricité serait capable de transmettre l'énergie à grande distance, dans toutes les directions et à peu de frais puisque tout se borne à la pose d'un fil entre deux stations. Ce but fut visé par les inventeurs dès qu'ils disposèrent d'appareils dynamo-électriques. A l'exposition de Vienne (1873), M. Fontaine, ayant imaginé de relier ainsi deux machines Gramme dont l'une, mue par un moteur à gaz, produisait l'électricité, et dont l'autre transformait par inversion l'électricité en mouvement, transporta une force d'un demi-cheval à 1100 mètres de distance, avec perte de 50 0/0. Des expériences analogues furent faites peu après, à l'atelier de Saint-Thomas-d'Aquin en 1877, au Val d'Osne en 1879, à Sermaize (Marne) pour un essai de labourage à vapeur en 1879, enfin par MM. Siemens pour l'établissement d'un tramway électrique à Berlin, en 1881. Dans cet ordre de recherches, les succès les plus signalés ont été remportés par M. Marcel Deprez. A l'exposition de Munich (1882), il put transmettre un demi-cheval à 57 kilomètres, avec un rendement de 30 0/0 que, l'année suivante, à Paris, il élevait à 37 0/0 pour 4 chevaux 1/2 transportés à 17 kilomètres. Enfin, dans une dernière expérience (1883), il a fait parvenir à Grenoble, au moyen de fils en bronze phosphoreux, cinq fois meilleurs conducteurs que le fer, une force de 8 chevaux prise à 14 kilomètres, avec rendement de 60 0/0.

Le problème est donc résolu en principe et il n'y a plus à surmonter que des difficultés d'application qu'aplanira progressivement l'expérience. D'après M. Deprez, avec un conducteur de 12 millimètres de section et une tension raisonnable, la force motrice serait transmissible à 350 kilomètres, avec perte de 50 0/0, et, moyennant un relai, à 700 kilomètres, avec perte de 75 0/0. C'est là sans doute un déficit considérable et qui suffirait à tout arrêter s'il fallait produire la force transmise comme on le faisait d'abord avec des machines à vapeur; mais ce système permet d'utiliser toutes les forces naturelles qui restent inemployées parce qu'elles agissent là où nous n'en pouvons tirer parti. Les cours d'eau, les vents, les marées, sont à notre disposition. L'électricité nous livre le moyen d'en recueillir la puissance et de la porter où l'industrie la réclame. Comme son abondance est inépuisable et sa gratuité absolue, la perte d'une quote-part n'importe guère, puisque tout le surplus est profit. Le jour où les forces brutes, partout à l'œuvre autour de nous, pourront être captées sur place, transmises et réparties là où leur utilité est la plus grande, une condition nouvelle sera faite à l'activité humaine qui, exploitant un pouvoir illimité d'action, réalisera la chimère du mouvement perpétuel, produit sans effort et sans frais. Cette transformation opérée, l'industrie possédera un moteur élégant, souple, précis et inoffensif qui, mieux que les précédens, saura se plier à tous les usages et nous assujettira les forces encore vouées, dans la nature, à une stérile agitation.

Outre les applications dynamiques dont nous venons de parler, l'électricité, considérée comme agent physique, source de chaleur et de lumière, se prête à remplir des fonctions d'une importance très grande.

Lorsque les courans se propagent à travers des conducteurs de petit diamètre, ils déterminent, avec cette soudaineté qui caractérise le plus prompt de nos agens, les plus hautes températures qu'il nous soit possible de produire. On porte ainsi instantanément au rouge blanc les fils de platine destinés à couper le verre, à cautériser des plaies, etc. Avec de puissantes décharges, on peut dissocier momentanément les élémens, incoercibles par l'action du feu, de corps réputés simples.

La facilité de provoquer de loin, à l'aide d'un fil, l'étincelle électrique, a été mise à profit par Rumkorff, en 1853, pour régler le tirage des mines et prévenir les accidens qui résultent d'explosions imprévues ou trop rapprochées. Ce moyen est employé pour enflammer des mines monstres ou des séries de mines, de manière à disloquer du même coup des masses énormes de matériaux. L'artifice du tirage, stationnaire depuis deux siècles, doit à cette application de l'électricité un notable perfectionnement qui facilite l'exécution des travaux civils et militaires. On utilise le même expédient pour faire éclater des machines infernales, des torpilles, allumer à la fois les becs d'éclairage d'une ville entière, etc.

Mais c'est surtout comme agent producteur de lumière que l'électricité est appelée à jouer un grand rôle, car elle développe un pouvoir éclairant supérieur

à celui de tous les anciens luminaires, non seulement
par son éclat qui rivalise avec le resplendissement des
astres, mais encore par son économie et son absence
presque complète d'inconvéniens.

Si jamais problème a dû paraître insoluble, c'est assurément celui qui consiste à reproduire, fixer et asservir à des usages domestiques la lumière éblouissante
mais si fugace de l'éclair. Pourtant, après moins d'un
siècle de recherches, la solution est acquise et le succès
décisif. — Dès qu'on sut accumuler de l'électricité en
quantité suffisante, il fut possible d'en tirer des étincelles, qui représentent des éclairs en miniature. Humphry Davy (1813) découvrit le moyen de rendre durable
cette lueur passagère en faisant circuler un courant
d'électricité entre deux cônes de charbon. Il obtint ainsi
une lumière dont l'intensité égale les 4/5es de celle du
soleil. Mais la difficulté de régulariser l'usure rapide
des deux pointes de charbon qu'unit l' « arc voltaïque »
empêcha d'abord d'en tirer parti. Les essais pour utiliser ce foyer lumineux datent de 1840. Après d'infruc-
tueuses tentatives, Staite et Pétrie en Angleterre,
Foucault en France, trouvèrent (1848) des régulateurs
qui permirent de faire quelques applications plutôt
curieuses qu'utiles. En 1849, à l'Opéra de Paris, la
lumière électrique servit à produire un effet de soleil
dans une scène du *Prophète*. Archereau simplifia le
système des régulateurs et, en 1859, M. Serrin en
imagina un vraiment pratique, bientôt employé pour
le service des phares.

Comme l'arc voltaïque donne, à un prix bien inférieur, un éclat qui équivaut à celui de milliers de becs
Carcel, cette lumière, visible de très loin et capable
de percer le brouillard, était indiquée pour l'éclairage

des côtes. L'Angleterre, établit le premier phare électrique à South-Foreland, en face de Calais (1858-1861).
Depuis, elle travaille à éclairer ses rivages par 100 de
ces appareils. La France en installa un au Havre dès
1863, et, en 1881, le conseil des Ponts et Chaussées a
décidé d'illuminer de la sorte 46 phares « de grand
attérage ». La même transformation s'opère en divers
pays. A raison de leur grande portée, les foyers électriques sont également utilisés, pour effectuer, dans
les travaux géodésiques, la triangulation de points très
distans, pour échanger des signaux de télégraphie
optique, etc.

Le génie militaire se sert de ces puissans faisceaux
lumineux, dirigés à l'aide de *projecteurs*, pour explo-
rer l'horizon pendant la nuit et reconnaître la position
ou les mouvemens de troupes ennemies. Les Français
en ont fait les premiers l'application au siège de Rome
(1850), puis durant celui de Paris (1870). On a encore
eu recours à des projecteurs électriques dans la campagne de Tunisie (1881), à Alexandrie (1882) et, en
1883, à la prise de Tamatave où l'apparition de cette
lumière inconnue provoqua une panique parmi les
Hovas, convaincus que les Français « avaient une
lune à leur service. » Nos appareils actuels (système
Mangin) éclairent à un kilomètre une surface de 15 à
120 mètres de côté et, à 4 kilomètres, de 500 mètres.
Des projecteurs sont employés par les vaisseaux de
guerre pour fouiller la mer autour d'eux et prévenir les
surprises des torpilleurs. Il y a lieu d'espérer qu'ils
seront surtout utiles pour relever, sur les champs de
bataille, les malheureux blessés qui passent généralement la première nuit sans secours et dont beaucoup
périssent faute de soins reçus en temps opportun.

L'éclat fulgurant de l'arc voltaïque, dont la vivacité blesse les yeux, empêchait son introduction dans l'éclairage domestique et ne pouvait trouver d'emploi que dans des conditions exceptionnelles, pour illuminer de grands espaces, chantiers, ports, mines, etc. Il a de plus l'inconvénient de ne pas se laisser diviser, chaque foyer nécessitant un fil spécial et un générateur distinct, ce qui rend sa production dispendieuse. L'éclairage usuel réclamait une source de lumière dont l'intensité fût atténuée et facultative, qui pût entretenir des séries de becs avec un courant unique et permît d'organiser une exploitation collective.

On débuta, dans cette direction de recherches, par l'invention des bougies électriques dont la première idée appartient à M. Jablochkoff (1876). Elles se composent de deux baguettes de charbon de cornue juxtaposées parallèlement et séparées, à quelques millimètres de distance, par une substance (kaolin, mélange de plâtre et de baryte...) isolante à froid, mais rendue conductrice par la chaleur, et qui fond à mesure que les baguettes se consument. Ce mode d'éclairage, essayé d'abord à Paris (1877), s'est répandu en Angleterre, aux Etats-Unis, en Russie.... En 1881, plus de 4,000 foyers Jablochkoff fonctionnaient dans les deux mondes. Citons encore les bougies Wilde, Jamin, etc. On peut en rapprocher les lampes à contact imparfait (systèmes Reynier, Wesdermann, Trouvé, etc.).

Simples et faciles à établir, mais promptement usés et incommodes à renouveler, ces appareils ne donnent qu'en gros, sans pouvoir la détailler, une lumière d'éclat inégal et de teinte variable. Ils ne conviennent qu'à des milieux étendus, places, avenues, gares, ateliers, magasins, halles, vestibules, salles de fête ou de spectacle, etc. L'éclairage privé demandait une solution différente, moins d'éclat et plus de fixité. Il devait éviter l'emploi des substances qui se consument, parce que le résultat, quoi qu'on fasse, laisse toujours à désirer. Le succès a été obtenu par la découverte des lampes à *incandescence* dont le principe consiste à porter, sous l'influence du courant, un conducteur de petit diamètre à une température de 1,500 à 2,000°. Des fils de platine sont ainsi rendus très lumineux ; mais, si réfractaire que soit ce métal, il est sujet à fondre et l'on a dû y renoncer. Le charbon, qui résiste davantage, était désigné pour cet office aux expérimentateurs. Il fallait seulement qu'il brillât sans se consumer, c'est-à-dire au sein d'un vide parfait. Dès 1845, Starr, de Cincinnati, avait essayé de remplacer le platine par du charbon et de produire son incandescence dans un globe de verre vide d'air. Toutefois les difficultés d'exécution l'empêchèrent de réussir et firent de même avorter les nombreuses tentatives qui se succédèrent en ce sens. Edison les reprit en 1878 et, plus heureux parce qu'il fut plus persévérant et mieux inspiré, parvint en moins de trois ans (1881) à la création complète d'un système d'éclairage qui semble appelé à un magnifique avenir.

Dans la lampe qui porte son nom, la lumière est produite par un filament de bambou, gros à peine comme un crin de cheval et replié en courbe allongée, à travers lequel passe le courant, dans un globe de verre où le vide presque absolu a été fait par une pompe à mercure. L'appareil, prêt à fonctionner, revient à 1 fr. 50 et peut servir pendant 800 heures en moyenne, soit environ six mois (à raison de cinq heures d'éclairage quotidien). C'est donc moins d'un centime

par jour pour frais de renouvellement et la seule dépense dont on ait à tenir compte est celle de l'électricité, qui se réduit à peu de chose, parce que le même
générateur suffit pour alimenter de nombreuses lampes.
On peut ainsi détailler le courant et atténuer autant
qu'on le veut l'intensité lumineuse, depuis la valeur de
quatre bougies jusqu'à celle de centaines. L'éclat moyen
de huit à seize bougies ou de un à deux becs Carcel
convient généralement le mieux pour l'éclairage domestique. Cette lumière est fixe, égale, douce, agréable à
l'œil, parce que l'incandescence, au lieu d'atteindre le
violet, comme l'arc voltaïque, et de donner aux objets
des teintes blafardes, est arrêtée au blanc jaune. Elle
s'allume et s'éteint instantanément, se laisse aviver
ou diminuer à volonté. Si, à éclat égal, elle coûte
quatre fois plus que la lumière de l'arc voltaïque, elle
est plus économique que le gaz et surtout ne présente
aucun de ses inconvéniens : elle ne dégage pas de chaleur incommode, ne répand aucun produit de combustion, tel que vapeur d'eau, gaz nuisibles, fumée, n'occasionne ni odeur nauséabonde, ni risques d'explosion
ou d'incendie, ne ternit pas les peintures, ne fausse
pas les couleurs, ne redoute ni le vent, ni la pluie, etc.
Enfin, comme elle brille sous une enveloppe hermétiquement close, elle peut être portée sous l'eau, utilisée
pour les pêches nocturnes où le poisson est attiré par
la lumière, pour des explorations sous-marines, des
visites à l'intérieur de bâtimens submergés... Sous-
traite, par la même raison, à tout contact avec les
gaz inflammables, elle constitue la meilleure des lampes de sûreté. L'usage commence à s'en répandre dans
les houillères britanniques.

D'autres types de lampes électriques, également

fondés sur le principe de l'incandescence (lampes Swan,
Lane-Fox, Maxim, etc.) ont été mis en circulation. Ils
ne diffèrent du précédent que par des détails de construction et la nature du charbon employé (de carton,
de chiendent, etc.). Mais l'invention d'Édison est la
plus complète et la mieux organisée. Elle vient d'être
appliquée par lui à l'éclairage de tout un quartier
de New-York, l'électricité nécessaire provenant d'une
usine centrale où les machines dynamo-électriques
sont mues par une force de plusieurs milliers de chevaux. L'ingénieux inventeur a combiné tout un système
d'appareils pour distribuer le courant, mesurer ce
qu'en consomme chaque bec et régler à volonté son intensité. Bientôt sans doute les lampes électriques pren-
dront parmi nos autres luminaires, la plupart si défectueux, la place qui leur appartient de droit, la première. Ce sera la lumière préférée de l'avenir. Ainsi se
trouvera définitivement résolu, dans les meilleures
conditions qui se puissent concevoir, le grand problème
de l'éclairage dont nous avons exposé les développemens séculaires.

Dans un ordre tout différent d'applications, l'électricité, par suite de l'action puissante qu'elle exerce
sur l'ensemble des phénomènes chimiques, nous livre
en partie le gouvernement des effets de l'affinité. Nous
avons en elle un agent énergique de composition et
de décomposition. La science et l'industrie en ont également tiré parti. Davy qui, le premier, employa des
courans électriques comme moyen de réduction, leur
dut la découverte des métaux alcalins. Le même procédé a été, depuis, mis en œuvre pour une foule de
travaux et, de nos jours, le traitement par l'électricité

tend à renouveler la métallurgie, si longtemps bornée
à une élaboration par la chaleur.

On se sert de courans électriques pour extraire les
métaux de leur gangue et les obtenir à l'état de pureté.
Les recherches de M. Becquerel ont fourni à cet égard
de précieuses données. Des *électro-trieuses* dont l'idée
première est due à M. Chenot (1852), mais dont on
possède divers modèles (systèmes Vavin, Siemens, Edison...) éliminent, dans les minerais en grain, les matières étrangères qui absorberaient sans profit une
part des frais de transport et de traitement. On peut,
par une méthode analogue, extraire le zinc et affiner
les métaux. La *balance d'induction* de Hughes a
une telle sensibilité qu'elle signale dans un métal les
moindres disparités de composition ou de structure,
décèle dans les alliages des inégalités d'un millième,
constate dans un métal homogène des différences de
texture suivant qu'il est recuit ou trempé, etc.

Au moyen de l'électricité, il est facile de déposer, en
couvertes adhérentes et d'épaisseur facultative, tous
les métaux les uns sur les autres, pratique dont l'utilité est très étendue, car elle permet d'associer les
plus chers et les moins coûteux, les plus altérables et
les plus fixes, les plus inoffensifs et les plus dangereux, de manière à réunir, dans un nombre infini de
cas, les avantages des deux. Cette invention, une des
plus fécondes de notre temps, a suscité de floris-
santes industries. Un chimiste anglais, Wright, avait
imaginé, en 1836, la dorure par immersion, et le brevet
en était exploité par Elkington, lorsque de Ruolz
publia (1841) ses découvertes beaucoup plus complètes.
La combinaison des deux procédés a fait substituer
partout la dorure et l'argenture galvaniques à l'an-

cienne méthode par amalgame, aussi insalubre pour
les ouvriers que défectueuse quant aux produits. Dès
lors, on a pu prodiguer par couches minces les métaux
précieux, dont l'usage à l'état massif était le privilège
de l'opulence, et vulgariser à ce point leur emploi que
désormais leur principale fonction industrielle semble
devoir être de recouvrir des métaux communs. De
1841 à 1865, la seule maison Christofle a argenté,
avec 10,000,000 de francs de métal, 8,000,000 de
couverts qui, pleins, auraient absorbé une valeur de
300,000,000 de francs. L'application du zinc sur le fer,
sous le nom de *fer galvanisé*, celle du cuivre sur la
fonte, etc., assurent au plus utile, mais au plus alté-
rable des métaux, une durée indéfinie.

L'agent électrique accomplit en outre le travail des
fondeurs et des modeleurs avec une aisance, une économie et une perfection incomparables. Découverte simultanément en 1837 par Th. Spencer en Angleterre et par
le professeur Jacobi en Russie, la *galvanoplastie* est à
la sculpture ce que la gravure est aux arts du dessin.
Elle donne le moyen de reproduire avec une scrupuleuse fidélité, sans retouches et à peu de frais, toutes
les formes plastiques, depuis les grandes œuvres de la
statuaire jusqu'aux médailles et aux plus fins détails
de l'ornementation en relief. On reproduit de la sorte,
avant le tirage, les planches gravées, les moules des
caractères typographiques, etc. Cette invention a surtout pris du développement depuis qu'on peut faire des
moulages en gutta-percha qui, malléable à chaud et
rigide à froid, reçoit et garde les empreintes les plus
délicates. M. Smée est l'inventeur d'un procédé de
gravure électro-chimique où l'électricité grave des
plaques dessinées par la lumière...

Les propriétés électives des courans se prêtent à remplir une multitude de tâches spéciales. Mentionnons le *sasseur électrique*, présenté à l'exposition de 1881 et qui, mieux que les procédés mécaniques en usage jusqu'ici, sépare le son de la farine, le premier étant aussi facile que la seconde difficile à électriser. Ce mode de blutage, capable de révolutionner la meunerie, est déjà appliqué en grand aux Etats-Unis, où le moulin de MM. Osborne et Smith, à Minneapolis, épure ainsi 3,000 mètres cubes de farine par jour. Dans les fabriques de porcelaine, un artifice analogue est employé pour éliminer du kaolin les particules ferrugineuses dont la présence occasionne des taches qui déprécient de 40 0/0 la valeur des produits. On se sert encore de réactions électro-chimiques pour opérer des teintures, rectifier des alcools, etc.

Peut-être même l'électricité fournira-t-elle un jour le moyen pratique de dissocier les élémens de l'eau qui, séparés, constitueraient le combustible idéal. Sous l'influence du courant, l'hydrogène se rend au pôle positif, en volume double de celui de l'oxygène qui se porte au pôle négatif. Brûlés ensemble, les deux gaz fourniraient alors une source inépuisable de chaleur.

Indiquons, pour terminer, les applications physiologiques de l'électricité. L'art médical lui emprunte de précieuses ressources thérapeutiques. A mesure que se révèlent plus clairement les relations qui unissent les effets électriques et les fonctions du système nerveux, la science fait un emploi plus étendu de ce puissant moyen d'action (électrisation, galvanisation, bains électriques, électropuncture, chaînes galvaniques, brosses.

éponges, sacs électriques, etc.). La balance d'induc
tion de Hughes est un explorateur chirurgical infail-
lible. On en a fait le premier essai pour reconnaître la
position de la balle dont le président Garfield fut atteint.

Enfin, quelques philanthropes, révoltés des moyens
barbares (décapitation, pendaison, strangulation...),
encore en usage chez des peuples qui se croient civilisés,
pour ôter la vie aux criminels, ont proposé de les
foudroyer par une décharge électrique. Ce mode d'exécution serait en effet le plus prompt, le plus sûr et le
moins inhumain. Il frapperait le condamné sans appareil sinistre, sans scandale public et l'on peut ajouter
sans douleur pour le patient, puisque le courant électrique, étant dix millions de fois plus rapide que le courant nerveux (dans le rapport de 300,000,000 de mètres
par seconde à 30), ne lui laisserait le temps ni de sentir
le coup, ni de percevoir une souffrance. A défaut même
d'autres avantages, ce procédé aurait du moins celui
de supprimer le bourreau.

Ces indications sommaires laissent entrevoir, non
la mesure, mais la variété des emplois que l'électricité
serait capable de remplir. Agent prêt à rendre les
services les plus divers, elle détermine ou transmet le
mouvement, donne la chaleur et la lumière, produit
des actions chimiques et s'acquitte de fonctions physiologiques. Elle sert ainsi de lien aux autres forces et
nous offre réunies leurs utilités éparses.

Des résultats aussi importans, obtenus en moins
d'un siècle, autorisent pour l'avenir de grandioses espérances. Nos gains actuels marquent moins une limite
atteinte qu'un point de départ acquis. Cette force, hier
encore ignorée, est simplement à l'essai ou pour mieux

dire à l'étude. Laissons la science étendre la connaissance de ses effets, la pratique en multiplier les applications, et l'on verra l'électricité prendre la prééminence dans un ordre économique entièrement renouvelé. Par les attributions dont la nature l'a investie,
elle est destinée au rôle d'agent universel. En se l'as-
sujettissant, l'industrie deviendra maîtresse d'une puissance dont les aptitudes et la docilité conviennent à
tout.

Pour juger combien ce pouvoir est grand et semblait
interdit à l'homme, il suffit de se reporter aux conceptions poétiques et religieuses qui ont fait longtemps du
droit de l'exercer le privilège des dieux. Dans les figurations assyriennes et helléniques, un foudre tenu à la
main était le symbole d'une toute-puissance jalouse qui
n'admettait pas de partage et ne souffrait pas de compétition. Virgile condamne aux supplices du Tartare
l'impie Salmonée, coupable d'avoir osé contrefaire les
feux de Jupiter et voulu imiter *non imitabile fulmen* (1).
De même, Jéhovah, dans son apostrophe à Job, dit
au malheureux qui personnifie la faiblesse et la misère
de notre race : « Enverras-tu la foudre aux extré-
« mités de la terre? Lui diras-tu : — Va et reviens;
« — et te répondra-t-elle : Me voici! » (2). — Job se
tait, accablé du sentiment de son impuissance. Maintenant, le moindre employé du télégraphe se charge-
rait de faire une réponse péremptoire et réfuterait d'un
geste l'argument divin. Par l'action qu'il exerce sur la
nature, l'homme de nos jours est devenu l'égal des
dieux d'autrefois.

(1) *Enéide*, ch. VI, v. 590.
(2) *Job*, ch. XXXVIII, v. 35.

CONCLUSION

    Si , pour résumer cette étude sur l'histoire des forces, on compare l'état de débilité où l'homme se trouvait réduit à son apparition dans le monde et le degré de puissance où il s'est élevé par d'intelligens efforts, on peut mesurer d'un regard l'étendue des progrès réalisés en ce qui concerne la mise en œuvre des agens de production.

    Cet être chétif et si démuni a commencé par utiliser au mieux, en se faisant des armes et des outils, la force musculaire de ses organes de mouvement. Après être ainsi parvenu à vaincre les animaux et à soumettre au régime de la domesticité un certain nombre d'espèces choisies, il a demandé des secours aux plus robustes et leur a passé la part la plus rebutante de sa tâche, la fatigue des transports et le labourage des terres. Encouragé par le succès et sentant son ambition croître avec sa puissance, il a transformé en auxiliaires les forces brutes de la nature, les cours d'eau et les vents. Enfin, le besoin d'une collaboration toujours plus active l'a conduit à créer des moteurs artificiels qui consistent en explosifs pour les effets balistiques et en vapeurs élastiques pour les travaux industriels.

Ces diverses sortes d'agens ont été adaptées à d'innombrables fonctions à l'aide d'un matériel mécanique disposé en vue de ramener la puissance de mouvement
à des conditions de mesure, de vitesse, de direction
et de régularité convenables pour les services qu'on en
voulait tirer.

En même temps que l'industrie exploitait les forces
mouvantes, elle poursuivait la conquête des forces
physiques et apprenait à utiliser, d'une part, la chaleur
dont le pouvoir modificateur est universel, de l'autre, la
lumière qui dissipe les ténèbres, enfin l'électricité qui
nous livre la disposition de toutes les forces en une seule.

Non contens d'appliquer séparément chacune de ces
forces, nous les faisons réagir les unes sur les autres.
Nous nous servons du mouvement pour écarter ou
rapprocher les corps et déterminer ainsi des effets
physiques, comme de la chaleur ou de l'électricité
pour développer de la force motrice. La connaissance
des rapports qui unissent les agens de la nature nous
permet de les gouverner les uns par les autres et
d'exercer sur tous une sorte de maîtrise générale.

Avec de pareils moyens d'action l'homme est capable
de produire dans l'ordre des choses les plus vastes
changemens. Libre de mouvoir les corps, de les soumettre à des influences variées et de les élaborer
de toute façon, il les déplace, les dénature et les
transforme à son gré. Les conséquences de cette
usurpation des forces s'étendent si loin qu'il est difficile à l'esprit de les toutes embrasser dans une vue
d'ensemble. Elles nous donnent l'empire du monde et
la faculté d'augmenter indéfiniment la somme de jouissances qu'il est susceptible de fournir, en dirigeant, avec
une raison clairvoyante et sûre, une quantité crois-

sante de phénomènes dans le sens exclusif de nos intérêts.

Si grand que paraisse le pouvoir actuel de l'homme, mis en regard de son impuissance originelle, il ne marque point le terme de développemens dont la virtualité n'en comporte pas. Rien n'autorise à supposer que nous approchions d'une limite assignée à notre action sur la nature. Les conquêtes opérées depuis peu, les ressources dont nous disposons pour en entreprendre de nouvelles et le degré d'avancement de nos sciences justifient plutôt la croyance que le progrès continuera de s'accomplir avec accélération de vitesse. Nous sommes à l'entrée d'une carrière où l'industrie, servie par toutes les forces disponibles de ce monde, pourra multiplier les élémens de richesse dans la mesure de nos besoins et dans celle même de nos désirs.

TABLE DES MATIÈRES

9630. — TOURS, IMP. E. ARRAULT ET Cⁱᵉ